뉴마켓 새로운 기회

메타버스부터 ESG까지 **6가지 메가 트렌드**

김명선 지음

뉴마켓 새로운 기회

경이로움

NEW
MARKET

테마에서 트렌드로 변화하는 산업에 주목하라!

펀드매니저인 나는 고성장하는 산업의 주식, 일명 성장주를 선호한다. 늘 주식시장에서 어떤 테마가 뜨거운지 관심을 기울이며 시장조사를 한다. 그리고 인기를 끄는 테마의 트렌드가 일시적인지 장기적인지도 고려한다. 장기 트렌드로 자리매김하는 산업이 높고 꾸준히 성장할 가능성이 있으며, 결국 좋은 투자 기회를 만들어내기 때문이다.

　이것을 알아내는 과정은 쉽지 않다. 시장에서 이슈로 떠오른 초기 테마들은 실체가 없는 경우가 대다수이며, 아무리 시장조사를 해보려 해도 초기 테마이기 때문에 자료가 별로 없다. 하지만 빅테크(big tech) 기업이 해당 테마에 어떻게 대응하는지를 살펴보면 그것이 단기적인지 장기적인지 판단할 수 있다. 빅테크 기업이 해당 테마의 부상을 인지하고 있는지, 해당 테마에서 신규 비즈니스 기회를 창출하려고 하는지, 해당 테마를 장기 먹거리로 삼으려고 하는지 등을 살펴보는 것이다.

대규모 자금 조달 능력을 가진 빅테크 기업이 해당 테마에 뛰어들어서 적극적으로 투자를 늘리거나 해당 테마 내 기업들을 M&A를 하면, 그 시장은 자연스럽게 커지게 된다. 이미 탄탄한 플랫폼이나 이용자 수를 보유한 빅테크 기업이 해당 테마에서 신규 비즈니스 기회를 창출하면, '네트워크 효과(network effect)'로 그 산업은 장기 트렌드로 자리 잡을 수 있다(네트워크 효과란 상품의 가치가 그 상품의 이용자 수에 영향을 받는 현상을 말한다). 메타버스 시장 선점을 위해 82조 원을 쏟아부어 게임회사인 액티비전 블리자드(Activision Blizzard)를 M&A하려는 마이크로소프트, 약 7,500만 이용자를 보유한 미국 1위 모바일 간편송금 서비스 페이팔(Paypal)의 '벤모(Venmo)' 암호화폐 거래 서비스 론칭이 대표적인 예다.

빅테크가 최근 주식시장에서 부상하고 있는 테마에 어떻게 대응하는지를 살펴보면서 이를 6가지 주제로 정리했다. 이는 장기 트렌드로 자리 잡을 가능성이 높거나 이미 자리 잡은 주제와 관련이 깊다. 이 책이 향후 장기 트렌드가 될 주제를 살펴보는 기회가 되었으면 좋겠고, 더 나아가 투자 기회를 발굴하는 데 도움이 되었으면 한다.

이 책을 쓰기까지 많은 용기가 필요했다. 전문 작가도, 유명인도 아니다 보니 '내가 제대로 된 글을 쓸 수 있을까?' '과연 내가 책을 써도

될까?'라는 생각이 자주 들었다. 마음을 다잡고 글을 쓰고, 또 책이 나오기까지 많은 분의 도움이 있었다.

먼저 늘 내 옆을 지켜준 가족(봉선, 명수, 동우)에게 감사와 사랑을 표한다. 책을 쓸지 말지 망설이고 있을 때 용기를 북돋아준 칸서스자산운용 고재호 본부장님께 존경과 감사의 마음을 전한다. 여의도 생활에 정신적 지주가 되어주는 드래곤에셋 김기범 팀장님, 하나금융투자 클럽원지점 김재호 팀장님, 이동규 팀장님, 내가 길을 잃을 때마다 가야 할 길을 알려주는 칸서스자산운용 이정원 매니저님, 항상 내 편이 되어주고 응원해준 칸서스자산운용 주식운용본부 오기현 팀장님, 곽인욱 매니저님께 감사의 마음을 전한다. 늘 힘이 되어주는 인트(Int) 멤버들과 수요모임 멤버들, 함께 꿈을 꾸는 여의도9292 멤버들, B10 멤버들에게도 감사를 전한다.

김명선

몇 년 전만 해도 생소했던 메타버스, 가상화폐, NFT 같은 단어들이 어느새 최신 트렌드로 자리 잡았다. 그 트렌드의 최대 수요자가 될 MZ세대들의 생각과 펀드매니저로서의 주식 운용 경험을 녹여 투자자 입장에서 깔끔하게 정리했다. 간결한 문체로 쉽게 읽을 수 있으니 저자의 필력을 칭찬하지 않을 수 없다. 그저 기특하고 자랑스럽다.

- 김연수, 칸서스자산운용(주) 대표

최근 주식 투자 서적이 부쩍 늘었음을 쉽게 알 수 있다. 개인 투자자들이 이전과는 달리 주식 투자를 자산 증식의 수단으로 많이 활용하고 있음을 짐작할 수 있는 변화다. 항상 그렇듯이 투자자들은 정보의 홍수 속에서 살고 있다. 어떤 정보를 선택하는 데 고려해야 할 중요한 사항 중 하나가 정보를 전달하는 사람의 경험일 것이다.

이 책은 저자가 펀드매니저 생활을 하면서 느낀 점이나 성장 산업에 대한 견해를 정리했다는 점에서 기존 투자 책들과는 분명한 차별점이 있다. 투자에 대한 저자의 혜안과 철학이 충분히 독자의 니즈를 충족시켜줄 수 있기에 정독이 필요한 책이다.

- 이재만, 하나금융투자 리서치센터 글로벌투자분석팀장

1980년대의 월마트(소비·유통 혁신), 1990년대의 마이크로소프트(인터넷·PC 혁신), 2000년대의 애플(모바일 혁신), 2010년대의 테슬라(EV 혁신) 등 금융 투자 역사에 기록된 기념비적 알파 창출의 신화는 대부분 가치주가 아닌 성장주의 몫이었다. 시장은 언제나 기술과 트렌드 변화를 주도하는 핵심 성장주에는 폭발적인 주가 상승과 프리미엄 밸류에이션으로 화답했다.

그렇다면 2020년대를 수놓을 성장 신화는 무엇일까? 우매한 내가 정답을 알 리 없다. 하지만 그 답이 메타버스, 블록체인, 우주항공, 모빌리티, ESG 혁신에 담겨 있다는 것은 이제 분명히 안다. 캐시 우드를 닮은 저자의 이야기에 전적으로 수긍하기 때문이다.

- 김용구, 삼성증권 리서치센터 스트레티지스트(strategist)

이 책은 메타버스, NFT, 모빌리티, ESG 등 각광받는 테마를 빠르게 파악할 수 있는 현직 펀드매니저의 '미래 산업 지침서'다. 앞으로 성장이 기대되는 분야를 총망라해 한눈에 글로벌 트렌드를 파악할 수 있다. 왜 사람들은 가상세계에 열광하는가? 왜 기업들은 보이지 않는 미래에 투자하는가? 이러한 원론적인 궁금증을 해소시키며, 투자자와 기업은 이런 변화에 실제로 어떻게 대응하고 있는지를 조명한다.

- 박현욱, 현대차증권 리서치센터 기업분석팀장

저자는 젊은 나이에 이미 여의도 주식시장에서 우수한 펀드매니저로 자리매김했다. 이 책에는 치열한 자본시장에서 저자가 체득한 지식과 경험이 녹아 있다. 저자는 미래 기술과 4차 산업 혁명의 핵심을 구체적인 숫자와 생생한 사례로 명쾌하게 설명한다. 투자자는 물론 일반 독자들도 이 책을 통해 불확실한 미래를 보다 구체적으로 이해할 수 있을 것이다.

- 김윤상, 하이투자증권 리서치센터 기업분석팀장

연준의 긴축 정책, 금리 상승, 정치·지정학적 리스크… 2022년 현재, 증시 주변을 돌아보면 주식을 사야 하는 이유가 아니라 팔아야 할 이유만 넘쳐난다. 2020년 코로나 팬데믹 이후 등장했던 동학개미운동은 이제 끝난 걸까? 주식시장은 또다시 장기 박스권에 들어가면서 수익의 기회를 좀처럼 제공하지 않을까? 이런 회의와 한탄이 자주 들린다. 하지만 주식시장에는 항상 불확실성이 존재하며, 확실한 것은 하나도 없다. 위기도 마찬가지다. 불확실성과 위기 속에서 투자 기회를 발굴하고 실제 수익으로 연결해내는 것이 투자의 정수다.

대부분 투자 기회는 트렌드와 테마에서 찾아볼 수 있지만, 실체 없는 가짜 트렌드와 테마가 증시에 너무나도 많이 등장한다. 문제는 그 안에 담긴 스토리가 그럴듯해서 투자자들이 현혹되기 쉽다는 것이다. 그렇다면 가짜 트렌드와 테마에 휘둘리지 않고 진정한 투자 기회를 어디서 찾을 수 있을까? 산업을 주도하고 있는 빅테크 기업들의 발자취를 따라가보는 것이 하나의 방법이 될 수 있다.

이 책은 최근 주식시장에서 사람들의 뜨거운 관심을 받는 트렌드와 테마를 살펴보고, 그에 대응하는 빅테크 기업들의 현황을 풍부한 데이터를 곁들여가며 입체적으로 조명한다. 현재 세상을 바꿔나가는 기술에 대한 이해도를 넓혀주면서, 투자 수익으로 연결하는 아이디어와 안목을 기르는 데 유용한 지침서가 될 것이다.

- 한지영, 키움증권 리서치센터 투자전략 애널리스트

차례

PART 1　메타버스는 일상을 어떻게 바꾸고 있을까?

PART 3 ▸ NFT와 디파이

PART 5 **모빌리티 산업에 부는 혁신의 바람**

PART 6

ESG가 기업에 미치는 영향

PART 1

메타버스는 일상을
어떻게 바꾸고 있을까?

2021년 3월 로블록스(Roblox)가 뉴욕 증권거래소에 상장하면서 메타버스(metaverse)라는 용어가 알려지기 시작했다. 로블록스가 상장 당시 공개한 증권신고서에 메타버스라는 단어를 직접 언급했고, 이로 인해 주식시장에 메타버스 바람이 불었다. 로블록스의 공모가는 45달러였는데, 상장 첫날 시초가가 64.5달러에 형성되어 43% 상승으로 시작했다.

로블록스의 성공적인 시장 데뷔로 메타버스에 대한 관심이 증가해 메타버스를 언급하는 기업이 많아지기 시작했다. 나는 이때만 해도 메타버스가 단기 테마에 그치지 않을까 생각했다. 메타버스라는 개념은 과거부터 존재했고, 로블록스가 이를 비즈니스 모델에 적용해 주식시장에 기업공개(IPO)를 성공적으로 잘 마쳤다고 생각했다.

그러나 나의 생각과 달리 이후 페이스북, 마이크로소프트와 같은 빅테크 기업들이 메타버스 산업에 뛰어들기 시작했다. 코로나19 장기화로 비대면 사회가 지속되며 사회 곳곳에 메타버스가 깊게 자리 잡기도 했다. 또한 메타버스 플랫폼 내에서 아이템을 만들어서 판매하거나, 부동산을 개발해 임대하는 등 여러 비즈니스 모델이 나타나기 시작했다. 이제 메타버스는 단기 테마에서 장기 트렌드가 되는 과정에 있다.

CHAPTER 1

메타버스란 무엇인가?

SNS 플랫폼으로 친숙한 페이스북은 2021년 10월 사명을 메타 플랫폼스(Meta Platforms)로 변경했다. 페이스북의 최고경영자인 마크 저커버그는 사명 변경에 대해 "오랜 시간에 걸쳐 나는 우리가 메타버스 회사로 여겨지기를 바란다"고 밝혔다. 페이스북은 이미 차세대 먹거리로 메타버스를 지목하며 관련 사업에 적극 투자해왔다. (비록 오랜 투자에도 불구하고 페이스북은 여전히 매출의 98%가 광고에서 창출되며, 메타버스 관련 매출은 2%도 되지 않지만.) 메타버스가 도대체 무엇이길래 페이스북이 사명까지 바꾸면서 이 사업에 사활을 거는 걸까?

메타버스의 개념

메타버스는 '가상' '초월' 등을 뜻하는 영어단어 '메타(meta)'와 우주를 뜻하는 '유니버스(universe)'의 합성어로, 3차원 가상세계를 의미한다. 메타버스는 가상현실(VR)보다 한 단계 진화한 개념이다. 즉 아바타를 활용해 게임이나 가상현실을 즐기는 데 그치지 않고, 실제 현실처럼 경제·사회·문화 활동을 할 수 있다.

메타버스의 개념은 1992년 닐 스티븐슨이 출간한 SF소설 『스노 크래시(Snow Crash)』에 처음 등장했으나 당시에는 큰 주목을 받지 못했다. 그러다가 IT와 통신 기술의 발달, 코로나19 팬데믹으로 인한 비대면 추세가 가속되며 오늘날에 이르러서야 대중의 관심을 받기 시작했다.

비영리 기술연구단체인 ASF(Acceleration Studies Foundation), 즉 미래 가속화 연구재단은 메타버스를 네 가지 유형으로 분류했다. 각각 증강현실(AR), 라이프로깅(일상기록, lifelogging), 거울세계(mirror world), 가상세계(virtual world)다.

메타버스의 네 가지 유형

증강

증강현실   라이프로깅

외적 ─────────────┼───────────── 사적

거울세계   가상세계

시뮬레이션

• 출처: 2007 ASF 메타버스 로드맵 개요(ASF Metaverse Roadmap Overview, 2007)

증강현실은 현실 공간에 가상의 물체를 겹쳐서 보여주는 기술로, 몇 년 전 유행한 '포켓몬 고'라는 게임이 대표적인 예다. 라이프로깅은 일상의 경험과 정보를 기록하고 공유하는 기술로, 페이스북이나 인스타그램 같은 SNS가 여기에 해당한다. 거울세계는 실제 세계를 그대로 반영해 복사하듯이 만들어낸 세계다. 가상부동산 플랫폼인 어스 2(Earth2)가 대표적인 예다. 가상세계는 디지털 데이터로 구축한 사이버 공간으로, 아바타를 통해 상호작용이 발생한다. 미국에서 16세 미만 청소년 중 절반 이상이 이용하는 게임인 로블록스나 네이버Z에서 운영하는 메타버스 SNS인 제페토가 바로 여기에 해당한다.

일상에서 찾아볼 수 있는 메타버스

메타버스의 개념은 언뜻 생소해 보이지만, 이미 사회 곳곳에 들어와 존재감을 드러내고 있다. 코로나19가 장기화되면서 취업박람회부터 입학식, 졸업식, 신입사원 교육, 각종 축제까지 모두 메타버스 공간에서 열리고 있다. 순천향대학교는 입학식을 SK텔레콤의 가상현실 플랫폼인 '점프 VR'을 통해 메타버스 공간에서 진행했으며, 서강대학교는 메타버스 화상회의 플랫폼인 '게더타운(Gather Town)'을 활용해 언택트 취업박람회를 열고 채용 담당자와 채용설명회를 진행하기도 했다.

이 외에도 게더타운에서는 KB국민은행과 직방의 가상 오피스가 운영되었으며, 삼성화재의 신입사원 수료식이 열리기도 했다. 여러 기업, 기관, 대학이 비대면으로 메타버스 공간에서 각종 행사를 개최하자 메타버스 공간에서 행사를 개최할 수 있도록 지도(맵)를 만들고 공간을 디자인해주는 메타버스 행사 전문 지원 서비스도 등장했다. 새로운 시장이 열린 것이다.

정치계에서도 메타버스를 활발하게 활용하고 있다. 지난 미국 대선 당시 조 바이든은 닌텐도의 최신작 '모여봐요 동물의 숲'에서 '바이든 섬'을 열고 선거 유세에 나섰다. 국내에서는 이낙연 전 더불어민주당 대표가 네이버Z가 운영하는 제페토에 사이버 대선 캠프를 마련하기도 했다. 인기 걸그룹인 블랙핑크는 제페토에서 가상 팬사인회를 개최했고, 여기에 약 4,600만 명이 참여했다.

코로나19로 비대면 시대가 가속되면서 사람들은 메타버스 플랫폼

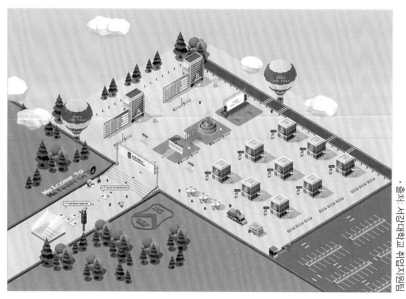

서강대학교 언택트 취업박람회 메인홀

을 통해 실제 현실처럼 사람들을 만나 상호작용하며 여러 활동을 한다. 메타버스는 더 이상 먼 미래가 아니다. 이미 일상에 깊숙이 들어와 있다.

가상부동산을 통한 부가가치 창출

최근 메타버스 내에서 가상부동산 투자가 큰 인기를 끌고 있다. 가상부동산을 사고파는 메타버스 플랫폼은 어스2, 더샌드박스(The Sandbox), 디센트럴랜드(Decentraland) 등이 있다. 가상부동산 플랫폼에서는 현실

PART 1 메타버스는 일상을 어떻게 바꾸고 있을까?

에서 부동산을 투자하듯이 가상세계에서 부동산(주로 '랜드'라고 부름)을 사고팔 수 있다. 또한 부동산을 개발하여 부가가치를 창출할 수 있다.

어스2는 지구를 그대로 복제한 가상의 지구를 구현해놓은 게임이다. 여기서는 땅을 100m³ 크기의 타일로 쪼개서 사고팔 수 있다. 어스2는 가상공간이지만 현실과 어느 정도 맞닿아 있다. 즉 현실에서 비싼 지역의 타일은 가상공간에서도 비싸다. 또한 타일을 살 때는 달러를 어스2의 가상 화폐인 크레딧(credit)으로 바꿔야 한다. 크레딧의 단위는 'E$'이며 E$1은 1달러와 동일한 가치를 지닌다. 어스2에서 구입한 타일은 이후 땅값이 오르면 되팔고 달러로 바꿔서 실제 소득을 얻을 수도 있다. 소유한 타일만큼 토지소득세를 받을 수도 있다. 이처럼 가상세계와 현실세계는 어스2에서 상호작용한다.

어스2 데이터에 따르면, 2022년 2월 14일 기준 어스2에서 팔린 부동산의 합산 가치는 약 2,000억 원에 달한다. 어스2에서 공개한 국가별 투자 순위에서 한국은 2위를 차지했는데, 국적이 알려진 이용자 기준으로 한국은 가장 많은 금액을 투자했으며, 금액은 약 160억 원 정도다.

어스2는 현재 토지 거래만 가능하지만 향후 다양한 경제 활동을 제공할 것이라고 밝혔다. 실제로 구매한 토지를 활용하는 다양한 기능이 개발되고 있다. 예를 들어 숨겨진 천연자원, 보물 등을 채굴하여 판매하거나, 광고를 싣거나, 건물을 지어서 임대하는 기능이다.

어스2에서 거래한 토지는 어스2에서만 소유할 수 있는 말 그대로 '가상부동산'이다. 현실에서는 당연히 소유권을 주장할 수 없을뿐더러, 실제로 해당 부동산 주인은 현실세계에 따로 있다. 그럼에도 전체 가

어스2의 국가별 총 크레딧 소비량

순위	국가명	크레딧(단위: E$)
1	국제 지역(국가를 지정하지 않은 지역)	1,378만 3,146.64
2	한국	1,322만 9,379.44
3	미국	902만 948.90
4	이탈리아	446만 2,564.00
5	독일	304만 9,069.50
6	캐나다	290만 5,887.18
7	영국	286만 6,600.32
8	호주	231만 2,269.46
9	네덜란드	222만 9,982.79
10	스위스	106만 8,126.44

· 출처: 어스2 홈페이지

상부동산의 가치가 2,000억 원에 이르며, 왜 많은 사람이 여기에 열광하는지는 한번 생각해볼 만한 이슈다.

2021년 11월 더샌드박스에서는 가상부동산이 430만 달러(약 51억 원)에 팔렸다. 지금까지 알려진 가상부동산 거래 가격 중 가장 높다. 이 부동산은 메타버스 투자 전문 기업인 리퍼블릭 렐름(Republic Realm)에서 매입했다. 리퍼블릭 렐름은 2021년 6월에 또 다른 가상부동산 플랫폼인 디센트럴랜드의 가상 토지를 91만 3,000달러에 매입하기도 했다. 이 가격 또한 당시 디센트럴랜드의 최고 매입 가격을 경신했다. 이후 가상 자산 투자사인 토큰스닷컴(tokens.com)의 자회사인 가상부동산 업체 메타버스 그룹(Metaverse Group)이 디센트럴랜드 패션 스트리트 구역의 116구획(parcel)을 243만 달러에 매수하며 리퍼블릭 렐름의 기록을 갈아치웠다.

리퍼블릭 렐름은 미국 유명 크라우드 펀딩 플랫폼인 리퍼블릭(Republic)의 계열사다. 리퍼블릭은 누구나 쉽게 소액으로도 비상장 주식, 디지털 자산, 게임, 부동산 등 다양한 자산에 투자할 수 있게 도와주는 플랫폼으로, 우리나라의 블록체인 전문 투자사인 해시드가 투자하며 화제를 모은 바 있다. 리퍼블릭 렐름은 매입한 가상부동산을 개발해서 임대업을 한다. 2021년 6월 리퍼블릭 렐름은 디센트럴랜드 내에 약 1,486m²의 가상부동산을 개발해 일본 도쿄의 하라주쿠 쇼핑가를 모방한 '메타주쿠(Metajuku)' 쇼핑몰을 출시했다. 현재는 디지털 패션 아이템을 파는 상점만 입점해 있지만, 향후 다양한 브랜드가 메타주쿠에 합류할 것으로 알려졌다.

또한 리퍼블릭 렐름은 이번에 구입한 더샌드박스 내 가상부동산에 '판타지 아일랜드(Fantasy Islands)'를 개발했다. 판타지 아일랜드는 100개에 이르는 섬으로 이루어져 있다. 섬마다 다양한 형태의 개별 빌라가 들어서 있고, 다양한 워터 액티비티를 즐길 수도 있다. 이들 100개의 섬 중에 90개가 분양 첫날 팔렸다. 분양가는 섬 하나에 5이더리움(약 1만 5,000달러)이었지만 지금은 일부 섬이 20만 달러 이상에 매물로 나왔다.

리퍼블릭 렐름은 2021년 12월에 가상부동산 시장 리뷰 자료를 발간하면서 가상부동산 플랫폼인 디센트럴랜드, 더샌드박스, 크립토복셀(Cryptovoxels), 솜니움 스페이스(Somnium Space)를 다루었다. 이 4대

디센트럴랜드와 더샌드박스의 구획 수 및 귀속 부동산 가치

	구획 수	2021년 기준 1구획 최저 가격	2021년 기준 귀속된 부동산 가치
디센트럴랜드	9만 601개	3.8ETH	34만 4,284ETH (약 13억 827만 8,440달러)
더샌드박스	16만 6,464개	3.34ETH	55만 5,990ETH (약 21억 1,276만 1,088달러)

* ETH(이더리움) 2022.03.21 기준 가격 · 출처: 리퍼블릭 렐름

플랫폼은 부동산을 일정 구획으로 나눠서 판매하는데, 이들의 총구획 수는 26만 8,945개다. 디센트럴랜드에 귀속된 부동산의 가치는 총 13억 달러이며, 더샌드박스는 21억 달러에 달한다.

메타버스 시장조사기관인 메타 메트릭 솔루션스(Meta Metric Solutions)에 따르면 2021년 4대 플랫폼의 거래대금은 총 5억 1,000만 달러에 달한다. 2021년 11월 누적 거래대금이 전년 동월 대비 114% 상승하면서 전체 거래대금 상승을 견인했다.

흥미롭게도 땅의 소유주가 점점 늘어나고 있다. 4대 가상부동산 메타버스 플랫폼의 소유주는 2020년 초 기준으로 2021년 12월 중순에 1,132% 늘었다. 이러한 상승률 중 70%는 더샌드박스 토지 소유주의 확산이 기여했다. 디센트럴랜드의 기여도는 15% 수준이다. 2021년 12월 중순 기준 총 2만 4,598명의 소유주가 4대 플랫폼 중 한 곳 이상의 가상부동산을 보유하고 있다. 소유주당 구획을 하나씩 가진다고 가정하면 최대 소유주 수는 26만 8,945명이 된다. 즉 가상부동산을 소유하는 것만으로도 전 세계 인구 중 26만 8,945명에 속할 수 있다. 짐

가상부동산 플랫폼 월별 랜드 판매 금액

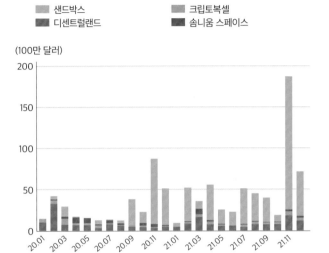

- 샌드박스
- 디센트럴랜드
- 크립토복셀
- 솜니움 스페이스

(100만 달러)

• 출처: 리퍼블릭 렐름

가상부동산 플랫폼 랜드 소유주 수 변화

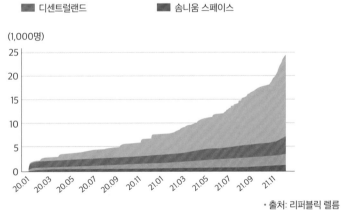

- 샌드박스
- 디센트럴랜드
- 크립토복셀
- 솜니움 스페이스

(1,000명)

• 출처: 리퍼블릭 렐름

작하건대 사람들이 이러한 희소성에 열광하여 가상부동산의 가치가 계속 오르는 것으로 보인다.

버추얼 인플루언서 '로지'의 성공

지금까지 가상세계의 인물이 현실에 직접적인 영향을 주는 경우는 거의 없었다. 그러나 몇 년 새 이런 일이 꾸준히 일어나고 있다. 가상 인물이 현실세계와 소통할 뿐 아니라, 사회·문화·경제 활동을 영위하는 것이다. 대표적인 가상 인물은 버추얼 인플루언서 '로지'다.

로지는 싸이더스 스튜디오X에서 만든 가상 인간이다. 나이는 22살, 서울에서 태어났으며 세계여행, 요가, 러닝, 패션 등에 관심이 많은 것으로 설정된 로지는 처음에는 자신이 가상 인간임을 밝히지 않고 일반인처럼 인스타그램에서 활동하기 시작했다. 인스타그램 팔로워 수가 1만 2,000명까지 늘었을 때 싸이더스 스튜디오X는 로지가 가상 인간임을 밝혔다. 2022년 3월 기준 팔로워는 약 12만 명이다.

최근에 로지를 비롯한 가상 인

버추얼 인플루언서 로지

간이 광고업계의 러브콜을 받고 있다. 로지는 2021년 7월 신한라이프 광고를 찍으며 성공적으로 TV 광고에 데뷔했으며, 이후 여러 기업과 광고 계약 및 협찬을 맺었다. 지금까지 전속 계약을 맺은 것만 8건이며, 협찬은 100건 이상으로 알려졌다. 싸이더스 스튜디오X에 따르면 로지는 2021년 연말까지 약 10억 원 이상의 수익을 올렸다. 로지와 같은 가상 인간이 광고업계를 사로잡은 이유 중 하나는 실제 인물과 달리 음주운전이나 학교폭력 등 스캔들이 일어날 가능성이 없기 때문이다. 또한 코로나19 시국에 방역지침과 상관없이 자유롭게 활동할 수 있고 시공간의 제약도 받지 않는다.

버추얼 인플루언서를 활용한 마케팅 시장의 규모는 전 세계적으로 점차 커지고 있다. 버추얼 인플루언서 중 세계에서 가장 많은 팔로워 수를 보유한 인물은 인스타그램에서 310만 명의 팔로워를 기록한 릴 미켈라(Lil Miquela)다. 미국 스타트업 브러드(Brud)가 만든 릴 미켈라는 미국 로스앤젤레스에 거주하는 브라질계 미국인으로 설정되었다. 릴 미켈라의 광고용 포스팅 단가는 8,500달러(약 1,000만 원)로, 한 해 수익만 130억 원에 이른다고 알려져 있다. 최근 릴 미켈라는 팝스타 레이디 가가가 소속된 할리우드 3대 에이전시인 CAA(Creative Artists Agency)와 계약하기도 했다.

가상 인물이 현실세계에서 여러 활동을 하고 영향을 준다는 사실은 메타버스가 일상에 얼마나 깊숙이 들어와 있는지를 보여준다.

CHAPTER 2

메타버스의
세 가지 핵심 요소

메타버스는 하드웨어 기술의 발전에 따른 VR/AR 기기 확산과 소프트웨어 기술의 발전에 따른 메타버스 플랫폼 및 콘텐츠 보급으로 점점 성장했다. 최근 코로나19로 비대면이 익숙해지면서 대중화 속도도 빨라지고 있다. 메타버스의 세 가지 핵심 요소는 플랫폼, 하드웨어 기술, 콘텐츠 보급이다.

메타버스의 핵심 요소 ① 플랫폼

메타버스 플랫폼은 사람들이 모여서 사회·문화·경제 활동을 하는 가상 공간이다. 초창기에는 단순한 여가 수단으로 여겨졌던 메타버스 플랫폼은 최근 들어 업무 중 화상회의에서도 활용되고 있다.

1 메타버스 플랫폼으로서의 로블록스

로블록스는 전 세계에서 가장 잘 알려진 메타버스 플랫폼이다. 예전에는 로블록스를 게임 제작 및 서비스 업체로 보는 시각이 대다수였다. 그러나 앞서 언급했듯 2021년 3월 로블록스가 미국 뉴욕 증권거래소 상장을 위해 공개한 증권신고서에 메타버스를 직접 언급하면서 로블록스는 메타버스 플랫폼으로 인식되기 시작했다. 즉 로블록스의 나스닥 상장은 사람들이 로블록스를 단순한 게임 제작 업체에서 메타버스 플랫폼 제공 업체로 인식하는 계기가 되었다.

실제로 로블록스는 게임이라기보다 플랫폼에 가깝다. 로블록스 이용자는 레고처럼 생긴 아바타를 원하는 대로 꾸미고 다른 이용자와 교류할 수 있다. 즉 로블록스 안에서 커뮤니티에 참여하기도 하고, 게임을 즐기거나 개발할 수도 있다. 로블록스 내에서는 가상화폐인 '로벅스(Robux)'가 통용되며, 이를 이용해 게임이나 아이템을 구매할 수 있다.

로블록스는 '로블록스 스튜디오'라는 플랫폼을 제공해 이용자가 게임을 쉽게 제작할 수 있도록 했으며, 이용자가 개발한 게임이 팔릴 때마다 개발자, 즉 크리에이터에게 해당 금액의 70%를 '로벅스'로 지급한다. 로블록스 내에서는 FPS(1인칭 슈팅 게임), 레이싱, 퍼즐 등 다양한 형태의 게임이 소비되고 있다. 또한 로블록스 내에서 캐릭터를 꾸미는 아이템을 만들어 팔 수도 있는데, 아이템이 팔릴 때마다 아이템 크리에이터에게 해당 금액의 30%를 지급한다. 가상 화폐인 로벅스는 달러로 환전할 수 있어서 로블록스 내 게임 및 아이템 크리에이터는 개발 활동을 통해 수익을 창출할 수 있다.[*] 로블록스는 아바타를 활용해 현실처럼 경제·사회·문화 활동을 할 수 있는 진정한 의미의 메타버스 생태계라고 볼 수 있다.

로블록스 이용자는 주로 MZ세대[**]다. 2021년 4분기 기준으로 13세 미만 이용자가 전체 이용자의 약 절반을 차지한다. 주요 언론 보도에 따르면 미국에서는 16세 미만 청소년의 절반 이상이 로블록스를 이용

• 로벅스는 구입할 때 1로벅스당 0.01달러지만, 크리에이터가 실질화폐로 교환할 때는 1로벅스당 0.0035달러의 환율이 적용된다.

•• 1980년대 초반~2000년대 초반 출생한 밀레니얼 세대와 1990년대 중반~2000년대 초반 출생한 Z세대를 통칭하는 말이다. MZ세대는 디지털 환경에 익숙하고, 최신 트렌드와 이색적인 경험을 추구하는 특징을 보인다.

PART 1 메타버스는 일상을 어떻게 바꾸고 있을까?

로블록스 DAU 나이별 분류

■ 13세 미만　■ 13세 이상　■ 알 수 없음

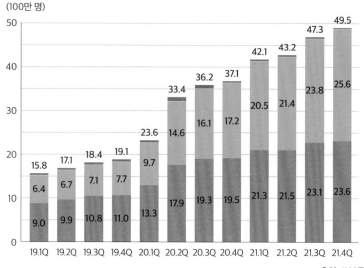

(100만 명)

분기	13세 미만	13세 이상	알 수 없음	합계
19.1Q	9.0	6.4		15.8
19.2Q	9.9	6.7		17.1
19.3Q	10.8	7.1		18.4
19.4Q	11.0	7.7		19.1
20.1Q	13.3	9.7		23.6
20.2Q	17.9	14.6		33.4
20.3Q	19.3	16.1		36.2
20.4Q	19.5	17.2		37.1
21.1Q	21.3	20.5		42.1
21.2Q	21.5	21.4		43.2
21.3Q	23.1	23.8		47.3
21.4Q	23.6	25.6		49.5

· 출처: 로블록스

한다. 또한 코로나19로 이용자가 가파르게 유입되었다. 2019년 4분기 기준 약 1,910만 명이었던 DAU(Daily Active Users), 즉 하루 활성 이용자 수는 2021년 4분기 기준 약 4,950만 명으로 약 2배 이상 증가했다.

　이용자가 늘어나면서 자연스레 매출 지표도 가파르게 상승했다. 로블록스는 해당 분기에 이용자들이 로벅스를 얼마나 구매했는지에 대한 지표인 결제액(booking)* 데이터를 제공한다. 로블록스가 2021년

● 로블록스 결제액이 곧 매출액을 의미하지는 않는다. 로벅스 사용처에 따라 즉시 매출액으로 인식하기도 하고, 23개월 동안 분할해 매출액으로 인식하기도 한다.

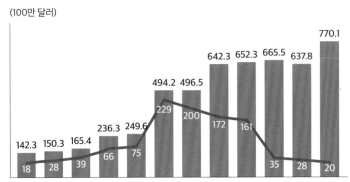

로블록스 결제액 추이

—— 연 성장률(%)

(100만 달러)

분기	결제액	연 성장률(%)
19.1Q	142.3	18
19.2Q	150.3	28
19.3Q	165.4	39
19.4Q	236.3	66
20.1Q	249.6	75
20.2Q	494.2	229
20.3Q	496.5	200
20.4Q	642.3	172
21.1Q	652.3	161
21.2Q	665.5	35
21.3Q	637.8	28
21.4Q	770.1	20

• 출처: 로블록스

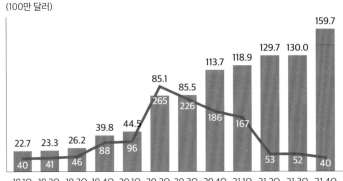

로블록스 크리에이터 배분 수익 추이

—— 연 성장률(%)

(100만 달러)

분기	배분 수익	연 성장률(%)
19.1Q	22.7	40
19.2Q	23.3	41
19.3Q	26.2	46
19.4Q	39.8	88
20.1Q	44.5	96
20.2Q	85.1	265
20.3Q	85.5	226
20.4Q	113.7	186
21.1Q	118.9	167
21.2Q	129.7	53
21.3Q	130.0	52
21.4Q	159.7	40

• 출처: 로블록스

4분기 실적발표에서 밝힌 결제액은 약 7억 7,000만 달러에 달한다. 코로나19가 확산되기 전인 2019년 4분기 약 2억 3,600만 달러와 비교

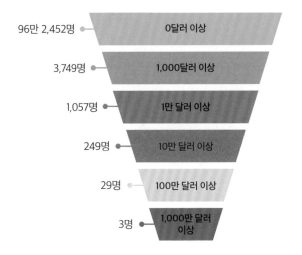

로블록스 내 크리에이터 수익 분포

96만 2,452명	0달러 이상
3,749명	1,000달러 이상
1,057명	1만 달러 이상
249명	10만 달러 이상
29명	100만 달러 이상
3명	1,000만 달러 이상

• 출처: 로블록스

하면 3배 이상 늘어난 수치다.

　이용자 수 증가는 곧 이용자의 지출 증가로 이어졌고, 이로 인해 로블록스 내 게임 크리에이터의 수익도 자연스럽게 늘어났다. 2019년 4분기에 로블록스는 게임 크리에이터들에게 약 3,980만 달러를 배분했는데, 2021년 4분기에는 약 1억 6,000만 달러로 급증했다.

　로블록스가 상장 당시에 밝힌 크리에이터 수익 분포표를 보면, 2020년 9월 기준 과거 12개월 동안 1,000만 달러 이상의 수익을 올린 개발자는 3명, 10만 달러 이상의 수익을 올린 크리에이터는 249명, 1만 달러 이상의 수익을 올린 크리에이터는 1,057명이다. 2020년 9월 이후 결제액이 또 한 번 가파르게 상승한 만큼, 현재 로블록스 내 고수익 크리에이터는 더 늘어났을 것으로 추정된다.

로블록스는 기존 게임업체와 비즈니스 모델이 전혀 다르다. 기존 게임업체에서는 서비스 중인 게임을 플레이하던 이용자 중 다수가 시간이 지날수록 흥미를 잃고 이탈한다. 이용자 이탈을 막고 게임 이용 시간을 늘리기 위해 게임업체는 지속적으로 업데이트를 하고 마케팅 비용을 지출해야 한다. 로블록스는 어떻게 다를까?

로블록스에서는 2개의 네트워크 효과가 상호작용한다. 첫 번째 네트워크 효과는 풍부한 콘텐츠를 지속적으로 만들어낼 수 있는 환경에서 유발된다. 로블록스에는 매일 새로운 게임 콘텐츠가 생겨난다. 로블록스 내 크리에이터들이 로벅스를 얻기 위해 더 재미있는 게임 콘텐츠를 꾸준히 개발하기 때문이다. 로블록스의 인베스터 데이(Investor Day) 정보에 따르면 로블록스 내 크리에이터들이 만들어낸 게임은 약 2,700만 개이며, 총 크리에이터 수는 약 1,050만 명이다. 플랫폼 내 다양한 장르의 게임 콘텐츠가 존재하므로 이용자들은 게임을 즐기다가 흥미를 잃으면 새로운 게임을 찾아서 즐기면 된다. 풍부한 게임 콘텐츠는 신규 이용자를 유인하고, 기존 이용자의 이탈을 방지한다. 이용자가 많아지면 자연스레 플랫폼 내 결제액이 늘어나고, 로블록스 내 크리에이터의 정산 금액도 늘어난다. 로블록스가 구축한 메타버스 생태계는 마치 보이지 않는 손이 작동하는 하나의 작은 사회 같다.

로블록스의 두 번째 네트워크 효과는 소셜 네트워크를 이용하는 것에서 유발된다. 이용자들은 로블록스에서 SNS 기능으로 다른 이용자와 소통할 수 있다. 즉 게임을 즐기는 것 외에도 로블록스 내에서 친해진 이용자와 소통하면서 자연스레 로블록스에 머무는 시간이 길어진

로블록스의 세 가지 타깃 시장

	모바일 게임	비디오 스트리밍	소셜 미디어
이용자 수	30억 명	32억 명	43억 명
이용자당 1일 평균 이용 시간	1시간 59분	5시간 14분	1시간 19분
매출 창출 가능한 시장 규모	1,760억 달러	2,140억 달러	1,540억 달러

• 출처: 로블록스 인베스터 데이

다. 소셜 네트워크가 이용자를 플랫폼에 록인(lock-in), 즉 머무르게 하는 것이다.

로블록스는 2021년 인베스터 데이에서 성장을 위한 전략적 로드맵과 침투 가능 시장 규모를 밝혔다. 로블록스는 자사 플랫폼을 '게임(game)+엔터테인먼트(entertainment)+소셜(social)'로 정의했으며, 신규 타깃 시장을 비디오+소셜 미디어 시장으로 확장했다. 이는 모바일 게임 시장의 약 2배 이상 되는 규모다.

성장을 위한 전략적 로드맵으로는 출시 국가 확대, 타깃 연령층 확대, 플랫폼 확장, 수익 모델을 제시했다. 그중 눈에 띄는 전략은 플랫폼 확장이다. 로블록스는 플랫폼 확장을 위해 소니뮤직과 전략적 제휴를 체결했으며, 향후 로블록스 플랫폼에서 콘서트를 개최하고 굿즈를 판매하며 수익을 창출할 계획이다. 메타버스 생태계를 기반으로 플랫폼을 확대해나가는 로블록스의 행보가 기대된다.

2 메타버스 플랫폼으로서의 제페토

로블록스가 게임에서 시작했다면, 제페토는 SNS 기능으로 시작한 메타버스 플랫폼이다. 제페토는 네이버 자회사인 스노우가 2018년 8월 출시한 AR 아바타 SNS 플랫폼이다(2020년 3월 스노우는 제페토를 별도 법인 네이버Z로 분사했다). 제페토에서는 이용자의 얼굴을 인식해서 커스터마이징(customizing) 3D 아바타를 만들고, 제페토월드라는 가상 공간에서 여러 가지 활동을 할 수 있다. 제페토는 누적 다운로드 수 2억 회, MAU(Monthly Active Users, 월간 활성 이용자 수) 1,000만~1,200만 명 수준으로 추산된다. 또한 이용자의 90%가 해외 거주자이며, 전체 이용자의 80%가 MZ세대로 추정되고 있다.

제페토월드에서 제공하는 다양한 3D 가상공간에서 이용자들은 게임을 즐기거나 서로 소통할 수 있다. 제페토월드 안에는 삼성전자, 현대차, 구찌(GUCCI) 등의 가상 매장이나 쇼룸도 있다. 여기서 이용자들은 사진을 찍거나, 아바타에 제품을 입혀보거나, 컬래버 아이템을 구입할 수도 있다. 이러한 활동을 통해 제페토는 광고 수익을 창출하며, 브랜드사는 MZ세대를 타깃으로 효과적인 마케팅을 펼칠 수 있다.

또한 제페토에는 이용자가 아이템을 직접 제작하고 판매할 수 있는 제페토 스튜디오가 있다. 아이템 판매 수익은 가상 화폐인 '젬(ZEM)'으로 제공한다. 아이템을 판매해 5,000젬 이상 수익을 얻으면, 한 달에 한 번 현금화가 가능하며, 5,000젬은 한화로 12만 원 정도다. 제페토 크리에이터가 만든 아이템이 팔릴 때마다 제페토는 판매금액의 30%를 수취한다. 1세대 제페토 아이템 크리에이터 중 렌지라는 사람은 최근 다른 크리에이터와 함께 아바타 옷을 제작하는 업체를 창업해 월 순수익이 1억 원에 이른다고 밝혔다. 메타버스 플랫폼이 새로운 비즈

제페토 내 젬 가격

원(KRW)	1,200	2,500	4,900
미국 달러(USD)	0.99	1.99	3.99
젬 수량	14	29	60

• 출처: 제페토

니스 모델을 만들어낸 것이다.

제페토는 최근 PC 버전에서 아바타 라이브 방송 기능을 도입했다. 스트리머들이 라이브 방송을 시작하면 이용자들이 방송에 접속해서 소통하는 방식이다. 시청자로부터 젬이나 아이템을 후원받을 수 있어 경제 활동도 가능하다.

메타버스 플랫폼에서 가장 중요한 것은 이용자가 스스로 참여할 수 있는 경제 시스템 구축이다. 로블록스든 제페토든 메타버스에서 많은 이용자가 자발적으로 게임과 아이템을 만들어서 판매한다. 이러한 행위는 플랫폼을 더욱 풍요롭게 할 뿐만 아니라 플랫폼을 유지하는 기둥이 된다.

3 메타의 호라이즌 워크룸과 마이크로소프트의 '메시 포 팀즈'

2021년 8월 메타 플랫폼스(구 페이스북)는 오큘러스 퀘스트2 VR 헤드셋과 컴퓨터만 있으면 가상 회의를 할 수 있는 무료 앱 '호라이즌 워크룸(Horizon Workroom)'을 공개했다. 호라이즌 워크룸은 줌(ZOOM)과 같은 화상회의 앱과 달리 입체적인 회의가 가능하다. VR 공간에서 회의 참여자의 움직임을 3D 아바타가 그대로 반영하기 때문이다. 이 때문에 손으로 화면을 가리키면서 프레젠테이션을 할 수 있고, 다른 참여자와 실시간 소통이 가능하다. 즉 실제 공간에서 회의를 하는 것처럼 생생하다는 장점이 있다.

또한 호라이즌 워크룸에서는 자신의 컴퓨터 화면을 허공에 띄우거나, 키보드를 연결하여 회의 내용을 메모하는 등 문서 작업도 할 수 있다. 구글독스(Google Docs)나 슬랙(Slack) 같은 업무용 소프트웨어도 사용할 수 있다.

현재 호라이즌 워크룸은 오큘러스 퀘스트2를 구입하면 사용할 수 있는 플랫폼인 메타 퀘스트(구 오큘러스 퀘스트)에서 무료로 다운받을 수 있다. 그러나 호라이즌 워크룸에서 회의를 하려면 오큘러스 VR 헤드셋이 반드시 있어야 하기 때문에 대중화까지는 시간이 오래 걸릴 것으로 예상한다.

메타 플랫폼스, 즉 메타와는 달리 마이크로소프트는 화상 커뮤니케이션 플랫폼인 팀즈(Teams)를 통해 AR/VR 기기를 쓰지 않아도 되는 3D 아바타 회의 기능을 서비스할 계획이다. 해당 기능은 마이크로소프트의 메타버스 플랫폼인 메시(Mesh)에서 '메시 포 팀즈(Mesh for Teams)'라는 이름으로 2022년에 서비스될 예정이다. 메시 포 팀즈에서는 개인 PC에 부착된 기기를 통해 아바타에 개개인의 움직임과 목소리를 반영할 수 있다. 또한 아바타가 회의실에 모여 앉아서 회의가 진행된다. 자동번역 기능이 탑재되어 서로 다른 언어로도 대화가 가능하며, 가상공간에서 마이크로소프트의 소프트웨어(파워포인트, 엑셀 등)를 공동 작업하는 기능도 추가될 예정이다.

메타버스의 핵심 요소 ② 하드웨어

1 B2C 관점에서 메타버스 대중화에 기여한 오큘러스

VR 기기는 2015년 삼성전자의 기어 VR, 2016년 메타의 오큘러스 리프트가 출시되며 새로운 시장이 열리는 듯했으나, 가격, 무게, 어지럼증 등의 문제로 대중화되지 못했다. 전 세계 출하량도 2015년 기준 약 200만 대 수준에 그쳤다. 또한 VR 기기로 활용할 수 있는 콘텐츠 수가 적은 것도 VR 기기의 확산을 저해했다.

2020년 10월 메타의 오큘러스 퀘스트2가 발매되자 VR 기기 보급이 빨라지기 시작했다. 오큘러스 퀘스트2는 그동안 VR 기기 보급의 발목을 잡았던 어지럼증 문제를 대폭 개선했고, 무게도 더 가벼워졌으며, 가격도 299달러(64GB), 399달러(256GB)로 전작인 퀘스트1에 비해 100달러 저렴해졌다. 오큘러스 퀘스트2는 단번에 사람들의 마음을 사로잡으며 흥행에 성공했다. 메타가 공식적으로 판매 대수를 공개하지 않았지만, 오큘러스 퀘스트2는 2020년 4분기에 약 200만~300만 대, 2021년 1분기에는 약 200만 대의 출하량을 기록했을 것으로 추정된다. 시장조사기관 옴디아(Omdia)에 따르면 2020년 전체 VR 헤드셋 출하량은 약 640만 대라고 하니, 오큘러스 퀘스트2는 놀라운 수치를 기록한 셈이다.

메타는 VR 헤드셋 개발 업체인 오큘러스(Oculus)를 2014년 20억 달러에 인수했다. 그 후 오큘러스 매출은 메타의 매출 중 '기타'에 속해 있으며, 2018년 이후 기타 부문 분기별 매출 추이는 다음과 같다.

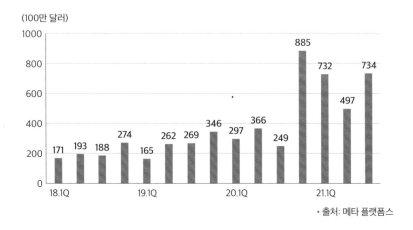

메타 플랫폼스(구 페이스북)의 기타 부문 매출

(100만 달러)

• 출처: 메타 플랫폼스

[메타 플랫폼스는 2021년 4분기 실적발표를 기점으로 사업부를 개편해 오큘러스의 매출은 리얼리티 랩스(Reality Labs) 사업부에 속해 있다. 과거 매출과의 비교를 위해 그래프에는 사업부 개편 전 기타 부문 매출액 추이를 기재했다.] 2020년 4분기와 2021년 1분기 매출액의 가파른 상승은 오큘러스 퀘스트2의 흥행 덕분일 것으로 판단된다. 2019년 5월에 출시한 전작 오큘러스 퀘스트1과 매출 추이를 비교해보면 오큘러스 퀘스트2가 얼마나 흥행하고 있는지 알 수 있다.

오큘러스 퀘스트2의 흥행은 시장의 판도를 바꿔놓았다. 시장조사업체 카운터포인트 리서치(Counterpoint Research)는 2021년 1분기 XR(VR·AR) 헤드셋 출하량은 2020년 1분기 대비 약 3배 증가했으며, 출하량 호조는 오큘러스 퀘스트2의 판매 증가 덕분이라고 분석했다. 오큘러스 퀘스트2가 XR 시장을 3배로 키운 셈이다. 오큘러스 퀘스트

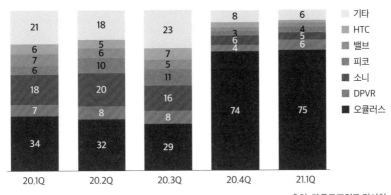

글로벌 XR(VR·AR) 브랜드 출하량 점유율(%)

	20.1Q	20.2Q	20.3Q	20.4Q	21.1Q
기타	21	18	23	8	6
HTC	6	5	7	3	4
밸브	7	6	5	6	5
피코	6	10	11	4	6
소니	18	20	16	74	75
DPVR	7	8	8		
오큘러스	34	32	29		

· 출처: 카운트포인트 리서치

2의 흥행으로 오큘러스의 시장점유율은 30%대에서 2020년 4분기에 74%, 2021년 1분기에 75%로 확대되었다.

오큘러스 퀘스트2는 출시된 지 1년 만에 1,000만 대 이상 판매된 것으로 집계된다. 오큘러스 퀘스트2에 탑재된 퀄컴의 스냅드래곤 XR2 칩셋의 판매량이 1,000만 개를 넘어서며 자연스레 오큘러스 퀘스트2의 판매량이 시장에 알려지게 되었다. 스마트폰 시장에서 혁신적인 아이템으로 평가받은 갤럭시 폴더블 스마트폰의 2021년 출하량이 890만 대였다는 것을 고려하면, 오큘러스 퀘스트2의 기록은 남다른 의미가 있다.

메타 플랫폼스는 2021년 4분기 실적발표를 기점으로 사업부를 페이스북, 인스타그램, 메신저, 와츠앱 등을 포함한 패밀리 오브 앱스(Family of Apps) 사업부와 가상현실 관련 하드웨어, 소프트웨어, 콘텐

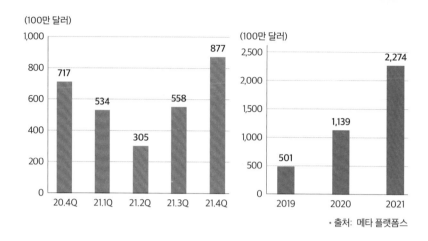

메타 플랫폼스 리얼리티 랩스 사업부 분기별·연간 매출액 추이

(100만 달러)

(100만 달러)

· 출처: 메타 플랫폼스

츠를 포함한 리얼리티 랩스 사업부로 나눠 공시하고 있다. 메타 플랫폼스의 공시 자료에 따르면 리얼리티 랩스 사업부의 매출액은 2021년 2분기 때 주춤하다가 분기별로 점차 개선되었다. 2021년 4분기 블랙프라이데이 및 연말 특수를 톡톡히 누린 것으로 보인다. 리얼리티 랩스 사업부는 규모는 작지만 2019년부터 매년 약 2배씩 성장했다. 향후 메타가 이러한 성장세를 유지할 수 있을지 기대된다.

　메타 플랫폼스는 오큘러스 퀘스트2를 이을 후속작을 개발하고 있다. 2021년 10월 페이스북 커넥트(Facebook Connect) 행사를 통해 최첨단 XR 기기인 프로젝트 캠브리아(Project Cambria)와 AR 안경인 프로젝트 나자레(Project Nazare)를 소개했다. 특히 프로젝트 캠브리아는 VR과 AR을 모두 구현할 수 있다는 점 때문에 큰 주목을 받았다. 메타 플랫폼스의 오큘러스 기기가 널리 보급되면, 이를 통해 메타버스 생태계로의 전환이 가속될 것이다. 메타가 만들어나갈 메타버스 생태계는 어떤 모습일까?

❷ B2B 관점에서 메타버스 대중화에 기여한 홀로렌즈

메타의 오큘러스가 B2C 시장 확대에 한 획을 그었다면, 마이크로소프트의 홀로렌즈(HoloLens)는 B2B 시장을 열었다는 점에서 큰 의미가 있다. 마이크로소프트는 2016년과 2019년 각각 홀로렌즈1, 홀로렌즈2를 출시했다. 홀로렌즈는 AR과 VR이 혼합된 MR 하드웨어로 머리띠 모양의 헤드셋에 반투명 디지털 스크린으로 이루어져 있다. 이용자가 전면부 바이저를 아래로 내리면, 디지털 이미지가 실제 사물과 공간 위에 겹쳐 표시된다. 즉 AR 안경에 가까운 형태다.

주로 B2C에서 쓰이는 오큘러스와 달리, 홀로렌즈는 B2B 시장에 초점을 맞추었다. 대표적인 방산 기업인 록히드마틴은 마이크로소프트의 홀로렌즈2를 현장에서 적용한 후 유인 우주선 '오리온' 조립 시간이 8시간에서 45분으로 크게 줄였다고 밝혔다. 홀로렌즈2를 활용하여 설계 도면, 부품 이미지, 각종 수치, 조립 관련 설명 등을 눈앞에서 확인하며 작업한 덕분에 57만 개 이상의 부품으로 이루어진 오리온을 빠르게 조립할 수 있었다.

일본 자동차 업체인 토요타는 홀로렌즈를 정비에 도입해 효율성을 높였다. 토요타 엔지니어는 홀로렌즈를 통해 자동차의 복잡한 전기 배선과 설계도를 눈앞에 띄워서 바로 볼 수 있다. 그 덕분에 자동차 정비 시간이 단축되었다. 토요타는 기술 설명을 위해 자동차 대리점에도 홀로렌즈를 배포했다. 특히 스포츠카 관련 이벤트를 주최할 때 딜러들이 홀로렌즈를 사용해 새로운 기술을 쉽고 흥미롭게 소개하도록 했다.

마이크로소프트는 홀로렌즈를 제조업에 이어 의학계에서 사용할 수 있도록 하는 프로젝트 '이너아이(Inner Eye)'를 추진하고 있다. 홀로렌즈 헤드셋을 착용한 의사는 데이터를 직접 찾지 않고도 AI와 3차원 의료 이미지를 자동 분석해주는 알고리즘을 통해 검사 자료와 데이터를 분석할 수 있다. 이를 통해 질병 치료 계획 수립에 소요되는 시간을 단축할 수 있다. 또한 환자에게 실제 검사 사진과 가상 이미지를 겹쳐서 수술을 자세하게 설명할 수 있다. 따라서 환자의 수술 이해도가 높아지고 불안감과 긴장감을 덜어줄 수 있다.

2021년 4월, 마이크로소프트는 미국 육군과 홀로렌즈 헤드셋 공

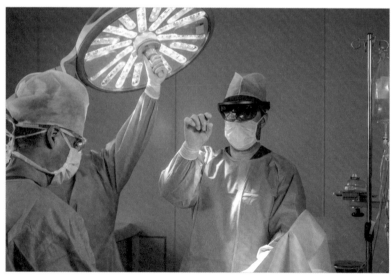

· 출처: 셔터스톡

홀로렌즈 헤드셋은 의료에도 유용하게 활용될 수 있다.

급 계약 체결을 발표했다. 10년 동안 12만 대 이상을 계약한 만큼 총 220억 달러에 달하는 매출을 올릴 것으로 알려졌다. 미국 육군은 홀로렌즈 헤드셋을 착용해 어두운 밤에도 디스플레이에 지도와 나침반을 띄워 훨씬 안전하고 효율적으로 군사작전을 수행할 수 있다.

현재 홀로렌즈 판매량은 미공개 상태다. 하지만 홀로렌즈1의 판매량은 약 5만 대이고, 홀로렌즈2는 2020년에 15만 대의 판매량을 달성한 것으로 추정된다.

메타버스의 핵심 요소 ③ 콘텐츠 보급

1 오큘러스 퀘스트 플랫폼

앞서 언급한 대로 오큘러스를 구입하면 메타 퀘스트(구 오큘러스 퀘스트)에서 각종 VR 콘텐츠를 구매해 즐길 수 있다. 2021년 4분기 실적발표에서 메타 플랫폼스는 오큘러스 퀘스트 플랫폼이 2019년 론칭 이후 누적 매출액 10억 달러를 돌파했다고 밝혔다. 앞서 2020년 5월에는 오큘러스 퀘스트1 발매 1주년을 축하하는 자리에서 오큘러스 퀘스트 플랫폼 내 콘텐츠 판매금액이 1억 달러에 달한다고 밝힌 바 있다. 불과 1년 반 만에 오큘러스 퀘스트 플랫폼의 콘텐츠 시장이 약 10배 성장한 것이다.

오큘러스 기기가 확산되며 오큘러스 퀘스트 플랫폼에서 고수익을 창출하는 타이틀(title)이 증가하고 있다. 100만 달러 이상의 수익

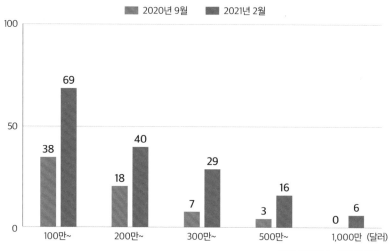

오큘러스 퀘스트 내 매출 구간별 타이틀 개수

■ 2020년 9월　■ 2021년 2월

구간	2020년 9월	2021년 2월
100만~	38	69
200만~	18	40
300만~	7	29
500만~	3	16
1,000만 (달러)	0	6

• 출처: 오큘러스, 메타 플랫폼스

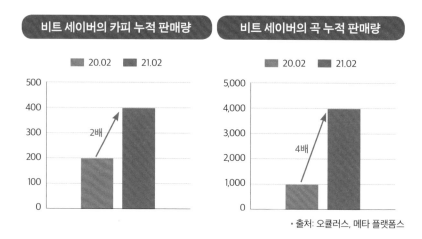

비트 세이버의 카피 누적 판매량

■ 20.02　■ 21.02

2배

비트 세이버의 곡 누적 판매량

■ 20.02　■ 21.02

4배

• 출처: 오큘러스, 메타 플랫폼스

을 올린 타이틀은 2020년 9월에 38개에 불과했지만, 2021년 2월 기준 69개로 크게 늘어났다. 1,000만 달러 이상의 수익을 내는 타이틀도

2021년 2월 기준 6개나 된다. 현재 VR 기기로 플레이할 수 있는 게임 중 가장 인기가 있는 것은 VR 리듬 게임인 '비트 세이버(Beat Saber)'로, 약 400만 카피, 4,000만 곡이 판매되었다. 비트 세이버가 2020년 2월 밝힌 판매량이 약 200만 카피, 1,000만 곡임을 고려하면 판매량 증가 속도가 매우 빨라지고 있음을 알 수 있다. 메타 플랫폼스는 2021년 10월 오큘러스 퀘스트 플랫폼에서 비트 세이버의 누적 매출액이 1억 달러가 넘었다고 밝혔다.

오큘러스 퀘스트 플랫폼에서 고수익을 창출하는 타이틀이 증가하고 있다는 점은 VR 기기 보급 확산에 긍정적으로 작용한다. 그동안 VR 기기가 제대로 보급되지 못한 이유 중 하나가 콘텐츠의 부재였다. 고수익을 올리는 타이틀이 늘어나고 VR 콘텐츠 시장이 커지면 지금보다 더 많은 콘텐츠 개발자가 VR 기기용 콘텐츠를 개발할 것이다. 이로 인해 VR 기기의 보급이 빨라질 것으로 예상된다.

2 메타버스 콘서트

메타버스 플랫폼의 확산은 엔터테인먼트 산업에도 큰 영향을 미쳤다. 메타버스 플랫폼 내에서 콘서트를 열고, 팬미팅을 하고, 굿즈를 파는 새로운 시장이 생겨난 것이다. 대표적인 예로 전 세계 3억 5,000만 명이 이용하는 '포트나이트(Fortnite)'라는 3인칭 배틀로열 게임이 있다.

포트나이트는 배틀로열 모드 외에도 메인 스테이지와 다양한 놀거리가 있는 파티로열 모드를 제공한다. 파티로열에서는 유명 DJ인 DJ 마시멜로를 시작으로 트래비스 스콧, 아리아나 그란데까지 여러 아티스트가 가상 콘서트를 열었다. 또한 방탄소년단의 〈다이너마이트 (Dynamite)〉 안무 버전 뮤직비디오도 파티로열에서 최초로 공개되었다. 콘서트뿐만 아니라 2021년에는 단편 애니메이션 영화제가 파티로열에서 열리기도 했다. 포트나이트 이용자라면 누구나 무료로 파티로열 내 빅 스크린에서 영화를 관람할 수 있었다.

2020년 7월, 미국의 인기 래퍼인 트래비스 스콧은 포트나이트에서 약 10분간 공연했다. 이 공연은 약 2,770만 명의 접속자와 약 2,000만 달러의 매출을 기록했다. 포트나이트의 10분짜리 공연으로 벌어들인 매출은 트래비스 스콧이 오프라인 투어 20번으로 벌어들인 매출과 맞먹는다. 트래비스 스콧의 콘서트를 계기로 사람들은 메타버스 콘서트의 시장성에 관심을 갖기 시작했고, 국내 엔터테인먼트 업체들도 적극적으로 이 시장에 뛰어들고 있다.

2021년 8월에는 아리아나 그란데가 포트나이트에서 '리프트 투어 (Rift Tour)'라는 이름으로 약 15분의 공연을 총 5번 펼쳤다. 아리아나 그란데의 공연 수익은 2,000만 달러 이상으로 추정된다.

3 마이크로소프트의 블리자드 인수

2022년 1월, 마이크로소프트는 액티비전 블리자드를 약 687억 달러에 인수한다고 밝혔다. 블리자드는 스타크래프트, 콜 오브 듀티, 오버워치, 캔디크러시 등으로 잘 알려진 게임 개발사다. 인수가 완료되면 IT 업종 역사상 최대 규모의 M&A로 기록된다. 마이크로소프트는 왜 게임 개발사인 블리자드를 인수하려고 하는 걸까?

마이크로소프트는 블리자드의 인수 배경으로 메타버스 시장 선점을 언급했다. 마이크로소프트 CEO인 사티아 나델라는 보도자료를 통해 "게임은 오늘날 모든 플랫폼에서 가장 역동적이며 흥미로운 엔터테인먼트 분야이며, 메타버스 플랫폼 개발에 있어 핵심적인 역할을 할 것"이라고 밝혔다. 마이크로소프트는 메타버스 B2B 시장의 강자다. 마이크로소프트의 홀로렌즈는 B2B를 타깃으로 한 제품이며, 화상 커뮤니케이션 플랫폼 팀즈도 B2B용 소프트웨어다. 마이크로소프트의 액티비전 블리자드 인수는 마이크로소프트가 B2C 메타버스 서비스 진출을 준비하는 것으로 해석할 수 있다.

마이크로소프트의 사업부 중 B2C향 메타버스 서비스와 연결할 수 있는 사업부는 전체 매출액의 9%를 차지하는 게임 사업부다. 이번 인수가 성공한다면 블리자드의 게임 타이틀을 통해 마이크로소프트의 게임 사업부 라인업을 강화할 수 있다.

또한 일부 게임은 마이크로소프트의 게임 플랫폼인 엑스박스(Xbox)에 독점으로 공급될 수도 있다. 이 경우 엑스박스는 블리자드의 이용자를 흡수할 수 있다. 현재 마이크로소프트의 클라우드 게임 플랫폼인 엑스박스 게임 패스 구독자는 약 2,500만 명인데, 블리자드의 MAU는 4억 명 수준이다. 따라서 엑스박스 게임 패스가 블리자드의 MAU를 흡수한다면 시너지 효과가 일어날 수 있다. 탄탄한 콘텐츠를 바탕으로 엑스박스 게임 패스에 이용자를 유인하고, 이들이 활용할 수 있는 도구를 제공한다면 엑스박스는 로블록스처럼 메타버스 플랫폼으로 변모할 수 있을 것이다.

메타버스 생태계를 구축하는 도구들

❶ 메타버스 플랫폼 구축에 활용되는 유니티

메타버스 플랫폼인 제페토는 유니티(Unity) 엔진을 바탕으로 구축되었다. 유니티 엔진을 개발한 유니티 소프트웨어는 게임/3D 인터랙티브 콘텐츠 개발용 소프트웨어를 지원하는 기업이다. 게임 개발용 소프트웨어 시장은 유니티 소프트웨어의 유니티 엔진과 에픽게임즈(Epic Games)의 언리얼 엔진이 양분하고 있으며, 현재 유니티 엔진이 시장 점유율 1위를 기록하고 있다. 2020년 기준 매출액 기준 상위 1,000개 게임 중 71%가 유니티 엔진으로 만들어졌다.

유니티의 매출은 크게 둘로 나눌 수 있다. 하나는 제작(create) 솔루션, 또 하나는 운영(operate) 솔루션이다. 제작 솔루션은 유니티 엔진의 매출이라고 이해하면 쉽다. 게임/3D 인터랙티브 콘텐츠 개발을 위한 소프트웨어를 제공하는 사업부로 2020년 기준 매출의 29.9%를 차지했다. 운영 솔루션은 게임 운영을 지원하는 다양한 솔루션(광고 등)을 판매하는 사업부로 매출의 61%를 차지하고 있다.

언리얼 엔진을 서비스하는 에픽게임즈는 상장사가 아니어서 그동안 매출액이 베일에 가려져 있다가 2021년 애플과의 소송에서 매출액이 공개되었다. 그래프에서 볼 수 있듯 언리얼 엔진은 2018년 이후 매출액이 정체되어 있지만 유니티 엔진은 꾸준히 증가하고 있다.

유니티의 운영 솔루션은 대부분 광고 플랫폼 업무를 담당한다. 광고주에게 게임 내에 광고할 수 있는 플랫폼을 제공하고, 광고 수익을

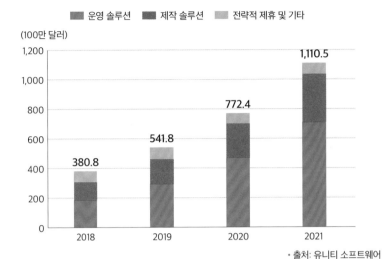

유니티 소프트웨어 매출 현황

■ 운영 솔루션   ■ 제작 솔루션   ■ 전략적 제휴 및 기타

(100만 달러)

• 출처: 유니티 소프트웨어

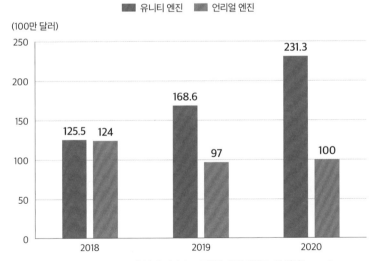

유니티 엔진과 언리얼 엔진의 연도별 매출액

■ 유니티 엔진   ■ 언리얼 엔진

(100만 달러)

• 출처: 유니티 소프트웨어, 에픽 게임즈, 더 버지(www.theverge.com)
* 언리얼 엔진의 2020년 수치는 내부 추정치다.

게임 개발사와 나눠 갖는 구조다. 모바일 광고 시장은 구글과 페이스북이 전통적인 강자이지만, 모바일 게임 시장의 성장과 더불어 인게임(in-game) 광고 시장도 성장하면서 유니티가 두각을 나타내고 있다. 모바일 마케팅 분석 플랫폼인 앱스 플라이어(Apps Flyer)에 따르면, 2021년 상반기 기준 유니티의 광고 플랫폼인 유니티 애드(Unity Ads)는 IAA(In-App Ads, 인앱 광고) 거래량 순위에서 페이스북에 이어 2위를 차지했다. 또한 IAP(In App Purchase, 인앱 결제) 거래량 순위에서 구글, 페이스북에 이어 3위를 차지했다.

유니티 소프트웨어는 매출의 대부분이 게임 산업에서 발생한다. 하지만 유니티의 실시간 3D 인터랙티브 콘텐츠 개발 플랫폼이 최근 항공우주, 자동차, 에너지, 산업기계, 운송 등 다양한 업계에서 사용되고 있다. 이 소프트웨어를 사용하면 가상 모델 및 환경을 순식간에 디지털로 렌더링할 수 있어 기존 콘텐츠 제작 도구에 비해 작업 시간이 크게 단축된다. 유니티 엔진은 최근 메타버스 플랫폼 제작에도 널리 쓰이고 있는데, SK텔레콤의 메타버스 플랫폼인 '이프랜드'는 물론, 글로벌 메타버스 플랫폼인 디센트럴랜드, 더샌드박스, 네메시스 모두 유니티 엔진으로 제작되었다. 또한 유니티 엔진을 기반으로 LG유플러스의 가상 오피스 플랫폼이 2022년에 출시될 예정이다.

유니티는 2020년 기업 공개 당시 증권신고서에서 2019년 기준으로 게임 산업의 시장 규모를 약 120억 달러, 비게임 산업의 시장 규모를 약 170억 달러로 추산했다. 유니티는 이미 게임 시장에서 강자이기 때문에, 비게임 시장 진출이 추후 성장 동력이 될 것이다. 따라서 유니티는 비게임 부문의 고객사 확보에 최선을 다하고 있다. 유니티는 2020년 기준으로 제작 솔루션(유니티 엔진) 매출 중 비게임 비중이 20%였다. 반면 2021년 비게임 매출은 2020년 대비 70% 성장해 2021년 비게임 매출 비중이 25%로 증가했다.

2021년 4분기 실적발표에서 유니티는 전방 시장을 기존 290억 달러(게임 120억 달러, 비게임 170억 달러)에서 450억 달러로 확대 전망했다. 2021년 유니티는 여러 M&A를 성사했는데, 이로 인해 신규 고객사들을 확보하여 서비스 가능한 시장이 늘어났다. 또한 새로운 게임 도구인 '유니티 게임 서비스' 출시로 기존 고객들의 충성도를 높일 수 있었다. 이러한 요소를 고려하여 전방 시장을 확대 전망한 것이다.

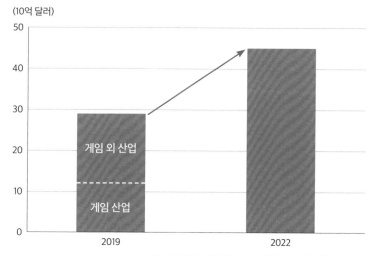

유니티 소프트웨어 전방 시장 규모

(10억 달러)

게임 외 산업

게임 산업

2019　　2022

• 출처: 유니티 소프트웨어 S-1, 2021년 4분기 실적발표 콘퍼런스콜

유니티 소프트웨어는 메타버스의 확산과 3D 인터랙티브 전환 트렌드의 확산으로 비게임 매출이 빠르게 늘고 있다. 그동안 유니티 소프트웨어는 게임향 매출 비중이 높아 전방 산업이 다각화되어 있지 않다는 비판을 꾸준히 들어왔는데, 비게임향 매출이 늘면서 전방 산업이 자연스럽게 다각화되고 있다. 다양한 산업에서 유니티 소프트웨어가 보여줄 미래가 기대된다.

2 엔비디아의 옴니버스 플랫폼

엔비디아(Nvidia)는 2021년 11월 8일에 열린 GTC2021에서 메타버스 플랫폼인 '엔비디아 옴니버스(Nvidia Omniverse)'를 공식 출시했다. 엔비디아 옴니버스는 개별 3D 도구의 작업 내용을 공유하고 실시간으로 변경 사항을 반영할 수 있도록 하는 플랫폼이다. 일반적으로 3D 프로젝트를 진행할 때 마야(MAYA), 언리얼 엔진, 블렌더(blender) 등 여러 가지 3D 도구를 쓰게 된다. 각기 다른 도구로 만든 작업물은 호환성이 좋지 않기 때문에 대체로 중간 과정을 거쳐서 3D 작업물을 만들어낸다.

쉽게 설명하자면 엔비디아 옴니버스는 개별 도구 간의 호환성 문제를 해결해주는 플랫폼이다. 옴니버스 위에 다양한 3D 작업 도구를 호환해놓으면, 누클레우스(nucleus)라는 기능이 개별 3D 그래픽 도구로 작업한 작업물을 실시간으로 호환해 보여준다. 즉 실시간으로 다른 도구로 작업한 작업물을 하나로 합쳐서 볼 수 있다. 언리얼 엔진, 어도비, 블렌더, 마야 등 20개 이상의 도구와 호환되고, 최근 애플, 픽사와 협력하는 등 3D 제작 플랫폼으로서 입지를 다지고 있다.

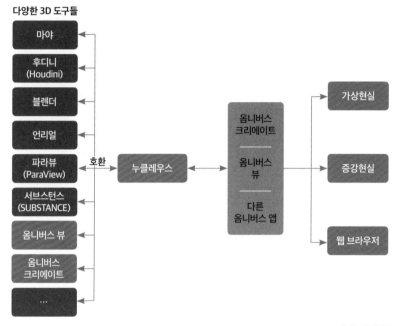

엔비디아 옴니버스 플랫폼 구조

다양한 3D 도구들

마야

후디니
(Houdini)

블렌더

언리얼

파라뷰
(ParaView)

서브스턴스
(SUBSTANCE)

옴니버스 뷰

옴니버스
크리에이트

...

호환

누클레우스

옴니버스
크리에이트

옴니버스
뷰

다른
옴니버스 앱

가상현실

증강현실

웹 브라우저

• 출처: 엔비디아

　또한 엔비디아 옴니버스가 제공하는 AI 아바타 생성, 물리 효과 구현 등의 자체 기능도 사용할 수 있다. 엔비디아 옴니버스는 로보틱스, 자율주행, 디자인, 게임 개발, 엔지니어링 등 다양한 분야에서 사용할 수 있다. 엔비디아 옴니버스는 구독형으로 제공되며, 1년 구독권은 9,000달러다. 엔비디아 옴니버스는 엔비디아가 반도체 기업에서 소프트웨어 기업으로 발돋움하는 계기가 될 것이다.

다양한 산업에서 활용되고 있는 메타버스

1 커머스

커머스 분야에서는 AR/VR 기술을 통해 고객이 제품을 가상으로 체험해보는 기회를 제공한다. 이케아(IKEA)는 AR 기술을 활용해 가구를 원하는 공간에 배치해볼 수 있는 앱인 '이케아 플레이스(IKEA Place)'를 내놓았다. 앱을 실행하고 원하는 공간을 카메라로 비춘 다음 가구를 선택하면 공간 크기와 기존 가구를 스캔해 새 가구가 어떻게 배치되는지를 알 수 있다.

명품업체 구찌는 자사 앱을 통해 AR 기능을 활용한 운동화 피팅 서비스를 제공하고 있다. 고객들이 신발을 선택한 후 스마트폰 카메라로 발을 비추면 운동화를 가상으로 착용한 모습이 화면에 나타난다. 이를 통해 고객은 평소에 입는 옷과 운동화가 잘 어울리는지 확인할 수 있다. 이처럼 커머스와 AR/VR 기술이 만나면서 더욱 편하게 쇼핑을 할 수 있게 되었다.

2 부동산

부동산업에서도 AR/VR 기술이 도입되고 있다. 미국 최대 부동산 종합 플랫폼인 '질로우(Zillow)'는 AR/VR 기술을 활용해 3D 홈 투어 서비스를 제공한다. 질로우의 3D 홈 앱을 사용해 원하는 매물을 선택하면 3D 영상으로 집안 곳곳을 자세히 볼 수 있다.

질로우는 코로나19가 본격적으로 퍼지기 시작했던 2020년 3월

3D 홈 투어 게시물이 전월 대비 188% 증가했고, 2020년 4월 2일 기준 3D 홈 투어 게시물은 전월 대비 599.8% 증가했다고 밝혔다. 또한 2020년 3월 기준 3D 홈 투어를 제공하는 매물은 클릭 수가 약 50% 더 많았고, 관심매물 저장도 약 60% 더 늘어났다고 한다. 부동산업과 AR/VR 기술의 만남으로 코로나19 상황에서도 편리하게 매물을 구경할 수 있게 되었다.

❸ 광고·마케팅

메타버스 플랫폼의 확산은 기업의 마케팅 전략에도 큰 영향을 미쳤다. 메타버스 플랫폼을 활용한 마케팅에 가장 적극적인 브랜드는 구찌다. 구찌는 2021년 5월 17일부터 31일까지 로블록스 내에 실제로 진행되고 있는 '구찌 가든 아키타이프(GUCCI Garden Archetypes)'와 동일한 모습의 '구찌 가든(GUCCI Garden)'이라는 전시를 진행했다.

이 전시에서 구찌는 로블록스 한정판으로 '구찌 퀸 비 디오니소스 가방'을 판매했다. 처음에는 475로벅스(약 5.87달러)로 판매되었지만, 로블록스 내에서 재판매를 거치며 35만 로벅스(약 4,115달러)까지 가격이 치솟았다. 구찌의 실제 디오니소스 가방은 약 3,400달러로, 현실에 존재하지도 않는 가상 아이템이 실제 가방보다 더 비싸게 팔리고 있는 상황이다. 구찌는 제페토에도 가상 매장인 '구찌 빌라'를 열어 아바타가 자유롭게 상품을 착용해보는 기능을 제공하면서 가방과 의류를 판매하고 있다.

패션 브랜드 마크제이콥스(Marc Jacobs)는 닌텐도의 인기 타이틀인

'모여봐요 동물의 숲'에서 온라인 패션쇼를 개최했으며, 현대자동차는 제페토에서 소나타N라인 가상 시승 체험 행사를 열었다. 기업들이 메타버스 플랫폼을 활용한 마케팅에 열을 올리는 이유는 메타버스 플랫폼의 주요 이용자인 MZ세대의 마음을 사로잡기 위해서다. 장기적으로 봤을 때 MZ세대가 그들의 잠재고객이기 때문이다.

메타버스 ETF

METV

티커	METV	운용사	Roundhill Investments
보수율	0.59%	추종지수	Ball Metaverse Index
보유종목 수	47	운용 규모	8억 4,190만 달러

* 2022.02.22 기준

1 ETF 소개

라운드힐 자산운용(Roundhill Investments)은 2021년 6월 30일에 메타버스 ETF인 라운드힐 볼 메타버스 ETF(Roundhill Ball Metaverse ETF, 티커: METV)를 처음 선보였다. 이 ETF는 벤처캐피털리스트인 매슈 볼이 개발한 '볼 메타버스 인덱스(Ball Metaverse Index)'를 추종하는데, 컴퓨팅(computing), 네트워킹(networking), 가상 플랫폼(virtual platform) 등 메타버스와 관련된 7가지 소섹터로 구성되어 있다. 볼 메타버스 인덱스는 사례 연구를 통해 대표적인 세 기업을 소개했다.

섹터 분류	설명	대표 기업
컴퓨팅	메타버스를 지원하는 다양한 컴퓨팅 기술을 공급하는 기업	엔비디아(티커: NVDA) PC 아키텍처의 핵심 요소인 그래픽 처리 장치 분야의 선구자
네트워킹	고객에게 실시간 네트워킹, 고대역폭, 데이터 서비스를 제공하는 기업	텐센트(티커: 700HK) 포트나이트의 개발사인 에픽게임즈의 지분을 40% 보유하고 있다.
가상 플랫폼	이용자가 다양한 경험과 활동을 할 수 있도록 가상 플랫폼을 개발·운영하는 기업	로블록스(티커: RBLX) 2021년 1분기 매출이 전년 동기 대비 140% 증가한 3억 8,000만 달러를 기록했다.

• 출처: 볼 메타버스 리서치(Ball Metaverse Research)

2 상위 15개 구성 종목

티커	기업명	비중
NVDA	NVIDIA Corporation	9.09%
MSFT	Microsoft Corporation	7.18%
FB	Meta Platforms Inc. Class A	6.25%
U	Unity Software, Inc.	5.26%
SNAP	Snap, Inc. Class A	4.96%
RBLX	Roblox Corp. Class A	4.65%
TSM	Taiwan Semiconductor Manufacturing Co., Ltd. Sponsored ADR	4.49%
AAPL	Apple Inc.	4.36%
AMZN	Amazon.com, Inc.	4.11%
QCOM	Qualcomm Inc	3.82%
ADSK	Autodesk, Inc.	3.76%
6758	Sony Group Corporation	3.06%
SE	Sea Ltd. (Singapore) Sponsored ADR Class A	2.84%
700	Tencent Holdings Ltd.	2.81%
AMD	Advanced Micro Devices, Inc.	2.73%

• 출처: 라운드힐 자산운용(2022.02.20 기준)

3 국가별·섹터별 비중

국가별 비중			
미국	78.92%	일본	3.69%
대만	4.49%	싱가포르	2.84%
한국	4.12%	기타	1.08%
중국	3.85%		

PART 1 메타버스는 일상을 어떻게 바꾸고 있을까?

섹터별 비중			
기술 서비스	48.08%	커뮤니케이션	0.93%
전자공학 기술	30.44%	기타	0.92%
내구 소비재	9.10%	비내구 소비재	0.51%
소매업	7.99%	금융	0.46%
소비자 서비스	1.39%	미분류	0.14%

글로벌 투자은행인 JP모건은 디센트럴랜드의 메타주쿠 몰에 월스트리트 최초로 전용 라운지를 오픈했다. 보수적이기로 유명한 월스트리트의 은행 중 하나인 JP모건이 메타버스 플랫폼에 라운지를 오픈한 일은 파격적이었다. JP모건은 같은 날 〈메타버스 산업 내 기회(Opportunities in the metaverse)〉라는 보고서를 발간하며 메타버스 산업에 대해 긍정적인 시각을 제시했다. JP모건의 시장조사에 따르면 메타버스는 향후 몇 년 안에 모든 부문에 침투하고 연간 1조 달러 이상의 시장 기회를 만들어낼 것이다.

메타버스 열풍을 일시적인 유행이라고 여길 수도 있으나, 우리도 모르는 사이에 메타버스는 일상에 이미 깊게 자리 잡았다. 코로나19 장기화로 메타버스 공간에서 각종 행사는 물론 회의와 업무가 이루어지기도 한다. 제페토나 로블록스와 같은 메타버스 플랫폼에서 친구들과 어울리는 것이 이제는 그리 어색하지 않다.

MZ세대가 메타버스에 익숙한 세대라는 점에도 주목할 필요가 있다. 로블록스나 제페토의 주요 이용자인 MZ세대는 이미 메타버스가 친숙하다. 이 세대가 사회의 주류가 된다면 메타버스는 더 이상 새로운 개념이 아닐 것이다. 과거에도 비슷한 일이 있었다. 한때 인터넷 열풍을 일시적으로 여겼으나, 인터넷에 익숙한 X세대가 사회의 주류가

되면서 인터넷은 모두가 사용하는 필수 도구가 되었다.

글로벌 컨설팅 기업인 프라이스워터하우스쿠퍼스(PwC)는 2019년 50조 원이던 메타버스 경제가 2025년 540조 원, 2030년에는 1,700조 원 규모로 성장할 것이라고 전망했다. 메타 플랫폼스, 마이크로소프트와 같은 빅테크 기업들이 메타버스 시장에 뛰어들기 시작하면서 VR/AR 기기 및 콘텐츠 보급과 플랫폼 탄생으로 메타버스의 대중화 속도가 점점 빨라지고 있다. 지도 제작 서비스나 부동산 개발·판매 서비스 등 메타버스에서 새로운 비즈니스가 파생되고 있다. 메타버스는 장기 트렌드로 자리 잡고 있으며, 산업의 성장 속도가 매우 빠른 만큼 투자자라면 꼭 주목하기를 당부한다.

PART 2

블록체인과
암호화폐

암호화폐 가격은 2017년에 큰 폭으로 상승하며 시장의 이목을 끌다가 한동안 가격이 하락하며 관심에서 멀어졌다. 그러다가 2021년 초에 암호화폐 가격이 재차 상승하며 다시 관심을 끌기 시작했다. 2017년과 2021년의 암호화폐 열풍은 몇 가지 차이점이 있다.

2017년 암호화폐 열풍은 단순히 암호화폐의 '가격'에 사람들의 이목이 쏠리며 개인투자자를 중심으로 가격 상승이 일어나는 데 그쳤다. 2021년 암호화폐 열풍은 2017년 당시 암호화폐에 큰 관심을 두지 않았던 빅테크 기업들이 관심을 보이고 있다는 점, 기관투자자들이 암호화폐를 투자자산으로 인식해 투자하고 있다는 점, 암호화폐를 결제 수단으로 도입하려는 시도가 이루어지고 있다는 점, 암호화폐가 플랫폼 역할을 하고 있다는 점에서 2017년과는 크게 다르다.

2021년의 암호화폐 열풍은 메인넷(mainnet)을 기반으로 한 다양한 디앱(Dapp)이 생겨나고 이용자에게 확산되는 양상을 보였다. 암호화폐가 플랫폼 역할을 수행하고 참여자 및 사용처가 확장되고 있다는 점에서 암호화폐는 장기 트렌드가 될 수도 있다.

CHAPTER 1

블록체인과 암호화폐의 탄생

비트코인(bitcoin) 시가총액은 현재 약 7,753억 달러(약 930조 원)로 2017년 피크 가격대 대비 약 3배 상승했다. 930조 원이라는 규모를 실감할 수 있도록 전 세계 자산별 시가총액 순위를 소개하겠다. 2022년 3월 21일 기준으로 금이 1위를 차지하고 있으며, 2위는 애플, 3위는 마이크로소프트이고, 비트코인은 9위에 올라 있다.* 애플은 비트코인 시가총액의 약 3.4배 수준이며, 금은 비트코인 시가총액의 약 15배 수준이다.

개인의 단순한 투기 수단으로 취급하기에는 암호화폐 규모가 너무 커졌으며 시장 참여자들도 다양해졌다. 이제는 암호화폐를 하나의 자산으로 바라보고 공부해야 할 때가 아닐까?

---

* 컴퍼니스마켓캡닷컴(companiesmarketcap.com)

블록체인이란 무엇인가?

블록체인은 2007년 나카모토 사토시(가명)가 글로벌 금융위기 사태를 통해 중앙집권화된 금융 시스템의 위험성을 인지하고 고안한 기술이다. 이 기술은 탈중앙화를 핵심으로 P2P(개인 간 금융) 거래를 지향한다. 기존 금융 시스템에서는 금융회사들이 중앙 서버에 거래 기록을 보관해 왔다면, 블록체인은 거래 정보를 블록에 담아 체인 형태로 연결하고, 수많은 컴퓨터에서 이를 동시에 복제하여 데이터가 분산 저장된다.

블록체인의 원리를 송금 거래를 예로 들어 알아보자. 블록체인에서는 A가 B에게 송금 거래를 요청하면 해당 거래 정보가 담긴 블록이 생성된다. 블록은 네트워크상의 모든 참여자에게 전송되고, 참여자들은 거래 정보의 유효성을 상호 검증한다. 참여자 과반수의 데이터와 거래 내역이 일치해야 블록이 검증되고, 이는 이전 블록에 연결되며 그 사본이 만들어져 각 참여자의 컴퓨터에 분산 저장된다. 이 모든 과정이 끝나면 송금 거래가 완료된다.

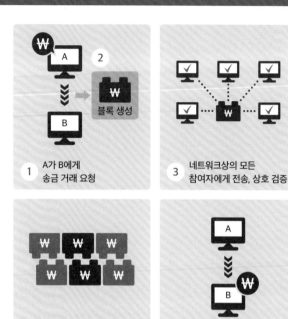

• 출처: 두산백과

블록체인에서는 거래가 이루어질 때마다 거래 정보가 담긴 블록이 생성되어 모든 참여자의 컴퓨터에 분산 저장되기 때문에, 이를 해킹하기가 사실상 불가능하다.

블록체인은 비트코인 열풍으로 세상에 알려져서, 대중 사이에 '블록체인이 곧 비트코인'으로 인식하는 경향이 강하다. 하지만 블록체인의 핵심은 '분산형 데이터 저장 기술'이다. 기존 데이터베이스 시스템의 단점인 중앙집중화를 보완한 개념이다. 중앙집중화된 데이터베이스 시스템은 해킹 등의 사고가 발생하면 많은 정보가 노출될 수 있으며, 데이터베이스 시스템의 소유자(국가, 기관 등)가 정보를 독점할 수 있다는 문제점이 있다. 그러나 정보를 블록에 담아 분산 저장해놓는다면, 이러한 문제에서 자유로워진다. 분산형 데이터 저장 기술을 표방하는 블록체인은 확장성이 무한하다. 블록에 저장할 수 있는 정보가 무제한인 만큼 다양한 분야에서 활용할 수 있다. 이에 따라 금융뿐만 아니라 물류, 유통, 정보보안 등에서 블록체인 기술이 활용되고 있다.

비트코인의 탄생

비트코인은 앞서 소개한 나카모토 사토시가 2009년 1월 3일 블록체인 기술을 기반으로 만든 암호화폐다. 밑바탕에 블록체인이 있는 만큼 비트코인으로 거래할 때는 거래 정보가 담긴 블록을 상호 검증할 다수의 참여자(컴퓨터)가 필요하다. 경제적 유인 없이는 어떤 참여자도 블록을 검증하려고 하지 않을 것이다. 따라서 거래 정보를 검증하는 작업을 하면 그 대가로 비트코인과 수수료를 지급하는데, 이 과정을 채굴(mining)이라고 한다.

비트코인 채굴은 컴퓨터 연산을 통해 이루어진다. 주어진 수학 문제를 풀고 정답을 가장 먼저 도출하는 컴퓨터가 보상을 얻게 된다. 전세계에 비트코인을 채굴하는 사람들이 포진되어 있으며, 새로운 블록을 재빠르게 채굴한 사람만이 보상을 받을 수 있다. 과거에는 참여자들이 적어 경쟁이 치열하지 않았고, 채굴 난이도가 낮아 노트북으로도 비트코인을 채굴할 수 있었다. 그러나 비트코인 가격이 오르고 참여자들이 늘어나면서 고성능 전용 하드웨어를 대량으로 준비해 채굴하는 사업이 전개되었다. 채굴 과정에는 막대한 전력이 필요하고, 또 고성능 하드웨어를 대량으로 운영하는 만큼 열이 크게 발생한다. 따라서 전기요금이 저렴한 중국이나 기온이 낮은 아이슬란드 등의 북유럽 국가에서 대규모 채굴장이 등장했다.

비트코인 채굴 작업 속도를 '해시레이트'라고 한다. 해시레이트의 상승은 채굴이 활발하게 이루어지고 있음을 의미한다. 과거 해시레이트의 점유율은 중국이 압도적으로 높았다. 전 세계 비트코인 채굴에서 2019년 중국은 70% 이상의 점유율을 차지했으며, 2021년 초까지만 해도 50% 이상의 점유율을 기록했다. 중국은 값싼 석탄을 사용하는 화력발전이 대부분이라서 산업용 전기요금이 매우 저렴하다. 그러나 2021년 5월 중국 정부는 채굴로 인한 에너지 낭비를 구실로 네이멍구자치구의 채굴업자들에게 공장 폐쇄를 명령하고 중국 내 암호화폐 채굴 행위를 금지했다. 그 결과 최근 중국에서는 채굴이 거의 이루어지지 않았으며, 채굴업자들은 중국 외에 전기요금이 저렴한 국가로 이동했다.

현재 전 세계 비트코인 채굴에서 가장 많은 점유율을 차지하고 있는 국가는 미국이다. 텍사스 등 일부 주는 에너지 가격이 저렴한 편에 속해서 요금 부담이 없으며, 워싱턴주나 뉴욕주는 수력발전이 풍부하고 원자력발전 비중이 높아 비트코인 채굴이 환경에 해롭다는 비난을 피할 수도 있다. 또한 미국에 암호화폐 채굴 호스팅 관련 기반시설이

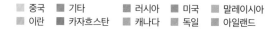

해시레이트 점유율 추이

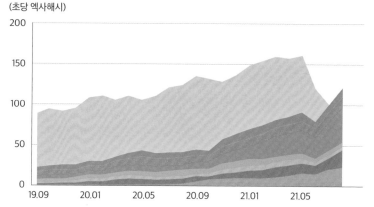

범례: 중국, 기타, 러시아, 미국, 말레이시아, 이란, 카자흐스탄, 캐나다, 독일, 아일랜드

(초당 엑사해시)

• 출처: 케임브리지 비트코인 전력소비지수(Cambridge Bitcoin Electricity Consumption Index)

잘 갖춰져 있다는 점도 미국이 각광받는 이유 중 하나다. 비트코인 채굴장이 미국으로 이동하면서 가상 자산 시장에 미국이 미치는 영향력은 더욱 커졌다.

암호화폐란 무엇인가?

암호화폐는 블록체인을 기반으로 암호화 기술을 사용해 만든 디지털 화폐이자, 분산 장부에 거래 정보를 기록하는 디지털 자산이다. 가장 대표적인 암호화폐는 앞서 말한 비트코인이다. 비트코인은 SHA-256(Secure Hash Algorithm 256)이라는 암호화 기술을 사용해 만들어졌으며, 작업증명(Proof of Work, PoW) 방식을 사용해 거래 정보의 유효성을 검증한다.

비트코인 생태계에서는 거래 정보의 유효성을 검증하는 대가로 비트코인을 지급한다. 즉 암호화폐는 블록체인 검증 작업을 위한 유인책이다. 특정 암호화폐의 가격이 올라가면 암호화폐를 얻기 위해 블록체인을 검증하려는 참여자가 많아질 것이고, 이를 통해 해당 블록체인 네트워크는 성장할 것이다. 이처럼 암호화폐와 블록체인은 순환 구조로 연결되어 있으므로 떼어놓고 생각할 수 없다.

진화해가는 암호화폐

블록체인과 암호화폐는 기술 발전으로 꾸준히 업그레이드되고 있다. 최초의 암호화폐인 비트코인은 1세대 암호화폐로 화폐의 기능을 수행하는 데 초점이 맞춰져 있다. 이더리움(Ethereum)은 화폐의 기능을 넘어서 '스마트 계약(smart contract)' 기능을 제공하는 2세대 암호화폐다. 스마트 계약이란 제3자 개입 없이 다양한 계약을 구현할 수 있는 플랫폼으로, 쉽게 설명하면 계약 내용을 블록체인 위에 올려놓고 계약 조건이 충족되면 자동으로 계약이 실행되게 하는 것이다. 이 코드는 블록체인에 기록되기 때문에 그 내용을 누구도 위조 및 변조할 수 없다. 또한 이 기능을 통해 제3자의 개입 없이 다양한 계약을 구현할 수 있다.

이더리움은 화폐의 기능을 수행하는 코인이라기보다는 독립된 네

메인넷 플랫폼별 디앱 개수

플랫폼	총 디앱 수	MAU	거래 건수 (24시간)	거래대금 (24시간)	계약 수
이더리움	2,945	56,180명	10만 7,890건	3만 3,890달러	48만 4,000건
이오스(EOS)	331	44,470명	36만 9,370건	7만 8,750달러	549건
바이낸스스마트체인 (BSC)	211	?	?	?	348건
트론(TRON)	88	1,200명	5,590건	23만 9,940달러	286건
클레이튼(Klaytn)	80	?	?	?	314건
스팀(Steem)	79	?	?	?	177건
하이브(Hive)	56	?	?	?	105건
문리버(Moonriver)	38	?	?	?	82건
블록스택(Blockstack)	24	?	?	?	0건
네오(Neo)	24	?	?	?	30건
니어(NEAR)	24	1,990명	13만 220건	8	21건
POA	21	?	?	?	51건
엑스다이(xDai)	21	13명	134건	1만 7,180달러	58건
제로바이트(Obyte)	17	16명	180건	272달러	162건
아이콘(ICON)	16	1,650명	5,380건	99달러	36건
룸(Loom)	14	?	?	?	33건
고체인(GoChain)	7	?	?	?	17건
OST	2	?	?	?	2건

* 2022.03.21 기준   • 출처: 스테이트 오브 디앱스(State of the DAPPs)

트워크 생태계를 구축한 플랫폼에 가깝다. 이더리움과 같이 독립적인 생태계를 가진 블록체인 프로젝트를 메인넷이라고 한다. 메인넷인 이

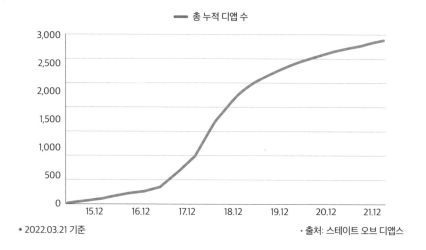

이더리움 기반 디앱 출시 현황

— 총 누적 디앱 수

* 2022.03.21 기준

· 출처: 스테이트 오브 디앱스

더러움을 활용해 개발자들은 자신이 원하는 애플리케이션을 만들 수 있는데 이를 디앱이라고 한다. 즉 디앱은 메인넷의 스마트 계약 기능을 활용해 만들어진 탈중앙화 애플리케이션이다. 수많은 메인넷 중 이더리움이 가장 많은 디앱을 보유하고 있다.

최근 주목을 받고 있는 유니스왑(Uniswap), 컴파운드(Compound), 아베 프로토콜(Aave protocol) 등 디파이(DeFi, 탈중앙화 금융)와 NFT(대체불가능한 토큰)의 대부분이 이더리움 메인넷에 기반한 디앱들이다. 이 디앱들은 이더리움 기반인 만큼 이더리움으로 거래(transaction)가 일어난다. 메인넷과 디앱은 스마트폰에서 안드로이드, iOS 같은 운영체제(OS)와 각종 애플리케이션의 관계와 비슷하다. 쉽게 말하면 스마트폰의 운영체제처럼 메인넷을 기반으로 카카오톡, 인스타그램 등과 같

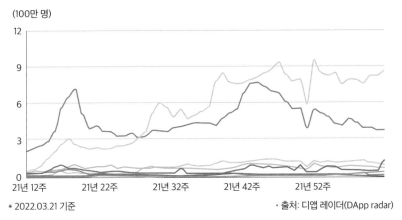

디앱의 카테고리별 이용자 수

— 게임 — 디파이 — 사행성 게임 — 거래소 — 기타
— 소셜 — 수집품 — 마켓플레이스 — 고위험

(100만 명)

12

9

6

3

0

21년 12주   21년 22주   21년 32주   21년 42주   21년 52주

* 2022.03.21 기준

• 출처: 디앱 레이더(DApp radar)

은 애플리케이션, 즉 디앱이 생겨나는 것이다. 2021년 디앱의 카테고리별 이용자 수를 보면 게임 섹터가 급속도로 증가하고 있으며, 디파이가 그 뒤를 따르고 있는 것을 알 수 있다.

2세대 암호화폐의 문을 연 이더리움은 스마트 계약 기능으로 확장성 측면에서는 장점이 있지만, 느리고 수수료가 비싸다는 단점이 있다. 그래서 이더리움의 장점은 극대화하고 단점은 개선한 3세대 암호화폐가 등장하게 된다. 아직 3세대를 대표하는 블록체인에 대해서는 논쟁이 많지만, '카르다노' '이오스' 등이 언급되고 있다. 1, 2세대 암호화폐가 작업증명 방식을 썼다면, 3세대 암호화폐는 지분증명(Proof of Stake, PoS) 방식을 써서 데이터 처리 효율성과 속도를 높이고 수수료가 싸다는 특징이 있다.

작업증명 방식은 비트코인과 이더리움이 현재 쓰고 있는 암호화폐 채굴 방식으로, 복잡한 수학 문제를 가장 빨리 연산하는 사람에게 보상을 지급한다. 경쟁이 치열할수록 문제 난이도가 높아지는 구조이기 때문에 연산이 빨라야 한다. 이를 위해 더 좋은 사양의 CPU와 그래픽카드가 필요하고, 전력 사용량도 늘어날 수밖에 없다. 이것이 산업용 전기요금이 저렴한 중국이 한때 세계 최대의 가상화폐 채굴 국가였던 이유다.

지분증명 방식은 작업증명 방식의 약점인 에너지 낭비 문제와 처리 속도를 개선하기 위해 만들어졌다. 이 방식은 주주총회에서 주식 지분율에 비례해 의사결정 권한을 주는 것과 유사하다. 거래가 발생할 때마다 참여자의 암호화폐 보유량을 기준으로 블록을 생성할 권한을 주고, 블록 생성에 성공하면 채굴 보상을 얻을 수 있다. 별도 채굴기도, CPU나 그래픽카드 같은 고사양 장비도 필요 없으며 지갑에 코인을 넣어놓고 온라인 상태를 유지하기만 하면 된다. 암호화폐를 많이 보유하고 있을수록 블록을 생성할 가능성이 높아진다. 지분증명 방식은 작업증명 방식에 비해 전력 소비량이 확연히 줄어들어 친환경 암호화폐라는 별명이 붙기도 했다.

작업증명 방식을 채용하고 있는 이더러움은 느린 처리 속도와 높은 수수료라는 단점을 극복하기 위해 지분증명으로 전환하는 '이더리움2.0'을 진행하고 있다. 이더리움 창시자인 비탈릭 부테인은 2022년 1월 5일 이더리움2.0으로의 전환을 위한 환경이 빠르게 만들어지고 있으며 대략 50%의 진척도를 보이고 있다고 언급했다. 이더리움2.0으로의 전환이 성공적으로 마무리된다면 다른 메인넷으로 떠났던 디앱들이 다시 이더리움으로 모일 가능성이 높다. 또한 메인넷 가운데 가장 많은 디앱을 보유하고 있는 이더리움이 가까운 미래에 암호화폐를 대표하는 거대한 플랫폼으로 자리 잡을 수도 있다.

중앙은행 디지털 화폐 CBDC 도입

CBDC는 'Central Bank Digital Currency'의 약자로, 중앙은행이 전자 형태로 발행하는 디지털 화폐를 의미한다. CBDC는 법정통화로서 실제 화폐와 동일한 교환 비율이 적용된다. 따라서 가치 변동의 위험이 없고, 중앙은행이 발행하기 때문에 화폐의 공신력이 담보된다는 장점이 있다. CBDC는 이용 주체에 따라 소액결제용(general-purpose)과 거액결제용(wholesale only)으로 구분된다. 소액결제용은 가계와 기업 등 모든 경제 주체가 이용할 수 있다. 반면 거액결제용 CBDC는 금융기관만 이용할 수 있다.

몇 년 새 CBDC에 대한 논의가 활발해졌다. 코로나19 영향으로 집에서 보내는 시간이 증가하면서 온라인 결제가 급증하고 현금 사용량은 급감하고 있기 때문이다. 스웨덴의 경우 이러한 상황에서 현금과 같은 공공재 성격의 지급 수단이 필요한 터라 CBDC를 도입하려는 논의가 빠르게 이루어지고 있다. 또한 지급 결제 인프라가 취약한 국가에서는 국민의 금융 서비스 접근이 제한되는 상황을 해결하기 위해 CBDC 발행을 고려하고 있다.

■ 2010년　■ 2020년(추정)

* 총거래대금에서 현금 사용률(%)

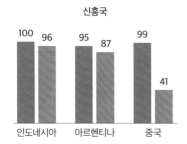

신흥국

100　96　　95　87　　99　41

인도네시아　아르헨티나　중국

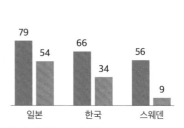

선진국

79　54　　66　34　　56　9

일본　한국　스웨덴

• 출처: 맥킨지 앤드 컴퍼니(McKinsey&Company)

CBDC 도입은 통화정책에 획기적인 변화를 불러올 수 있다. 현재 '중앙은행 → 시중은행 → 민간'으로 통화가 공급되는 만큼 통화정책 효과가 제한적이다. 중앙은행이 시중은행이 보유한 국채를 매입해 유동성을 공급하더라도, 시중은행이 불확실성을 감수하고 대출에 나서지 않아 유동성 공급이 정체될 수 있다. 그러나 CBDC를 도입하면 중앙은행이 민간으로 직접 통화를 공급할 수 있다. 따라서 통화정책이 미치는 영향은 더욱 커질 것이다.

또한 중앙은행은 CBDC에 부과되는 금리를 결정할 수도 있다. 현재는 중앙은행이 기준금리를 결정하면, 예금과 대출의 금리가 변동되는 과정을 통해 중앙은행의 통화정책이 반영된다. 그러나 CBDC를 통하면 중앙은행의 금리 변동이 즉각 반영될 수 있다.

유로존 등 마이너스 금리를 유지하고 있는 국가들은 시중에 풀려있는 예금이 소비와 투자로 이어지지 않고 불확실성을 반영해 현금으로 축적되는 상황을 우려한다. 향후 은행에 현금이 재예치되면 현금에는 마이너스 금리를 부과할 수 없는 만큼 통화정책 효과가 제한되기 때문이다. 그러나 CBDC가 도입되면 계좌 잔고를 줄이는 방식으로 중앙은행이 현금성 자산에 마이너스 금리를 직접 부과할 수 있다. 마이너스 금리를 이어오는 국가에서 CBDC가 도입된다면 계좌 잔고가 매일 감소하는 것을 눈으로 확인할 수 있기 때문에 소비가 활성화되고 마이너스 금리의 효과가 더욱 커질 것이다. 또한 CBDC는 재난지원금처럼 특정 목적에 따른 유동성 공급이 쉬워지고, 거래 투명성이 높아져 자금세탁도 방지할 수 있다.

현재 가장 빠르게 CBDC를 도입하고 있는 국가는 중국이다. 중국의 디지털 위안화는 인민은행이 발행하는 법정화폐로 전자결제 기능을 결합한 전자 형태의 위안화다. 중국은 2014년부터 디지털 화폐 발행 연구를 시작했고, 2019년 말부터 선전, 쑤저우, 청두, 슝안신구와 2022 베이징동계올림픽 개최 현장 등에서 비공개로 시범 운영했다. 2020년 12월에는 민간인 10만 명을 시범 선발해 디지털 위안화 시험에 나섰다. 베이징시는 대중교통(지하철, 버스) 이용 요금을 디지털 위안화로 결제할 수 있는 시범 사업을 실시하기도 했다.

디지털 위안화의 발행 및 유통 구조는 인민은행이 주요 은행에 디지털 위안화를 발행하고, 주요 은행이 이를 개인에게 배포하는 형식이다. 금융기관에서 만든 전자지갑을 통해 개인에게 전달되고, 개인은 스마트폰의 전자지갑 앱으로 디지털 위안화를 송금·결제할 수 있다. 중국은 2022년에 디지털 위안화를 상용화할 예정이다.

CHAPTER 2 ▶ 기업들의 블록체인·암호화폐 산업 진출

모바일 결제 플랫폼 캐시앱(cash app)으로 잘 알려진 미국 핀테크 기업 스퀘어(Square)는 2021년 12월 10일 사명을 블록(Block Inc.)으로 변경했다. 스퀘어의 수장이자 트위터의 창업자인 잭 도시는 대표적인 비트코인 옹호론자로, 스퀘어가 사명을 바꾸기 이틀 전에 트위터의 CEO 자리를 내려놓았다. 당시 잭 도시의 이러한 행보는 비트코인과 블록체인에 더욱 집중하기 위한 전략이라고 예상되었는데, 역시나 그는 트위터의 CEO 자리에서 내려오고 나서 이틀 후 스퀘어의 사명을 블록체인이 연상되는 '블록'으로 바꾸었다. 스퀘어는 왜 사명을 바꾸었을까?

기업별 암호화폐 시장 진출 사례

1 블록

블록(구 스퀘어)은 소상공인을 대상으로 모바일 단말기 결제 서비스를 제공하는 업체로 출발했다. 값비싼 포스(POS) 기기를 부담스러워하는 소상공인에게 모바일 포스 기반 결제 서비스를 제공했고, 이후 태블릿과 PC 기반의 포스 기기를 출시했다. 블록은 포스 기기를 상대적으로 저렴한 가격에 제공하며, 자사의 포스 기기에서 결제되는 금액의 약 2.6%+10센트를 결제수수료로 수취한다.

블록은 2013년 캐시앱이라는 무료 P2P 송금 서비스를 출시했다. 우리나라의 토스나 카카오페이 같은 모바일 간편송금 서비스라고 생각하면 된다. 캐시앱은 해당 업계 1위인 페이팔의 벤모를 빠른 속도로 추격하고 있다. 캐시앱은 2021년 9월 기준 연간 이용자 수가 약 7,000만 명에 달한다.

캐시앱은 P2P 송금 서비스를 바탕으로 카드, 계좌 입금, 주식 투자,

소액 대출 등의 서비스를 제공하다가 2018년 1월 31일 간편송금 서비스 최초로 비트코인 거래 서비스를 시작했다. 우리나라에 비유하자면,

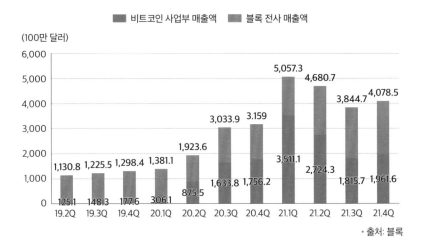

블록 전사 매출액과 비트코인 사업부 매출액 추이

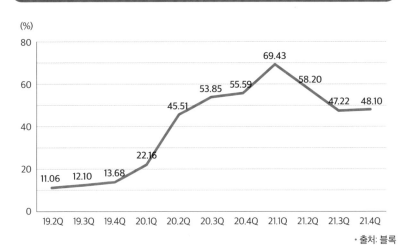

블록의 비트코인 사업부 매출액 대비 비중

PART 2 블록체인과 암호화폐

카카오페이나 토스와 같은 앱에서 비트코인을 사고팔 수 있는 것이다. 캐시앱의 비트코인 거래 서비스는 블록의 새로운 매출 동력이 되었다. 2020년 1분기에는 비트코인 거래 서비스의 매출액이 전체 매출의 약 22%를 차지했으나 2021년 4분기에는 약 48%로 껑충 뛰었다.

그러나 비트코인 거래 서비스가 2021년 4분기 기준 전체 매출총이익에서 차지하는 비중은 3.9%에 불과하다. 이는 회계 인식 방법 때문이다. 캐시앱은 비트코인을 외부에서 구매해 캐시앱 고객에게 일정 마진을 붙여 판매한다. 캐시앱은 비트코인 거래대금 전체를 매출로, 외부에서 구매한 금액을 비용으로 인식한다. 즉 고객에게 붙여서 판 마진만큼을 매출총이익으로 인식한다. 따라서 비트코인 사업부는 매출액에 비해 매출총이익은 적은 편이다. 블록이 캐시앱을 통해 제공하는

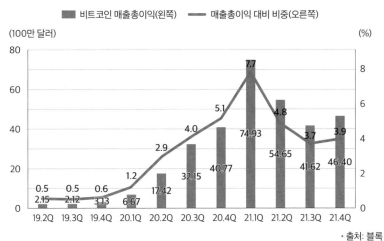

블록의 비트코인 매출총이익 및 전체 매출총이익 내 비트코인 사업부 비중

■ 비트코인 매출총이익(왼쪽)　　— 매출총이익 대비 비중(오른쪽)

· 출처: 블록

비트코인 거래 서비스는 매출총이익률(Gross Profit Margin, GPM)이 약 2% 수준이다.

블록은 블록체인 관련 비즈니스에도 적극적이다. 2021년 6월 비트코인 채굴 회사인 블록스트림의 태양광 채굴 사업 부문에 약 500만 달러를 투자했으며, 그해 8월에는 암호화폐 거래를 위한 블록체인 기반 거래소 구축을 목표로 새로운 부서를 만들기도 했다. 현재 캐시앱에서는 암호화폐 가운데 비트코인만 거래할 수 있다. 블록이 적극적으로 움직이는 만큼 향후 캐시앱에 다양한 암호화폐 거래 및 서비스를 제공해 비트코인 사업부를 키워나가지 않을까 생각한다. 사명을 블록으로 바꾼 만큼 앞으로 블록의 블록체인 비즈니스 행보가 기대된다.

2 페이팔

미국의 거대 핀테크 기업인 페이팔은 블록보다는 조금 늦은 2020년 10월 암호화폐 기업인 팩소스(Paxos)와 파트너십을 맺고 페이팔 계정을 통해 암호화폐를 거래할 수 있는 서비스를 론칭했다. 페이팔은 2021년 3분기 기준 전 세계 4억 1,600만 명의 이용자를 보유하고 있다. 페이팔의 암호화폐 거래 서비스는 미국에서 처음 론칭한 이후 영국에서도 제공되고 있으며, 팩소스의 거래소인 잇빗(itBit)을 통해 사용할 수 있다. 잇빗의 거래량 추이에 따르면 페이팔과 제휴한 2020년 10월 이후 거래량이 급격히 증가했다.

페이팔의 자회사 벤모는 미국의 대표적인 모바일 간편송금 서비스로서 거래액 기준으로 미국에서 1위를 차지하고 있다. 2위는 앞서 소

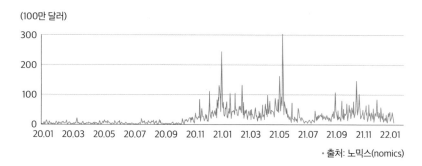

잇빗의 거래량 추이

(100만 달러)

300
200
100
0

20.01 20.03 20.05 20.07 20.09 20.11 21.01 21.03 21.05 21.07 21.09 21.11 22.01

• 출처: 노믹스(nomics)

개한 스퀘어의 캐시앱이다. 미국에서는 "Venmo me(벤모로 보내줘)"라는 표현을 자주 쓰는데, 벤모를 동사로 쓸 정도로 이 앱은 미국인에게 친근하다.•

페이팔은 2021년 4월 20일 벤모 앱에서 암호화폐 거래 서비스를 미국 이용자 대상으로 론칭했다. 페이팔은 아직 페이팔과 벤모의 암호화폐 서비스 관련 지표를 공개하지 않았으나, 벤모가 캐시앱보다 더 다양한 암호화폐를 취급하고 있고(비트코인, 이더리움, 라이트코인, 비트코인캐시), 캐시앱보다 이용자 수가 많은 점을 고려하면 좋은 성과를 기록하고 있지 않을까 생각한다.

한편 페이팔은 암호화폐 거래를 넘어서 암호화폐 결제 서비스를 출시했다. 바로 2021년 3월 30일에 미국 이용자 대상으로 출시한 '체크

• 캐시앱은 MAU(월간 활성 이용자 수)를, 벤모는 AAU(연간 활성 이용자 수)를 제공하고 있어 이용자 수 추이를 절대적으로 비교할 수 없다. 각사가 최근 밝힌 AAU는 캐시앱 7,000만, 벤모 7,500만이다.

* 출처: 페이팔

페이팔 결제 옵션에서 암호화폐를 선택할 수 있는 모습

아웃 위드 크립토(Checkout with Crypto)'다. 페이팔 이용자들은 비트코인, 이더리움, 비트코인캐시, 라이트코인을 통해 제품을 구매할 수 있고, 페이팔은 결제대금을 달러로 환전해 가맹점에 지급한다. 페이팔은 향후 서비스 지역을 늘려나갈 것으로 예상된다. 전 세계 약 4억 명에 달하는 이용자를 보유한 페이팔에서 암호화폐 결제 서비스를 출시했다는 사실은 그동안 비주류로 취급받던 암호화폐가 결제 수단으로서 인정받았다는 점에서 상징적인 의미가 있다.

페이팔을 시작으로 암호화폐 결제 서비스를 제공하는 업체들이 점점 많아진다면, 앞으로 암호화폐를 이용해 온라인에서든 오프라인에서든 자유롭게 쇼핑할 수 있을 것이다.

3 비자

비자(Visa)는 글로벌 전자결제 네트워크 사업자로 카드 발급 기관과 전표 매입 기관 사이에서 결제 네트워크를 제공한다. 결제 네트워크는 쉽게 설명하면 카드 결제를 통해 상품·서비스에 대한 대금 지급이 정확히 일어날 수 있도록 보증하는 작업이다. 비자는 전 세계 200개 이상의 국가와 지역에서 신용카드, 직불카드, 선불카드 등 다양한 결제 서비스 및 결제 플랫폼을 제공한다.

비자는 암호화폐를 신규 먹거리로 인식하며 다양한 신사업을 추진하고 있다. 2021년 3월 암호화폐 결제 시스템을 구축하고 USD코인(USDC) 결제를 도입했다. USDC는 미국 달러화(법정화폐)에 가치가 일대일로 연동된 스테이블 코인이다. 비자는 코인베이스(Coinbase), 바이낸스(Binance), FTX, 크립토닷컴 등의 암호화폐 플랫폼과 파트너십을 맺고, 크립토 링크드 카드(crypto-linked card, 암호화폐와 연결되어 있는 카드)를 출시했다. 이 카드를 통해 전 세계 8,000만 개의 가맹점에서 암호화폐로 물건과 서비스를 구매할 수 있다. 가맹점에서 결제를 위해 별도의 환전 절차를 거치지 않아도 된다. 소비자가 크립토 링크드 카드를 사용하면 비자는 소비자의 지갑 속 암호화폐를 자동으로 스테이블 코인으로 바꿔 결제가 이루어지게 한다.

2021년 상반기 비자 카드를 통해 결제된 암호화폐의 규모는 10억 달러에 달하며, 2021년 연간(비자는 9월 결산법인으로, 여기서 연간은 2020년 10월~2021년 9월을 말한다)으로는 35억 달러에 달한다. 비자는 2022년 1분기(2021.10~2021.12) 크립토 링크드 카드의 결제대금이 25억 달러에 달한다고 밝혔는데, 2021년 연간 결제금액의 70%가 2022년 1분기에 결제되었다. 암호화폐 결제 시장이 놀랍도록 빠르게 성장하고 있다는 것을 알 수 있다.

비자는 2021년 12월 암호화폐 컨설팅 서비스도 시작했다. 금융사나 소매기업을 대상으로 암호화폐 사업을 컨설팅해주는 것이다. 컨설팅 분야는 암호화폐, NFT, 중앙은행에서 발행한 디지털 화폐(CBDC)용 지갑(월렛) 개발 등이다.

기업형 블록체인 산업의 강자, IBM

IBM은 전 세계 기업형 블록체인 시장을 개척해온 기업이다. 2016년부터 블록체인에 주목하기 시작해 기업형 블록체인인 '하이퍼레저 프로젝트(Hyperledger Project)'*를 주도했다. 이를 기반으로 식품 공급망 추적 시스템인 '푸드 트러스트(Food Trust)', 세계 최대 해운사 머스크와 함께 개발한 운송 플랫폼 '트레이드 렌즈(TradeLens)' 등을 구축했다.

IBM에서 블록체인 관련 사업을 한다는 사실을 들어본 사람은 별로 없을 것이다. IBM이 개발하고 있는 기업형 블록체인이 '프라이빗 블록체인'이기 때문이다. 이와 반대되는 개념이 퍼블릭 블록체인이다.

---

* 2015년 12월 리눅스 재단이 시작한 블록체인 오픈소스 프로젝트로 IBM, 인텔 등 글로벌 IT 기업과 금융기관들이 협력해 여러 산업에 범용적으로 도입할 수 있는 기술 표준을 개발했다.

퍼블릭 블록체인은 대중이 자유롭게 참여할 수 있는 형태의 네트워크이며, 우리에게 익숙한 블록체인 프로젝트인 비트코인, 이더리움 등이 여기에 해당한다. 반면 프라이빗 블록체인은 소수의 사람만 참여할 수 있도록 설정된 블록체인으로, 보안을 중시하는 분야에서 주로 쓰인다. IBM은 기업형 블록체인의 강자로, 허가된 기업만 참여할 수 있는 프라이빗 블록체인을 제공한다.

IBM 기업형 블록체인의 대표적인 예는 푸드 트러스트다. 이 플랫폼은 식품의 재배부터 유통까지 모든 기록을 블록체인을 활용해 남김으로써, 식품의 안정성을 보장한다. 식품이 어디에서 제조되어 어떤 유통 과정을 거쳤는지 투명하게 볼 수 있기 때문에 안심하고 음식을 먹을 수 있다. IBM의 푸드 트러스트는 월마트, 네슬레, 앨버트슨, 돌 푸드 등 약 200여 개 고객사를 보유하고 있다. 기업들은 푸드 트러스트를 통해 공급망을 관리하고, 식품의 위치와 상태를 실시간으로 파악할 수 있다. 또한 상한 식품을 쉽게 찾아낼 수 있어 품질 관리에 큰 도움이 된다. 소비자도 안심하고 음식을 먹을 수 있다. 스마트폰으로 식품에 부착된 QR코드를 스캔하면, 식품 정보들을 추적할 수 있기 때문이다.

IBM은 물류 분야에서도 블록체인을 활용한 시스템인 트레이드 렌즈를 운영하고 있다. 2018년 덴마크의 물류기업 머스크와 합작하여 구축한 시스템으로, 블록체인을 적용해 무역 관련 서류를 실시간으로 공유하고 확인할 수 있다. 트레이드 렌즈는 프랑스 선사인 CMA CGM과 스위스 선사인 MSC, 싱가포르항, 홍콩항 등 전 세계 170여 개의 고객사를 확보했다.

머스크가 블록체인을 활용한 시스템에 관심을 가지게 된 것은 물류업계의 고질적인 문제 때문이다. 물류업계에서는 평균 1개의 컨테이너가 운송되는 데 약 200여 건의 통신과 30명의 인원, 최소 22개의 종이서류가 필요하다고 한다. 심지어 이 종이서류는 개별 인증을 거쳐야한다. 이런 물류 체계의 비효율적인 절차를 해결하기 위해 탄생한 트레이드 렌즈는 블록체인 플랫폼을 통해 문서를 디지털화하고 거래의흐름을 단순화했다. 또한 선박의 도착 시간, 세관 통과, 송장 등의 정보를 클릭 한 번으로 바로 알 수 있다. 선사 및 화주의 시간과 비용을 대폭 절감할 수 있는 것이다.

IBM은 푸드 트러스트와 트레이드 렌즈 외에도 블록체인을 다양한산업에 적용해 사업을 확대해나가고 있다. 미국 뉴욕주에서 쓰이는 코로나19 백신여권은 IBM의 블록체인 기반 '엑셀시오르 패스(Excelsior Pass)' 앱을 사용하고 있으며 보험, 헬스케어, 제조업, 공급망 관리 등다양한 산업에서 IBM의 블록체인 솔루션이 쓰이고 있다.

암호화폐 채굴 전용 프로세서를 출시한 엔비디아

암호화폐 채굴을 위해 채굴업자가 엔비디아의 그래픽카드를 사재기하면서 시중에 엔비디아 그래픽카드 품귀 현상이 빚어졌다. 사재기로 그래픽카드 가격이 천정부지로 치솟자, 엔비디아는 자사 게이밍용 그래픽카드가 채굴이 아닌 게임에 쓰일 수 있도록 암호화폐 채굴 성능을 의도적으로 50%까지 제한하겠다고 밝혔다. 이는 2021년 2월 말 출시한 지포스 RTX3060부터 적용되었다.

2019년 출시된 엔비디아의 대표 그래픽카드인 지포스 RTX 2080Ti (GeForce RTX 2080Ti)의 가격 추이를 보면 2021년 상반기에 암호화폐 가격이 급등하면서 그래픽카드의 수요도 몰려 가격이 크게 오른 것을 알 수 있다. 2021년 말 출시된 지포스 3060Ti는 권장 소비자 가격은 329달러지만, 암호화폐 채굴 성능이 제한된 모델임에도 불구하고 가격이 천청부지로 치솟아서 2021년 10월에는 약 800달러에 거래되었다.

엔비디아는 그래픽카드의 암호화폐 채굴 성능을 제한하는 대신, 2021년 2월 암호화폐 채굴에 특화된 엔비디아 CMP(Cryptocurrency Mining Processor)를 출시했다. 이 프로세서는 채굴 성능과 효율성에

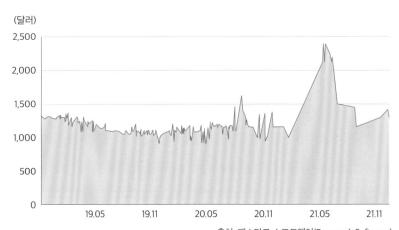

• 출처: 패스마크 소프트웨어(Passmark Software)

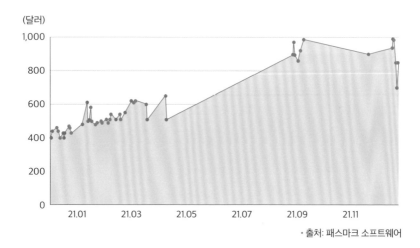

• 출처: 패스마크 소프트웨어

최적화된 제품이다. 엔비디아는 이 제품을 통해 채굴자들의 관심을 게이밍용 그래픽카드에서 CMP 시리즈로 돌릴 계획이다. CMP 시리즈의 권장가격은 400달러 선인데, 해외 쇼핑몰에서는 700~800달러 선에서 거래되고 있다. 엔비디아는 과연 CMP 시리즈로 그래픽카드 가격을 잡을 수 있을까?

엔비디아의 게이밍용 그래픽카드의 상당 부분은 암호화폐 채굴용으로 쓰이고 있는 것으로 추정된다. 엔비디아의 게이밍향 매출액 추이는 2021년 1분기(2020.02~2020.04)부터 2022년 4분기(2021.11~2022.01)까지 분기별로 꾸준히 증가하고 있다. 반면 CMP는 출시 이후 2022년 연간 매출액(엔비디아는 1월 결산법인으로 2022년 연간은 2021.01~2022.01이다) 약 5억 5,000만 달러를 달성했다. 이는 엔비디아 전체 매출액의 약 1%도 안 되는 미미한 규모다.

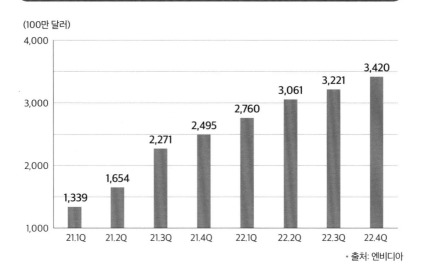

엔비디아 게이밍향 매출액 추이

(100만 달러)

- 21.1Q: 1,339
- 21.2Q: 1,654
- 21.3Q: 2,271
- 21.4Q: 2,495
- 22.1Q: 2,760
- 22.2Q: 3,061
- 22.3Q: 3,221
- 22.4Q: 3,420

• 출처: 엔비디아

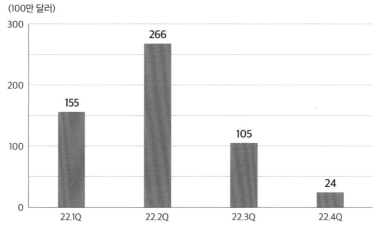

엔비디아 CMP 프로세서 매출액 추이

(100만 달러)

- 22.1Q: 155
- 22.2Q: 266
- 22.3Q: 105
- 22.4Q: 24

* 엔비디아는 1월 결산법인(22.1Q=2021.02~2021.04,
22.2Q=2021.05~2021.07, 22.3Q=2021.08~2021.10,
22.4Q=2021.11~2022.01)

• 출처: 엔비디아

향후 출시되는 엔비디아의 게이밍용 그래픽카드가 암호화폐 채굴 효율이 제한되는 모델로 출시된다면 해당 수요가 CMP로 옮겨가면서 게이밍용 그래픽카드 가격은 안정세를 보이지 않을까 싶다.

페이스북의 스테이블 코인 디엠 프로젝트

페이스북(현 메타)은 2019년 6월 암호화폐 '리브라'를 발행한다고 발표했다. 리브라는 전 세계적으로 사용할 수 있는 간편한 형태의 화폐와 금융 인프라 제공을 목적으로 개발될 예정이었다. 또한 리브라 프로젝트에서는 가치가 고정된 준비금(reserve)도 고안했다. 통화바스켓과 국채 등으로 구성했으며, 통화바스켓은 달러 50%, 유로 18%, 엔화 14%, 파운드 11% 등으로 설정했다. 리브라는 준비금을 바탕으로 가치가 일정하게 유지되는 통화이기 때문에 가치 변동성이 거의 없는 스테이블 코인에 가까운 형태로 고안되었다.

그러나 리브라 프로젝트는 시작부터 각국 정부의 반대에 부딪혔다. 2019년 기준 페이스북은 전 세계 25억 명의 MAU를 기록하고 있었다. 따라서 암호화폐가 발행되어 리브라의 사용량이 많아질수록 법정화폐의 가치가 떨어질 수 있다는 우려가 있었다. 리브라가 기존 통화보다 안정성이 높다고 인정되면 자금이 리브라로 흡수되어 일부 국가의 통화정책을 무력화할 수 있다. 즉 민간이 정부의 화폐 주도권을 침해할 수 있는 것이다. 미국 하원은 리브라가 세계 금융에 미칠 영향이 충분히 조사될 때까지 페이스북에 리브라의 개발을 중지해달라는 요청을 보냈다.

각국 정부의 반대에 부딪히자 페이스북은 리브라 프로젝트를 '디엠 (Diem)'으로 변경하고, 각국 통화에 일대일로 고정된 스테이블 코인으로 나누어 출시하겠다는 계획을 밝혔다. 즉 디엠달러, 디엠원, 디엠유로 등으로 나누어 암호화폐를 발행하겠다는 것이다. 이렇게 발행하면 페이스북이 원래 기획한 '전 세계적으로 사용할 수 있는 간편한 형태의 화폐'에서 한 발짝 멀어지게 된다. 디엠달러를 한국으로 보낼 때 디엠원으로 환전해야 하기 때문에 기존 리브라 프로젝트보다는 시스템이 복잡해진다. 하지만 디엠은 스테이블 코인이기 때문에 각국 정부가 우려하던 통화 질서 약화와는 거리를 두는 듯했다.

페이스북은 2021년 디엠을 출시할 예정이었으나 미국 연방준비제도(Fed)가 스테이블 코인의 발행을 막으면서 결국 프로젝트는 물거품이 되었다. 디엠은 출시되지 못하고 2022년 1월 실버게이트 캐피털 (Silvergate Capital)에 매각되었다. 매각 가격은 2,200억 원 수준이었다. 실버게이트 캐피털은 자회사인 실버게이트 은행을 통해 디엠 프로젝트에 협력해왔는데, 이번 인수로 자체 결제 플랫폼인 '실버게이트 익스체인지 네트워크'에 디엠 기술을 통합해 차세대 글로벌 결제 시스템을 선보일 것으로 알려졌다. 페이스북의 디엠 프로젝트는 규제에 부딪혀 약 2년 동안 제자리걸음만 한 셈이다.

결국 규제라는 벽을 넘지 못해 프로젝트는 매각되었으나, 페이스북의 디엠 프로젝트로 각국 중앙은행은 암호화폐가 기존 통화 패권을 위협할 수도 있음을 깨달았을 것이다. 또한 디엠 프로젝트는 페이스북,

즉 메타를 비롯한 빅테크 기업의 참여가 활발했다는 점에서 빅테크 기업의 암호화폐 시장에 대한 관심도를 보여준다.

코인베이스 상장의 의미

2021년 4월 14일, 미국 최대 암호화폐 거래소인 코인베이스(티커: COIN)가 나스닥 시장에 상장했다. 코인베이스의 상장은 암호화폐가 미국 증권거래위원회(SEC)의 승인 아래에 있는 제도권 금융시장에 진출했다는 점에서 상징적인 의미가 있다. 코인베이스는 상장 당시 증권신고서에서 이용자 수, 거래대금 등을 공개했는데, 많은 사람이 암호화폐 시장의 규모와 성장성에 놀라움을 표했다.

코인베이스는 8,900만 명의 이용자를 보유하고 있다. 2021년 4분기 기준 MTU(Monthly Transacting Users, 월간 거래 이용자 수)는 1,140만 명에 달하고, 거래대금은 5,470억 달러를 기록했다. MTU는 한 달간 한 번이라도 거래한 적이 있는 고객을 의미한다. 거래대금과 이용자 수는 2018년 이후 꾸준히 상승하다가 암호화폐 가격이 급등했던 2021년 들어 급증했다.

이용자 수와 거래대금이 늘어나면서 코인베이스의 매출액과 영업이익도 상승하는 추세다. 코인베이스는 2021년 4분기에 약 25억 달러의 매출과 9억 2,000만 달러의 영업이익을 기록했다. 2020년 4분기와 비교하면 매출액은 325.57%, 영업이익은 306% 상승했다. 2021년

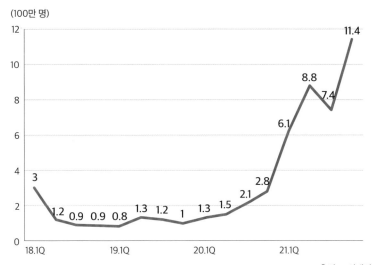

코인베이스 MTU 추이

(100만 명)

• 출처: 코인베이스

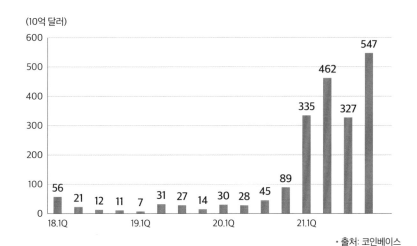

코인베이스 거래대금 추이

(10억 달러)

• 출처: 코인베이스

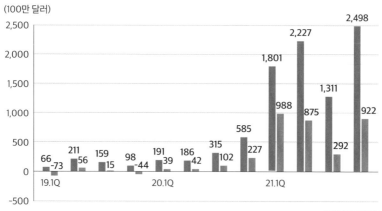

- 출처: 코인베이스

4분기 기준 코인베이스 매출의 91%가 암호화폐 거래수수료에서 나왔다. 이처럼 매출에서 거래수수료의 비중이 높은 만큼 매출액은 암호화폐의 가격과 거래량에 영향을 크게 받는다. 2021년 3분기는 타 분기와 비교하면 거래대금 및 MTU 추이가 상대적으로 부진한데, 이는 암호화폐 가격 하락에 기인한다.

코인베이스가 발표한 지표 중 큰 관심을 받은 것은 코인베이스의 거래대금 중 기관투자자의 비중이다. 2018년 1분기 20%에 불과하던 기관투자자 비중은 분기별로 꾸준히 상승해 2021년 4분기에는 68%를 기록했다. 이를 통해 암호화폐가 오늘날에 이르러서는 기관투자자들의 투자 수단으로 활용되고 있음을 확인할 수 있다. 코인베이스는 9,000개가 넘는 금융기관들을 고객으로 보유하고 있다. 미국 내 운용

자산 상위 100개 헤지펀드 중 10%가 코인베이스의 고객이며, 테슬라, 스페이스X(Space X), 위즈덤트리(WisdomTree) 등 유명 기업과도 파트너십을 체결한 상태다.

위즈덤트리와의 파트너십은 장기적으로 코인베이스의 저변 확장에 도움이 될 것으로 전망된다. 위즈덤트리는 2019년 12월 스위스 주식거래소에서 비트코인 ETP*를 출시했는데, 최근 코인베이스를 두 번째 수탁자(custodian)로 선정했다[첫 번째 수탁자는 스위스쿼트 뱅크(Swissquote Bank)다]. 위즈덤트리는 미국 내에서도 비트코인 ETF 상

● ETP(Exchange Traded Product)는 기초 증권, 지수 또는 기타 금융 상품을 추종하는 상품이다. ETF(Exchange Traded Fund)는 펀드(fund) 형태이고, ETP는 상품(product) 형태라는 점이 다르다. 위즈덤트리의 비트코인 ETP는 비트코인 현물을 추종하는 형태의 상품으로 설계되어 ETP로 상장한 것이다.

장을 추진하고 있으며, 이에 성공한다면 코인베이스가 수탁 서비스를 제공할 가능성이 높다. 그렇다면 수탁 서비스가 무엇인지 자세히 알아보도록 하자.

수탁(custody) 서비스를 알아보려면 먼저 펀드의 운영 구조를 알아야 한다. 펀드 운영에는 자산운용사, 수탁회사, 판매회사가 필요하다. 자산운용사는 펀드를 만들고 펀드매니저를 통해 직접 운용한다. 판매회사는 자산운용사의 펀드를 투자자들에게 홍보 및 판매하며, 은행, 증권사, 보험사 등이 이에 속한다. 수탁회사는 판매회사로부터 펀드로 입금된 돈을 보관하며, 자산운용사(펀드매니저)의 지시에 따라 투자 대상(주식, 채권, 부동산 등)을 사고판다. 수탁 업무는 신뢰도가 중요하기 때문에 주로 은행이 이 업무를 맡아왔다.

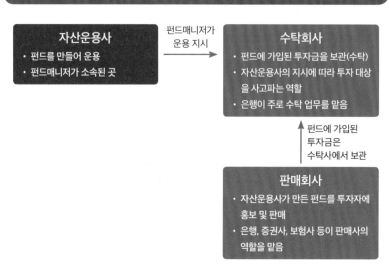

펀드의 운영 구조

자산운용사
- 펀드를 만들어 운용
- 펀드매니저가 소속된 곳

펀드매니저가
운용 지시

수탁회사
- 펀드에 가입된 투자금을 보관(수탁)
- 자산운용사의 지시에 따라 투자 대상을 사고파는 역할
- 은행이 주로 수탁 업무를 맡음

펀드에 가입된
투자금은
수탁사에서 보관

판매회사
- 자산운용사가 만든 펀드를 투자자에 홍보 및 판매
- 은행, 증권사, 보험사 등이 판매사의 역할을 맡음

코인베이스는 기관투자자를 대상으로 수탁 서비스를 제공하며, 현재 미국 내에서 가장 큰 수탁고를 보유하고 있다. 기존 수탁회사, 즉 은행도 암호화폐 수탁 서비스를 제공하지만, 기관투자자가 은행 대신 코인베이스를 선택했다는 사실은 코인베이스에 대한 신뢰도를 높게 평가한다는 의미로 해석할 수 있다. 미국 내 비트코인 ETF가 상장되면 수탁 서비스의 수요가 자연스럽게 높아질 것이다. 코인베이스가 이를 바탕으로 수탁 잔고를 빠르게 늘려나간다면, 코인베이스의 차기 성장동력은 수탁 서비스가 될 것이다.

2022년 3월 20일 기준 코인베이스의 시가총액은 408억 달러이며, 나스닥 거래소를 운영하고 있는 나스닥(NASDAQ, 티커: NDAQ)의 시가총액 294억 달러보다 높게 형성되어 있다. 이 정도면 성공적으로 시장

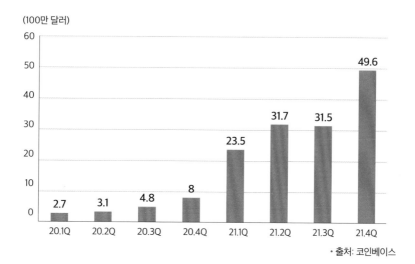

코인베이스 기관투자자 수탁수수료 매출

(100만 달러)

• 출처: 코인베이스

코인베이스, 나스닥, ICE 비교

(단위: 100만 달러, 2022.03.21 기준)

티커	COIN-US	NDAQ-US	ICE-US
기업명	코인베이스 글로벌 Class A	나스닥	인터컨티넨털 익스체인지
시가총액	40,810	29,468	76,918
2020년 매출액	1,277	5,627	8,244
2020년 영업이익	409	1,234	3,033
2020년 당기순이익(지배)	322	933	2,089
2021년 매출액	7,839	5,886	9,168
2021년 영업이익	3,077	1,525	4,859
2021년 당기순이익(지배)	3,624	1,187	4,058
2021년 당기순이익 기준 PER	20	27	25

• 출처: 각사

에 데뷔한 게 아닐까 생각한다.

코인베이스의 2021년 당기순이익은 나스닥의 당기순이익의 약 3배 수준이며, 미국 증권거래소의 모회사인 인터컨티넨털 익스체인지(Intercontinental Exchange, 티커: ICE)의 당기순이익에 근접하다. 향후 코인베이스의 실적은 암호화폐의 거래량에 따라 달라질 것이다. 이후에도 2021년처럼 암호화폐 거래량이 급증하여 코인베이스가 높은 당기순이익을 낼 수 있을지 실적발표 때마다 꾸준히 지켜봐야 할 필요가 있다.

CHAPTER 3

기관투자자의 시장 참여와 암호화폐 ETF

오늘날의 암호화폐 열풍은 2017년과 달리 암호화폐 시장의 기관투자자 참여 열기가 뜨겁다. 세계 최대 헤지펀드인 브릿지워터 어소시에이츠(Bridgewater Associates)의 창업자인 레이 달리오는 2017년 한 인터뷰에서 "비트코인은 거품"이라고 말하고, 2021년 초에는 암호화폐를 "지옥 같은 발명품"이라고 불렀다. 암호화폐에 대해 부정적인 입장이었던 레이 달리오는 2022년 1월 한 인터뷰에서 "비트코인을 보유하는 것은 합리적인 투자 방법"이라고 말했다. 이처럼 암호화폐에 부정적이던 기관투자자들도 하나둘씩 의견을 바꾸고 암호화폐 시장에 진입하기 시작했다.

기관투자자의 암호화폐 시장 참여

아크 인베스트(ARK Invest)의 창업자 캐서린 우드는 월가 내에서도 암호
화폐의 강력 지지자로 알려져 있다. 캐시우드로 더 많이 알려진 캐서린
우드는 자사의 ARKW[ARK NEXT GENERATION INTE RNET ETF(ARKW)
HOLDINGS] ETF에 비트코인(그레이스케일 비트코인 신탁*)을 8%가량 보
유하고 있다(2022.03.25 기준).

캐시우드에 이어 헤지펀드계의 거물인 레이 달리오도 비트코인을
보유하고 있다고 밝혔으며, 최근 억만장자 헤지펀드 운용자인 폴 튜더
존스는 인플레이션 헤지(hedge) 수단으로 비트코인을 주목하고 있다
고 밝혔다. 세계 최대 자산운용사인 블랙록은 이미 금 대신 비트코인
을 인플레이션 헤지 수단으로 선택해, 블랙록 스트래티직 인컴 오퍼튜
니디즈(BlackRock Strategic Income Opportunities) 펀드의 투자 리스트

---

* Grayscale Bitcoin Trust. 펀드에 비트코인을 직접 담기 어려운 기관투자자를 대상으로 한 상품이다.

주요 기업들의 비트코인 보유 현황

기업명	티커	비트코인 보유량(개)	가치(10억 원)
마이크로스트레티지	MSTR-US	105,085	5,729
테슬라	TSLA-US	42,902	2,339
스퀘어	SQ-US	8,027	438
코인베이스	COIN-US	4,482	244
넥슨	3659-JP	1,717	94

* 2022.03.21 기준 　　　　　　　　　　　　　· 출처: 각사, 언론 보도, 비트코인 가격

에 비트코인 선물을 추가했다. 또한 테슬라, 코인베이스, 마이크로스트레티지(MicroStrategy) 등 다수 기업이 비트코인에 투자하기 시작했다. 암호화폐 시장 참여자는 더 이상 개인만이 아니다.

비트코인 ETF 상장 시도

암호화폐 시장에 기관투자자들의 참여가 이어지면서 비트코인 ETF에 대한 관심도 뜨거워졌다. 2021년 2월 18일, 캐나다 토론토 증권거래소에서 세계 최초의 비트코인 ETF인 퍼포스 비트코인 ETF(Purpose Bitcoin ETF, 티커: BTCC)가 상장되었고, 뒤이어 또 다른 비트코인 ETF인 EBIT, BTCX가 연달아 상장되었다. 현재 BTCC의 AUM(Asset Under Management, 운용자산)은 약 14억 캐나다 달러(CAD)로 약 1조 3,000억 원 수준이다.

BTCC, EBIT, BTCX 등 세 ETF의 AUM 합은 약 18억 8,000만 캐나다 달러로 약 1조 7,000억 원 수준이다. 캐나다의 대표 ETF로 여겨지는 뱅가드 그로스 ETF 포트폴리오(Vanguard Growth ETF Portfolio, 티커: VGRO)의 AUM이 약 30억 캐나다 달러임을 고려하면, 비트코인 ETF의 AUM이 단기간에 빠르게 증가했음을 알 수 있다.

미국에서도 비트코인 ETF의 상장 시도가 이어지고 있다. 자산운용사 반에크(VanEck)는 2021년 1월 21일에 비트코인 ETF 상장신청서를 미국 내 최초로 미국 증권거래위원회에 제출했고, 이후 위즈덤트리, 피델리티(Fidelity) 등의 자산운용사가 연이어 비트코인 ETF 상장신청서를 제출했다. 캐시우드의 아크 인베스트도 6월 11일에 미국 증권거래위원회에 비트코인 ETF 상품 출시 신청서를 제출하며 총 12개가 넘는 비트코인 ETF 신청서가 접수되었다.

현재 심사가 가장 빠른 비트코인 ETF는 반에크의 비트코인 ETF인데, 승인 여부 결정이 2021년 4월에 한 차례 미뤄졌고, 두 달 뒤에도 한 차례 더 미뤄졌다. 또한 비트코인 현물 ETF는 '충분한 심사 기간 확보'라는 사유로 승인 결정이 예정일이었던 2022년 3월 16일 이후로 또다시 미뤄졌다. 비트코인 현물 ETF는 과연 승인될 수 있을까?

미국 증권거래위원회는 기초자산인 비트코인의 변동성이 너무 크고 투자자 보호가 미흡하며 비트코인 시세가 조작될 가능성이 있다는 이유로 비트코인 ETF 승인을 미뤄왔다. 그러나 2021년 8월 초 게리 겐슬러 미국 증권거래위원회 위원장이 선물 기반 비트코인 ETF에 대해 긍정적인 태도를 비치면서 주요 운용사들이 비트코인 현물 대신 비트코인 선물을 바탕으로 하는 ETF를 신청하기 시작했다. 2021년 10월 24일 미국 첫 비트코인 선물 ETF인 프로셰어 비트코인 스트래티지 ETF(ProShares Bitcoin Strategy ETF, 티커: BITO)가 승인되어 미국 시장에 성공적으로 상장되었다.

비트코인 선물을 기초자산으로 한 ETF와 비트코인 현물을 기초자산으로 한 ETF는 무엇이 다를까? 전자는 펀드 AUM의 거의 대부분으로 현물 비트코인을 사게 된다. 하지만 후자는 증거금으로 펀드 AUM에 해당하는 선물을 보유하기 때문에 통상 펀드 AUM의 절반 정도만 해당 선물에 투자하게 된다.* 선물은 만기가 존재해서 만기가 지나기 전에 다음 월 상품으로 갈아타야 한다. 이를 '롤오버(rollover)'라고 하며 이때 롤오버 비용이 발생한다는 단점이 있다.

게리 겐슬러가 비트코인 선물 ETF에 긍정적인 태도를 비친 이유는 무엇일까? 비트코인 선물은 시카고 상품거래소(CME)에서 거래되는데, 이미 미국 금융당국의 엄격한 규제 아래 거래가 이루어지는 만큼 검증된 상품이라는 생각에서 그런 태도를 보이는 게 아닐까 싶다.

많은 사람이 비트코인 ETF의 상장을 기대하고 있다. 비트코인 ETF를 활용하면 코인 거래소에서 계좌를 만들지 않고도 주식계좌를 통해 주식시장에서 소액으로 자유롭게 매매할 수 있기 때문이다. 또한 비트코인 ETF가 상장되면 기존보다 비트코인에 쉽게 투자할 수 있는 만큼 기관투자자의 유입이 늘어날 것이다.

● CME 비트코인 선물 증거금은 47%다.

현재 비트코인은 금융자산으로 인정되지 않아서 투자 대상 자산으로 분류되어 있지 않다. 따라서 기관투자자들은 펀드에 비트코인을 직접 담는 것이 불가능하기 때문에 캐시우드의 사례처럼 투자신탁을 만들어서 비트코인을 보유하거나, 비트코인 선물을 매수하는 방법을 쓴다. 이러한 방법은 여러모로 번거롭기 때문에 그동안 비트코인은 기관투자자들의 외면을 받았다.

비트코인 ETF가 상장된다면 기관투자자들은 펀드에 주식을 매수하는 것처럼 비트코인 ETF를 매수할 수 있다. 2022년 내에 비트코인 ETF가 상장되어 펀드에서 자유롭게 매매하는 날이 오길 기대해본다.

블록체인 ETF

BLOK

티커	BLOK	운용사	Amplify Investments
보수율	0.71%	추종지수	-
보유종목 수	45	운용 규모	10억 2,980만 달러

* 2022.02.22 기준

1 ETF 소개

앰플리파이 자산운용(Amplify Investments)이 2018년 출시한 앰플리파이 트랜스포메이셔널 데이터 셰어링 ETF(Amplify Transformational Data Sharing ETF)는 추종지수가 없는 액티브 ETF로서 순자산의 80% 이상을 블록체인과 암호화폐 기술을 개발·활용하는 기업에 투자한다. 기업들이 블록체인 패러다임 변화에 어떻게 적응하고, 혁신적으로 대처하는지를 중점으로 파악한다. 앰플리파이 자산운용은 인터넷의 발전으로 사람들의 의사소통 방식이 바뀌었듯, 블록체인으로의 패러다임 전환에 잘 적응하는 기업이 지속 가능한 성장을 할 것으로 기대한다. 따라서 이런 기업을 찾아 투자하는 것을 목표로 한다.

2 상위 15개 구성 종목

티커	기업명	비중
COIN	Coinbase Global, Inc. Class A	4.59%
NVDA	NVIDIA Corporation	4.57%
8473	SBI Holdings, Inc.	4.38%
SI	Silvergate Capital Corp. Class A	4.31%

CME	CME Group Inc. Class A	4.08%
GLXY	Galaxy Digital Holdings Ltd.	3.75%
HUT	Hut 8 Mining Corp.	3.74%
MSTR	MicroStrategy Incorporated Class A	3.56%
RIOT	Riot Blockchain Inc.	3.55%
9449	GMO Internet Inc.	3.52%
HIVE	HIVE Blockchain Technologies Ltd.	3.51%
BITF	Bitfarms Ltd.	3.13%
MARA	Marathon Digital Holdings Inc.	3.04%
4819	Digital Garage, Inc.	2.98%
ACN	Accenture Plc Class A	2.79%

• 출처: 앰플리파이 자산운용

3 국가별·섹터별 비중

국가별 비중			
미국	57.34%	영국	2.34%
일본	13.88%	중국	1.30%
캐나다	12.07%	대만	1.29%
기타	7.77%	스위스	1.21%
아일랜드	2.79%		

섹터별 비중			
기술 서비스	48.14%	미분류	3.35%
금융	31.71%	소매업	2.67%
전자공학 기술	9.22%	소비자 서비스	0.48%
기타	4.32%	현금	0.10%

메인넷인 이더리움과 수많은 디앱의 등장으로 암호화폐는 화폐를 넘어 플랫폼으로 자리매김하고 있다. 현재 이더리움을 기반으로 한 디앱이 약 3,000개로 가장 많으며, 다른 디앱까지 합치면 약 4,000개의 디앱이 존재한다. 2021년 1분기 기준 구글 플레이스토어에서는 약 348만 개의 앱을, 애플 앱스토어에는 약 222만 개의 앱을 사용할 수 있다. 이를 고려하면 이더리움 기반의 디앱은 아직 초기 단계임이 분명하다.

최근 웹3.0에 관한 이야기가 자주 회자된다. 웹3.0의 개념은 정확히 정립되지 않아 논란이 많으나, '블록체인 기반의 분산 인터넷'이 공통으로 등장한다. 웹1.0은 컴퓨터라는 하드웨어의 보급으로 인터넷 시대가 열린 것, 웹2.0은 스마트폰의 보급으로 다양한 애플리케이션이 등장한 것으로 요약할 수 있다. 웹 3.0은 이더리움과 같은 메인넷을 기반으로 수많은 디앱이 개발되면서 개념이 정립되고 있는 듯하다.

애플 앱스토어는 2008년 500개의 앱으로 시작했으며 스마트폰 보급과 함께 급격하게 확산되었다. 반면 이더리움을 기반으로 하는 디앱은 확산되는 데 별도의 하드웨어 보급이 필요하지 않다. 따라서 대중의 인식이 바뀐다면 웹3.0 시대는 생각보다 더 빨리 열리지 않을까 싶다. 수많은 디앱의 중심에 있는 메인넷 암호화폐는 안드로이드나 iOS를 대체하는 새로운 OS로 부상할 것이다.

코인베이스의 실적발표 자료에 다음과 같은 그래프가 실렸다. 이를 보고 나는 암호화폐가 장기 테마가 될 것임을 확신했다. 세계은행과 크립토닷컴이 발표한 자료에 따르면 2021년 반기 기준 암호화폐 이용자는 2억 명을 웃돌며 이용자 수가 빠르게 증가하고 있다. 인터넷의 보급 속도와 비교해보면 초기 인터넷 보급 과정과 유사한 경로로 움직이고 있다는 것을 알 수 있다. 인터넷과 마찬가지로 블록체인과 암호화폐, 그리고 암호화폐 생태계는 플랫폼으로 자리 잡을 가능성이 높다. 블록체인과 암호화폐에 대해 관심을 가져야 할 때다.

인터넷 vs. 크립토 채택률

— 인터넷 이용자 수   — 크립토 이용자 수

인터넷 이용자 수 타임라인

· 출처: 세계은행, 크립토닷컴, 코인베이스

PART 3

NFT와 디파이

나는 동남아에서 유행한 P2E 게임인 '엑시 인피니티(Axie Infinity)'의 작업장 사진을 우연히 보고 나서 NFT를 알게 되었다. 사진에서는 사람들이 스마트폰을 6개씩 놓고 게임을 하고 있었다. 나는 호기심이 생겨서 P2E, 즉 '게임을 하면서 돈을 번다'는 개념과 NFT에 대해 시장조사를 시작했다. 엑시 인피니티의 성공 때문인지 이후 우리나라 게임사들도 신작 게임을 P2E로 출시하겠다고 선언했다. 우리나라 P2E 열풍을 이끈 '위메이드'라는 게임사의 주가가 급등하자 펀드매니저들은 바빠졌다. 과연 이 열풍이 단기 테마에 그칠지, 장기 트렌드가 될지를 판단해야 했기 때문이다.

위메이드와 P2E 열풍을 주제로 펀드매니저들 사이에서는 열띤 토론이 이어졌다. 그사이 위메이드의 주가는 약 8배 상승했고, 게임업계를 넘어서 다방면에서 NFT를 활용하려는 움직임이 일어났다. 빅테크 기업들의 움직임도 심상치 않다. 2022년 유튜브 CEO인 수잔 워치스키는 연례 서한을 통해 NFT 활용 의지를 밝혔으며, 메타는 자체 NFT 마켓을 열어 이용자가 직접 NFT를 발행할 수 있도록 하겠다고 밝혔다. 트위터는 가상 자산 지갑을 연동하면 소유한 NFT를 프로필 사진으로 설정할 수 있는 기능을 추가하기도 했다.

CHAPTER 1

NFT란 무엇인가?

가로세로 24픽셀의 얼굴 모양 NFT인 크립토펑크(CryptoPunks) #7523이 2021년 6월 세계 최대 경매회사인 소더비의 경매 에 등장했다. NFT 작품이 소더비에 등장한 것도 놀라웠지 만, 해당 작품이 약 1,180만 달러(당시 약 140억 원)에 거래되 며 큰 주목을 받았다.

최근 암호화폐를 넘어서 NFT에 대한 관심이 커지고 있다. 테슬라 CEO인 일론 머스크의 아내이자 가수인 그라임스가 만든 NFT 작품이 65억 원에 팔리고, 트위터 공동창업자 잭 도시의 첫 번째 트윗이 32억 원에 낙찰되는 일도 있었다. 도 대체 NFT가 무엇이길래 사람들이 이렇게 열광하는 것일까?

NFT의 개념

NFT는 대체 불가능한 토큰(Non-Fungible Token)의 약자로, 블록체인의 토큰*을 다른 토큰으로 대체하는 것이 불가능한 가상 자산이다. 언뜻 어려워 보이지만 반대의 개념인 '대체 가능한 토큰'을 떠올리면 쉽게 이해할 수 있다. 비트코인, 이더리움과 같은 암호화폐는 대체 가능한 토큰이다. 즉 같은 암호화폐끼리 같은 가치를 지니기 때문에 일대일 교환이 가능하다. 하지만 NFT는 아이템에 고유의 일련번호가 부여된 세상에 단 하나밖에 없는 토큰, 즉 다른 토큰으로 대체할 수 없는 토큰이다. 따라서 NFT는 희소성을 지니며, 소유권과 판매이력 등의 정보가 모두 블록체인에 저장된다. 최초 발행자가 누구인지, 누가 누구에게 팔았는지 등이 모두 블록체인에 저장되기 때문에 위조가 불가능하다.

• 특정 블록체인 플랫폼에서 사용되는 별도의 암호화폐(코인). 독립된 블록체인 네트워크(메인넷)를 소유한 경우 '코인'이라고 부르며, 독립된 블록체인 네트워크를 소유하지 않은 경우 '토큰'이라고 부른다.

NFT를 만들고 업로드하는 과정을 '민팅(minting)'이라고 한다. 민팅을 할 때 NFT 제작자는 로열티를 설정할 수 있다. 로열티는 NFT 판매 이후 2차 판매, 즉 구매자가 재판매할 때 판매금액의 일정 비율을 원작자가 수취할 수 있게 하는 장치다. 민팅의 대상은 게임 아이템부터 트위터의 트윗까지 무궁무진하다.

NFT는 게임 아이템, 예술품, 부동산 등 기존 자산을 토큰화(tokenization)하는 수단으로도 쓰이고 있다. 자산의 토큰화는 블록체인을 이용해 특정 자산을 전산화해 소유하는 것을 의미한다. 자산을 토큰화하면 여러 가지 장점이 있다. 암호화폐처럼 토큰도 0.1, 0.001 등 무한정으로 쪼갤 수 있기 때문에 자산을 나눠서 소유할 수 있으며, 관련 정보가 모두 블록체인에 저장되기 때문에 위·변조가 불가능하다. 또한 거래하기 쉽다는 장점도 있다.

NFT의 거래량 추이를 보면 2021년 하반기 들어 폭발적인 성장세를 보이다가 최근 들어 거래량이 잠잠해진 것을 알 수 있다. 여기에는 그만한 이유가 숨어 있다. 최초의 NFT는 2017년 블록체인 게임 개발사

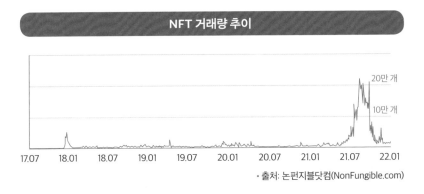

NFT 거래량 추이

· 출처: 논펀지블닷컴(NonFungible.com)

인 대퍼랩스(DapperLabs)가 발행한 '크립토키티' 시리즈다. 디지털 고양이 수집 게임으로, 고양이를 이더리움 기반의 NFT로 만들었다. 출시 초기에 시장의 관심이 집중되었으며, 10억 원 이상에 거래되는 고양이도 있었다. 그러나 크립토키티의 이용자 수가 급증하고 거래가 활성화되자 당시 이더리움 블록체인의 낮은 처리 속도와 비싼 수수료 문제 때문에 이용자가 이탈하면서 이내 시장에서 잊혔다.

크립토키티처럼 NFT는 2세대 암호화폐를 기반으로 만들어진다. 스마트 계약 기능을 사용하기 때문이다. NFT 거래대금 1~20위 중 플로(Flow) 블록체인*을 사용하는 NBA 톱샷(NBA Top Shot)을 제외하면 모두 이더리움 블록체인을 기반으로 한 프로젝트다. NFT 열풍과 이더리움 기반의 디앱 탄생으로 이더리움의 가스비(gas fee, 이더리움에서 송금이나 스마트 계약을 실행할 때 수수료 책정을 위해 만든 단위)가 상당히 높

연도별 NFT 거래금액과 활성지갑 수

	2019년	2020년	2021년
거래금액(USD)	2,453만 2,783	8,249만 2,916(+236%)	176억 9,485만 1,721(+21,350%)
구매자 수(명)	4만 4,324	7만 5,144(+70%)	230만 1,544(+2,962%)
판매자 수(명)	2만 5,036	3만 1,774(+27%)	119만 7,796(+3,669%)
활성지갑 수(개)	5만 5,330	8만 9,061(+61%)	257만 4,302(+2,790%)

· 출처: 논펀지블닷컴

● 차세대 앱, 게임 및 이를 구동하는 디지털 자산을 위해 구축된 빠르고 안전하며 개발자 친화적인 블록체인이다.

NFT 카테고리별 거래대금 비중

■ 미술품 ■ 수집품 ■ 게임 ■ 메타버스 ■ 유틸리티

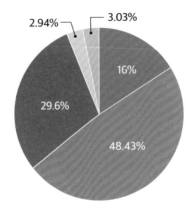

2.94%   3.03%

16%

29.6%

48.43%

· 출처: 논펀지블닷컴

게 유지되고 있다. 반면 속도는 느려지고 있다. 이에 따라 이더리움의 대안으로 솔라나, 바이낸스 스마트 체인 등이 떠오르고 있다.

NFT 시장은 2020년부터 본격적으로 급성장하기 시작했다. NFT 조사기관인 논펀지블닷컴에 따르면 NFT 거래금액은 2019년 약 2,400만 달러에서 2020년 약 8,250만 달러로 약 3배 증가했으며, 2021년에는 약 177억 달러를 기록하며 가파르게 성장했다. 또한 2021년 NFT 액티브 월렛(NFT Active Wallets, NFT 거래에 사용된 전자지갑)은 257만 개로, 2020년 약 9만 개 대비 28배 이상 증가했다.

그렇다면 이들은 어떤 NFT를 거래할까? 2021년 3분기 기준 NFT 시장 거래대금의 대부분은 수집품(collectibles)으로 약 48%를 차지하며, 그 뒤를 이어 게임이 29.6%, 미술품이 16%를 차지하고 있다.

NFT+컬렉터블

컬렉터블(collectible)은 수집할 수 있는 디지털 자산을 말한다. 예전에는 사람들이 피규어, 시계, 우표 등을 수집했다면 오늘날에는 희소성 있는 NFT를 수집한다. 대표적인 컬렉터블 NFT가 크립토펑크 시리즈다. 크립토펑크는 NFT라는 개념이 막 생겨났을 때 실험적으로 발행된 NFT다. 앱디자인 및 비주얼 아트 스튜디오 라바랩스(Lava Labs)가 2017년 6월 이더리움 블록체인을 기반으로 1만 개의 크립토펑크 NFT를 발행했다. 크립토펑크는 출시 당시 9,000개를 일반인에게 무료로 제공했는데, 현재는 NFT 열풍이 불며 기본 억 단위에 거래되고 있다.

크립토펑크가 비싸게 거래되는 이유는 크게 두 가지다. 바로 진위성과 희소성이다. 그동안 디지털 파일은 쉽게 복제할 수 있고 원본과

크립토펑크 NFT

· 출처: 크립토펑크

복제본을 구분할 수 없어 가치를 인정받지 못했다. 그러나 NFT 기술과 디지털 파일이 결합하면서 최초 발행자를 쉽게 알 수 있게 되어 원본의 구별이 확실해졌다. 또한 크립토펑크는 딱 1만 개만 발행되고 이후에는 더는 발행되지 않았다. 그 때문에 희소성이 있다.

크립토펑크 시리즈 내에서도 캐릭터의 희소성에 따라 가치가 달라진다. 크립토펑크의 캐릭터 분류에서 전체 1만 개 중 남자 캐릭터가 6,039개, 여자 캐릭터가 3,840개, 외계인이 9개, 유인원이 24개, 좀비가 88개다. 앞서 소개한 크립토펑크 #7523은 외계인이 마스크를 쓰고 있는 모습인데, 크립토펑크 시리즈에서 외계인은 9개밖에 존재하지 않고 마스크를 쓰고 있는 모습이 코로나 시대를 반영했기 때문에 높은 가격에 팔린 것으로 보인다.

크립토펑크 다음으로 가장 거래가 활성화된 컬렉터블 NFT는 BAYC(Board Ape Yacht Club, 지루한 원숭이 요트 클럽)이다. 유가랩스(Yuga Labs)가 발행한 BAYC는 이더리움 블록체인으로 구축되었으며 총 1만 개가 발행되었다. 원숭이 캐릭터로 이루어진 이 NFT 중 #8817이 최고가인 819이더리움(당시 약 40억 원)에 판매되었다. BAYC NFT는 요트 클럽 멤버십 카드로 사용되며, NFT 소유자는 회원 커뮤니티에 참석할 수 있다.

BAYC는 컬렉션의 가치를 높이기 위해 유명인사들을 대상으로 컨시어지 서비스를 제공하고 있다. 컨시어지 서비스는 고객의 지갑 설정, 암호화폐 구매, NFT 구매 및 보관 등을 쉽게 할 수 있도록 도와주는 서비스다. BAYC는 NFT가 거래될 때마다 공식 계정을 통해 이를 공유해

새 멤버를 환영한다. 현재 BAYC를 보유한 유명인으로는 가수인 에미
넴, 스눕독, 저스틴 비버 등과 스포츠 스타인 스테판 커리, 네이마르 등
이 있으며, 자신의 SNS 계정 프로필에 BAYC NFT를 설정해놓았다.

BAYC 멤버들은 뉴욕, 로스앤젤레스, 홍콩 등 각지에서 소유자끼
리 오프라인 행사는 물론 NFT 전시회를 연다. 2021년 11월 뉴욕에
선 BAYC 소유자들만 참석할 수 있는 파티가 열렸고, BAYC 소유자
인 래퍼 릴 베이비, 록밴드 스트록스 등이 공연하기도 했다. BAYC 소
유자들만 접속해 낙서할 수 있게 만든 디지털 그래피티 공간도 있다.
BAYC는 소유자를 대상으로 커뮤니티 참여를 유도하고 결속력을 높여
서 BAYC 소유 욕구를 자극한다. 이는 NFT 프로젝트 가격의 상승으로
이어진다.

유가랩스는 2021년 6월 "원숭이에게 친구가 필요하다"며 강아지
캐릭터 1만 개로 구성된 BAKC(Bored Ape Kennel Club, 지루한 원숭이
를 위한 강아지 클럽)를 발행했다. BAKC는 BAYC에 일대일 매칭으로
무료 분양되었다. BAYC 멤버들은 별도의 비용 없이 이더리움 전송 수
수료만 지불하고 강아지를 입양했다. 향후 2차 마켓에서 거래되는 로
열티 수수료는 자선단체에 기부된다고 한다. 2021년 8월에는 돌연변
이 원숭이 캐릭터 2만 개로 구성된 MAYC(Mutant Ape Yacht Club, 돌연
변이 원숭이 요트 클럽)가 발행되었다. 그중 1만 개는 BAYC 소유자에게
MAYC의 돌연변이 원숭이 혈청을 무료로 제공해 변이할 수 있도록 했
으며, 나머지 1만 개는 3이더리움에 공개 판매되었다.

BAYC는 크립토펑크와는 달리 NFT 소유자들에게 지적재산권(IP)

을 부여한다. 즉 NFT 소유자들은 자신의 원숭이 캐릭터를 사용해 티셔츠, 머그컵, 유튜브 영상 등을 만들 수 있다. 유니버셜뮤직은 유명 NFT 수집가 지미 맥닐스가 보유한 BAYC 캐릭터 4개를 멤버로 하는 밴드 킹십(Kingship)을 결성하기도 했다. BAYC 멤버 중 1명은 자신의 원숭이 캐릭터를 요트 클럽에서 일하는 관리인으로 설정하고 소설을 연재하기도 했다. 이 소설은 흥행해 스티븐 스필버그가 소속된 에이전시와 계약을 체결했다. 이렇게 BAYC 멤버들은 자신의 원숭이 캐릭터를 활용해 다양한 활동을 하고, 이러한 활동은 커뮤니티 유지의 기반이 된다. BAYC는 단순한 수집품이 아니라 NFT 기반의 강력한 커뮤니티다.

2022년 3월 BAYC의 유가랩스는 크립토펑크를 만든 라바랩스로부터 크립토펑크를 인수했다. 유가랩스는 크립토펑크 소유자에게 BAYC 소유자처럼 IP를 부여할 것이라고 밝혔다. 또한 유가랩스는 2022년 3월 약 40억 달러의 기업가치를 평가받아 4억 5,000만 달러의 투자를 유치했다. 이 펀딩 라운드는 시드 라운드*임에도 불구하고 기업가치가 약 5조 원에 가깝게 평가되었다. 해당 라운드는 벤처업계에서 암호화폐 관련 투자로 유명한 앤드리슨 호로위츠(a16z)가 리딩했으며, 메타버스 게임 개발사인 더샌드박스, 암호화폐 거래소를 운영하는 FTX 등이 참여했다.

---

* 스타트업이 정식 제품을 출시하기 전에 아이디어만으로 처음 펀딩받는 단계

NFT+미술품

2021년 3월 11일, 세계 최대 경매업체 중 하나인 크리스티의 뉴욕 경매에서 디지털 예술가인 비플(Beeple)이 만든 NFT 작품인 〈Everydays: The First 5,000 Days〉가 6,934만 달러(당시 약 785억 원)에 낙찰되었다. 이 작품은 작가가 2007년부터 매일 온라인에 게시한 작품을 모은 jpg 형식의 파일을 NFT화한 것이다. 이로써 비플은 현존 작가 중 제프 쿤스와 데이비트 호크니에 이어 세 번째로 비싼 작품을 판 작가가 되었다. 디지털 아트 시대가 열린 것이다.

미술품 NFT의 경우 실물 작품을 NFT화하는 경우와, 디지털 작품을 NFT화하는 경우로 나뉜다. 전자의 경우 NFT의 가치가 떨어지는 것을 막기 위해 실물 작품을 소각하는 등 원본을 소멸시킨다. 가장 대표적인 예가 김정수 작가의 〈진달래 밥〉이라는 작품이다. 김 작가는 이 작품을 NFT화하고 그 가치를 높이기 위해 실물 작품을 직접 소각했다.

NFT와 미술품이 만나면서 미술품 시장의 관행이 달라지고 있다. 기존 미술품 시장에서는 갤러리가 막강한 권력을 가지고 있었다. 어떤 갤러리에 전시되느냐가 작품의 가격을 결정지었으며, 갤러리가 유통망을 독점하고 판매 시장에서 50%에 달하는 수수료를 받기도 했다. 그러나 NFT로 발행된 디지털 아트 시장에서는 작가가 마켓플레이스를 통해 컬렉터, 즉 전문 수집가에게 작품을 직접 팔 수 있어 더는 갤러리에 의존하지 않아도 된다. 갤러리보다 작가의 힘이 훨씬 센 것이다.

또한 컬렉터에게 판매된 후 2, 3차 거래가 발생할 시 거래액의 일부가 NFT 최초 발행자인 작가에게 배분될 수 있게 스마트 계약을 통해 입력할 수 있다. 따라서 음원의 로열티처럼 평생 작품이 거래될 때마다 거래액의 일부를 수취할 수 있다.

NFT 예술품은 유통 과정에서 일어나는 운반비, 감정료, 보험료 등 부대비용이 사라지고 보관이 용이하다는 장점도 있다. NFT와 미술품이 만나면서 갤러리의 힘이 약해져 신인이나 무명 작가들에게도 공평한 기회가 주어질 것이라는 시각도 있다. NFT가 바꿔놓을 미술품 시장의 모습이 기대된다.

NFT+게임

1 엑시 인피니티

블록체인 게임인 엑시 인피니티가 동남아시아를 중심으로 흥행하면서 P2E(Play to Earn) 열풍이 생겨났다. P2E는 게임 플레이를 통해 돈을 버는 것을 의미한다. 이용자들은 게임 내 특정 활동을 함으로써 보상, 즉 NFT를 얻고, 이를 거래소에서 현금화해 수익을 창출할 수 있다.

엑시 인피니티는 '엑시(Axie)'라는 캐릭터를 활용해 게임 내에서 퀘스트를 수행하고, 게임에서 이기면 SLP(Smooth Love Potion)와 AXS(Axie Infinity Shards)라는 토큰을 받는 구조다. 엑시는 NFT 토큰이고, 이더리움으로 구매와 판매가 가능하다. 게임을 통해 얻은 SLP와 AXS는 코인 거래소를 통해 판매하거나 이를 활용해 엑시를 교배할 수도

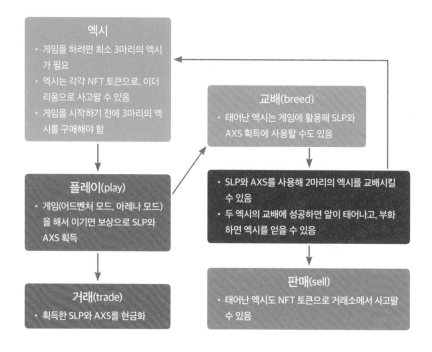

엑시 인피니티 구조

엑시
- 게임을 하려면 최소 3마리의 엑시가 필요
- 엑시는 각각 NFT 토큰으로, 이더리움으로 사고팔 수 있음
- 게임을 시작하기 전에 3마리의 엑시를 구매해야 함

교배(breed)
- 태어난 엑시는 게임에 활용해 SLP와 AXS 획득에 사용할 수도 있음

플레이(play)
- 게임(어드벤처 모드, 아레나 모드)을 해서 이기면 보상으로 SLP와 AXS 획득

- SLP와 AXS를 사용해 2마리의 엑시를 교배시킬 수 있음
- 두 엑시의 교배에 성공하면 알이 태어나고, 부화하면 엑시를 얻을 수 있음

거래(trade)
- 획득한 SLP와 AXS를 현금화

판매(sell)
- 태어난 엑시도 NFT 토큰으로 거래소에서 사고팔 수 있음

있다. 교배로부터 얻은 엑시 역시 NFT 토큰이기 때문에 마켓에서 판매해 현금화할 수 있다. 판매를 원치 않으면 이 엑시를 게임에 참여시켜 SLP와 AXS 획득에 사용할 수도 있다.

엑시의 가격은 20만 원대부터 억대까지 다양하다. 그중 'Handsome Bob'이라는 엑시는 2020년 10월 23일에 200이더리움(2022년 초 기준 약 9억 원)에 거래되었으며, 현재 약 81억 원에 팔리고 있다.

엑시 인피니티 이용자의 약 60%는 필리핀 사람으로 알려져 있다. 필리핀에서 엑시 인피니티 열풍이 분 이유는 평균 임금이 상대적으로 낮고 공용어가 영어라서 전 세계 이용자와 원활하게 소통할 수 있기 때문으로 보인다. 평균 임금이 높은 국가는 엑시 인피니티로 벌 수 있는 수익이 적게 느껴져 여가를 즐기기 위한 목적으로 엑시 인피니티를 플레이할 것이다. 그러나 필리핀에서는 엑시 인피니티로 벌 수 있는 수익이 평균 임금보다 훨씬 높기 때문에 엑시 인피니티를 전업으로 삼는 사람들이 늘어나고 있다.

다음 그래프는 필리핀 지역별 일일 최저임금과 엑시 인피니티를 플레이했을 때 벌 수 있는 수익을 비교한 것이다. 필리핀에서는 엑시 인피니티를 플레이하면 최저임금을 훨씬 능가하는 돈을 벌 수 있다. 이 그래프 작성 당시 하루 최대 SLP 코인 채굴량은 150개 수준이었지만 현재는 75개로 줄었으며, SLP의 가격도 그 당시에 비해 많이 상승했다.

그렇다면 2022년 3월 21일 기준으로 다시 계산해보자. 엑시 3마리(게임을 플레이하기 위한 최소 캐릭터 수)로 SLP를 하루에 75개씩 채굴한다고 하면 하루에 225개의 SLP를 채굴할 수 있다. 여기에 현재 시세인 75원을 곱하면 하루에 약 16,875원을 버는 셈이다. 이를 필리핀 페소로 바꾸면 727.37페소 정도가 되는데, 이렇게 계산해봐도 필리핀 최저임금보다 훨씬 높은 수익을 벌 수 있다. 엑시를 더 많이 키울수록 SLP 채굴 개수도 많아지며, 이를 통해 높은 수익을 올릴 수 있다.

엑시 인피니티는 베트남 스타트업인 스카이 마비스(Sky Mavis)가 2018년에 론칭한 게임으로 초기에는 흥행하지 못하다가 자체 토큰인 AXS가 코인 거래소에 상장되고 현금화가 용이해지면서 본격적으로 성장했다. 특히 코로나19가 확산되고 실업률이 급증하자 P2E 열풍이

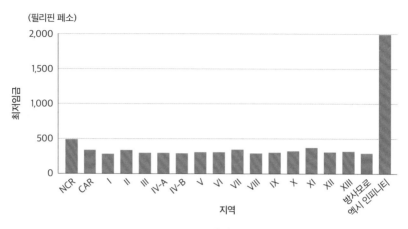

필리핀 지역별 일일 최저임금과 엑시 인피니티로 벌 수 있는 금액 비교

(필리핀 페소)

· 출처: 비트파나스(Bitpanas), 필리핀 노동부(DOLE)

번지며 고성장세를 보이고 있다. 2021년 12월 기준 엑시 인피니티의 DAU는 300만 명으로 추정된다.

스카이 마비스는 상장사가 아니라서 엑시 인피니티의 매출액을 정확히 파악하기는 어려우나, 암호화폐 데이터 제공사인 토큰 터미널(Token Terminal)에 따르면 엑시 인피니티의 2021년 연간 매출은 12억~13억 달러로 추정된다. 스카이 마비스는 2021년 10월 30억 달러의 가치를 인정받으며 벤처업계에서 암호화폐 관련 투자로 유명한 앤드리슨 호로위츠, 삼성 넥스트(삼성전자 산하 벤처투자조직), NBA팀 구단주 등 대형 투자자들의 자금을 유치했다. 베트남 현지 언론사는 스카이 마비스 설립자이자 CEO인 트룽 응우엔을 베트남의 첫 번째 테크 억만장자라고 표현했다.

2 국내 게임사의 P2E 열풍

국내 게임사들 사이에서도 P2E 열풍이 불며, 신작 게임을 P2E로 출시하겠다는 게임사들이 많아졌다. 넷마블은 2022년 블록체인이 적용되는 게임 6종을 출시할 계획이며, 컴투스도 2022년 9종의 P2E 게임을 출시할 계획이라고 밝혔다. 카카오게임즈도 연내 10여 종의 P2E 게임을 출시할 예정이다.

현재 국내 게임사 중 P2E 게임을 서비스하고 있는 회사는 위메이드뿐이다. 위메이드는 2021년 8월 MMORPG에 P2E 요소를 가미한 '미르4글로벌'이라는 게임을 출시했다. 게임 내에서 흑철이라는 아이템을 채굴하면 이를 드레이코라는 유틸리티 토큰*으로 교환할 수 있다. 교환 비율은 흑철 10만 개당 드레이코 1개다.

이용자들은 드레이코를 암호화폐 지갑인 위믹스 월렛(Wemix Wallet)을 통해 암호화폐인 위믹스로 전환할 수 있으며, 이를 시장에 내다 팔아 현금화할 수도 있다. 또한 전투력 10만, 레벨 60만이 넘는 게임 캐릭터를 NFT로 바꿔서 위믹스를 통해 거래할 수 있다. 게임 캐릭터를 사고 싶은 사람들은 현금을 위믹스로 바꿔서 게임 캐릭터 NFT를 사면 되고, 게임 캐릭터를 팔고 싶은 사람들은 게임 캐릭터 NFT를 마켓에서 팔아 위믹스를 얻고 이를 시장에서 현금화하면 된다.

국내 게임사들의 기존 비즈니스 모델은 게임을 출시한 후 게임 아이템을 판매해 매출을 일으키는 것이었다. P2E를 표방하는 미르4글로

---

* 블록체인 네트워크 내에서 특정 서비스·제품을 사용할 수 있도록 발행되는 암호화폐

벌의 비즈니스 모델은 게임 내 아이템 판매 매출과 더불어 플랫폼 매출이 더해진다. 플랫폼 매출은 위믹스 월렛 내 토큰 거래소에서 발생하는 0.9%의 거래수수료 매출과 약 5%에 달하는 NFT 거래수수료 매출을 따른다. 결국 P2E로 플랫폼 매출을 키우려면 토큰 및 NFT 거래가 활발해지고 거래대금이 커져야 한다.

위메이드는 2021년 4분기 실적발표에서 게임의 주요 지표를 공개했는데, MAU는 623만 명, PCU(Peak Concurrent User, 최고 동시 접속자 수)는 142만 명 수준으로 출시 직후 높은 성장세를 기록했다.

흑철을 드레이코로 교환하고, 드레이코를 위믹스로 교환하기 위해

미르4글로벌의 MAU와 PCU 추이

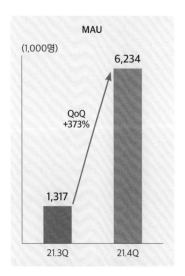

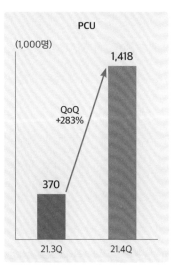

* 상기 MAU는 각 분기 평균값 기준
* QoQ: 전 분기 대비 증감률

• 출처: 위메이드

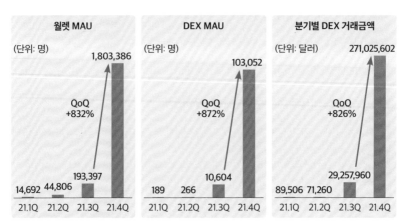

위믹스 월렛의 주요 지표

월렛 MAU (단위: 명)				DEX MAU (단위: 명)				분기별 DEX 거래금액 (단위: 달러)			
21.1Q	21.2Q	21.3Q	21.4Q	21.1Q	21.2Q	21.3Q	21.4Q	21.1Q	21.2Q	21.3Q	21.4Q
14,692	44,806	193,397	1,803,386	189	266	10,604	103,052	89,506	71,260	29,257,960	271,025,602
	QoQ +832%				QoQ +872%				QoQ +826%		

* 상기 MAU는 각 분기 평균값 기준
* 위믹스 월렛 MAU는 방문 기준, 위믹스 DEX MAU는 거래 이용 기준

• 출처: 위메이드

서 사용하는 위믹스 월렛의 MAU도 크게 증가해 2021년 4분기 180만 명을 기록했다. 또한 거래소인 위믹스 DEX(Decentralized Exchange, 탈중앙화 거래소)의 MAU와 거래금액도 크게 증가해 2021년 4분기 기준 MAU 10만 명, 거래금액 2억 7,000만 달러를 달성했다.

미르4글로벌은 순항하고 있는 듯 보이나 지속적인 드레이코 가격 하락으로 동남아 이용자가 게임으로 버는 수익이 줄어들면서 이용자의 이탈 가능성이 제기되고 있다. 드레이코 가격 하락을 막기 위해 미르4글로벌은 드레이코를 소각하고, 상위 코인인 '히드라코인'을 출시하면서 드레이코 가격 안정화를 위해 노력하고 있다.

위메이드는 장기적으로 위믹스를 중심으로 하는 생태계를 구축하고자 한다. 외부 개발사의 게임을 위믹스 생태계에 편입해 토큰 및

NFT 거래가 일어날 때마다 수수료를 수취해 플랫폼 매출을 극대화하 겠다는 것이다. 위믹스 생태계가 게임업계를 어떻게 바꿀지 기대된다.

NFT+메타버스

소프트뱅크의 비전펀드2가 2021년 11월 2일 더샌드박스에 9,300만 달러를 투자하면서 이곳에 사람들의 관심이 집중되었다. 더샌드박스 는 NFT 메타버스 플랫폼이자 블록체인 기반 게임으로, 가로 96칸, 세 로 96칸, 높이 128칸 정사각형 형태의 가상공간으로 이루어져 있다. 각 정사각형은 랜드로 불리며, 랜드는 총 16만 6,464개로 제한된다. 이용자들은 랜드를 이더리움 기반의 NFT로 구매 및 판매할 수 있고, 현재 판매된 랜드의 총가치는 약 10억 달러로 추정된다. 더샌드박스는 2021년 12월 1차 알파 테스트를 진행했고, 2차 알파 테스트도 진행할 예정이다.

　더샌드박스는 아직 정식 출시되지 않았으나 게임 내 랜드와 아이템 이 활발하게 거래되고 있다. 랜드는 가상공간이지만 실제 부동산처럼 시세가 변하며, 유명 브랜드나 유명인사가 구입한 랜드 주변은 다른 랜드보다 비싼 편이다. 아동 애니메이션의 주인공인 뽀로로도 더샌드 박스에 랜드를 가지고 있는데, 그 옆에 나온 1랜드의 가격은 약 40억 원 수준이다. 미국 유명 비디오게임회사인 '아타리', 메타버스 플랫폼 제페토, 암호화폐 거래소 바이낸스 등 다양한 기업이 더샌드박스에 랜드를 보유하고 있다. 유명인 중에서는 스눕독이 랜드를 보유하고 있는데, 스눕독 옆의 랜드는 5억 원대의 가격이 형성되어 있다.

더샌드박스에서는 누구나 게임과 아이템을 만들 수 있고, 이를 NFT로 발행해 마켓에서 사고팔 수 있다. 랜드는 다양하게 활용된다. 마케팅 용도로 활용할 수 있으며, 랜드 내에서 게임을 운영하거나 전시회를 열 수도 있다. 또한 랜드 소유자들은 땅을 직접 운영하고 타인에게 임대하여 수익을 얻을 수 있다. 더샌드박스 내에서의 모든 거래는 암호화폐인 '샌드(SAND)'로 이루어진다. 랜드의 소유자나 랜드를 임대한 사람은 랜드에 여러 이용자가 제작한 게임과 소품들을 배치해 사람들을 끌어모을 수 있다. 또한 방문자에게 입장료를 받을 수도 있고, 랜드 내 게임 콘텐츠를 이용할 때마다 이용료를 요구하여 수익을 얻을 수도 있다. 더샌드박스는 게임 내에서 이루어지는 거래에 일정 수수료를 수취하면서 수익을 창출한다.

더샌드박스 플랫폼에는 다양한 기업이 참여하고 있다. 미국 드라마 〈워킹데드〉의 제작사 스카이바운드 엔터테인먼트는 더샌드박스의 랜드를 인수해 워킹데드 테마의 메타버스를 구축할 예정이다. 또한 프로축구 K리그는 더샌드박스 내 K리그 랜드를 조성해 모두 즐길 수 있는 콘텐츠를 선보이고 NFT 아이템도 판매할 예정이다. 스포츠 브랜드 아디다스는 더샌드박스 내 아디다스 토지를 확보해 '아디벌스(아디다스+메타버스)'를 구축하고 있다. 더샌드박스는 P2E, NFT, 메타버스 요소가 섞여 있는 게임이자 플랫폼을 지향한다. 향후 더샌드박스가 정식 오픈된다면 게임업계에 지각변동을 일으키지 않을까?

NFT는 스포츠 영역에서도 적용되고 있다. 북미에서는 스포츠 카드를 수집·거래하는 문화가 널리 퍼져 있다. 각 스포츠 리그와 공식 파트너십을 맺어 선수의 카드가 발행되고, 스포츠 리그 팬들과 전문 수집가가 이 카드를 모은다. 미국의 경제 전문 매체인 CNBC에 따르면 농구 스타 르브론 제임스의 종이로 된 루키 카드는 180만 달러에 팔렸으며, LA 중견수인 마이크 트라우트의 2009년 야구 카드는 384만 달러에 낙찰되기도 했다. 실물 스포츠 카드는 위조, 도난, 파손의 위험이 존재한다. 그러나 최근 스포츠 카드 영역에서 NFT가 빠르게 도입되며 이러한 단점이 사라지고 있다.

2019년 대퍼랩스는 경기 하이라이트 영상을 담은 디지털 카드인 NBA 톱샷을 선보였다. 이 디지털 카드는 카드팩을 뽑거나 마켓플레이스를 통해 구매할 수 있다. 기존 스포츠 카드와 달리 영상이 담겨 있고 블록체인에 거래 기록이 남아 있어 위조, 도난, 파손의 위험이 없다. 카드는 선수의 인기, 카드에 부여된 등급(일반, 팬덤, 레어, 레전더리, 얼티메이트)과 카드의 시리얼 번호에 따라 가치가 달라진다. 또한 화려한 영상일수록 가치가 높아진다. 2022년 2월 기준 가장 비싼 카드는 2020년 NBA 파이널 순간을 담은 르브론 제임스의 덩크 카드 가운데 레전더리 등급이자 선수 등번호와 같은 23번이다. 이 카드는 23만 달러에 판매되었다. 톱샷의 성공으로 회사의 가치는 2021년 3월 26억 달러에서 그해 9월 75억 달러로 껑충 뛰었다.

축구에서는 소레어(Sorare)라는 플랫폼이 활발하다. 소레어는 디지털 카드에 게임 요소를 가미한 새로운 스포츠 게임 플랫폼이다. 또한 블록체인 기술을 활용해 축구 선수의 얼굴을 담은 이더리움 기반의 NFT 카드를 발행한다. 카드는 선수의 명성, 카드의 희귀도에 따라 가격이 달라진다. 카드 종류는 커먼, 레어, 슈퍼레어, 유니크이며, 유니크는 1장, 슈퍼레어는 10장, 레어는 100장밖에 없다. 구매자들은 소유한 NFT 카드로 팀을 꾸려서 소레어가 진행하는 가상 리그에 참가할 수 있다. 가상 리그에서는 실제로 활약하고 있는 선수들의 퍼포먼스에 따라 점수가 매겨진다. 가상 리그에서 좋은 성적을 거둔 이용자는 NFT 카드나 이더리움 등의 보상을 받는다. 즉 소레어는 컬렉터블 및 P2E 요소가 포함된 게임 플랫폼이다.

소레어는 소프트뱅크로부터 6억 8,000만 달러의 투자를 받았으며, 기업가치는 43억 달러로 추산된다. 스페인의 바르셀로나, 잉글랜드의 리버풀, 이탈리아의 유벤투스 등 전 세계 215개 이상의 클럽과 파트너십을 맺고 있다. 또한 전 세계 50만 명의 이용자를 보유하고 있으며, 2021년 약 2,700억 원의 NFT 카드를 판매한 것으로 추정된다.

NFT+엔터테인먼트

엔터테인먼트 업계에서도 NFT에 대한 관심이 뜨겁다. 먼저 국내 사례를 소개하자면, 2021년 12월 가상 자산 거래소 업비트 NFT에서 아이돌 가수 브레이브걸스의 NFT 작품인 '엠.브레이브걸스(M.BRAVE GIRLS)'가 1분도 안 되어서 400개 이상 완판되었다. 이를 계기로 브레이브걸스의 소속사 브레이브엔터테인먼트는 NFT, 메타버스 사업을 점차 확장할 계획이라고 밝혔다.

방탄소년단의 소속사인 하이브는 업비트 운영사인 두나무와 미국 내 합작 법인 설립을 통해 메타버스와 NFT 시장 진출을 본격화했다. 아직 하이브의 구체적인 NFT 활용 방안은 알려지지 않았으나 아티스트의 포토 카드를 NFT화할 가능성이 높을 것으로 예상된다. 아이돌 굿즈는 NFT화하기 쉬운 상품이다.

하이브의 팬 플랫폼인 위버스에서 운영하는 위버스샵에서는 방탄소년단 공식 굿즈를 판매한다. 2021년 11월 26일 블랙프라이데이를 맞아 방탄소년단 공식 굿즈 가운데 몇몇 상품이 10분 만에 품절되는 등, 위버스샵은 공급보다 수요가 우세하다. 이러한 굿즈는 리셀(resell), 즉 재판매를 통해 높은 가격에 팔린다. 2021년 8월 방탄소년단 멤버인 정국의 포토 카드가 경매 사이트 이베이에서 3,213달러(당시 약 370만 원)에 재판매되어 미국 매체가 보도한 적이 있다.

이처럼 리셀 문화가 정착되어 있는 아이돌 굿즈를 NFT화한다면 블록체인 기술 덕분에 거래가 쉽게 이루어질 것이다. 또한 사진뿐만 아니라 동영상 클립 등도 NFT화할 수 있어 훨씬 더 다양한 굿즈가 탄생할 수 있을 것이다.

국내 엔터사인 SM은 블록체인 플랫폼인 솔라나가 개최한 블록체인 컨퍼런스인 브레이크포인트(Breakpoint) 2021에서 NFT 사업 진출을 공식화했다. 보유 아티스트 IP를 활용한 음원, 굿즈 등이 NFT화되어 판매될 것으로 알려져 있으며, 솔라나 블록체인을 기반으로 NFT가 발행될 가능성이 유력하다.

국내뿐만 아니라 해외에서도 엔터테인먼트 업계에 NFT 열풍이 불고 있다. 3LAU라는 예명으로 활동하는 저스틴 블라우는 2021년 3월 자신의 베스트앨범 〈울트라바이올렛〉을 토큰화해 총 1,170만 달러에 팔았다. 구매자는 미공개 음원에 대한 독점적 접근 권한과 뮤지션과 친밀하게 소통할 수 있는 이벤트 초대 등의 혜택을 받았다. 특히 가장 비싸게 팔린 토큰은 366만 달러였는데, 1위 입찰자는 NFT로 토큰화될 신곡의 작업 과정에 참여할 수 있는 기회를 받기도 했다. 이후 저스틴 블라우는 뮤지션들이 NFT를 활용해 음악 소유권을 팬들과 공유할 수 있는 플랫폼인 '로열'을 설립했는데, 2021년 11월 시리즈 A펀딩에서 5,500만 달러 규모의 자금을 유치했다.

세계 최대 음원 유통 및 아티스트 매니지먼트 업체인 디토뮤직(Ditto Music)은 2021년 블록체인 기반의 디파이 플랫폼 '오퓰러스(Opulous)'를 출시했다. 오퓰러스는 음악 저작권을 기반으로 아티스트가 NFT를 출시할 수 있는 NFT 런치 패드를 지원한다. 또한 저작권 담보대출 및 NFT 거래 서비스를 제공한다. 오퓰러스의 NFT 구매자는 해당 음원의 로열티 수입 일부를 배당받을 수도 있다. 2021년 3월 래퍼인 빅 주와 테일러 버넷은 미공개 음원 판권 지분의 50%, 75%에 해당하는 NFT를 오퓰러스에서 판매했다. 판매 개시 5분 만에 총 125개의 NFT가 완판되었고, 구매자들은 향후 1%의 수익을 배당받을 수 있다.

NFT 마켓플레이스

기존의 NFT 거래 시장은 오픈씨(OpenSea)의 점유율이 97% 이상으로 사실상 오픈씨가 독점하던 구조였다. 오픈씨는 2017년 12월 크립토키티가 한창 유행하며 NFT 시장이 태동하던 때에 설립되었다. 오픈씨는 이더리움 기반의 디지털 자산 거래를 지원하는 P2P 방식의 오픈마켓으로 디지털 아트, 컬렉터블, 게임 아이템 등 모든 유형의 NFT 상품을 거래할 수 있다.

오픈씨의 비즈니스 모델은 거래대금의 2.5%를 수취하는 것이다. 토큰 터미널 데이터에 따르면 오픈씨의 최근 1년간 매출액은 약 18억 달러에 달한다. 오픈씨의 기업가치는 2021년 7월 시리즈B에서 100억 달러였다가 2022년 1월 133억 달러로 30% 이상 뛰었다.

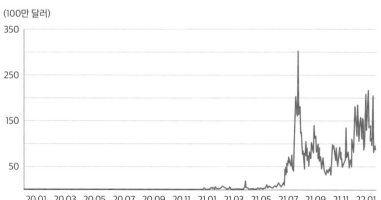

오픈씨 거래대금 추이

(100만 달러)

・출처: 디앱 레이더

최근 공격적인 마케팅으로 오픈씨를 위협하는 NFT 거래소가 있다. 바로 룩스레어(LooksRare)다. 룩스레어는 2022년 1월 10일 공식 서비스를 시작하면서 출시 초기에 거래수수료를 대폭 낮추는 등 공격적인 마케팅을 펼쳤다. 이에 힘입어 한때 룩스레어의 거래금액은 오픈씨를 넘어서기도 했다. 오픈씨의 거래수수료는 2.5%이지만 룩스레어는 0.5% 수준으로 알려져 있다. 토큰 터미널에 따르면 2022년 2월 19일 기준 룩스레어의 30일간 매출액은 2억 5,000만 달러로 추정되며 4억 1,000만 달러의 매출을 올린 오픈씨를 빠른 속도로 추격하고 있다.

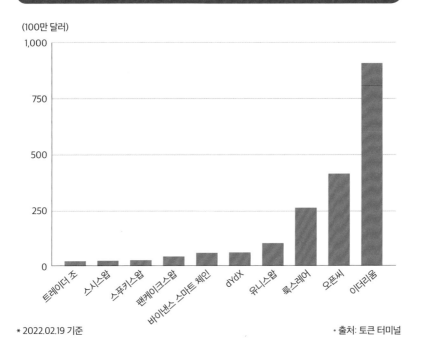

토큰 터미널 30일 기준 매출액 추이

(100만 달러)

* 2022.02.19 기준

• 출처: 토큰 터미널

또 다른 플랫폼인 슈퍼레어(SuperRare)는 이더리움 기반의 NFT 아트 플랫폼으로 디지털 아트에 특화되어 있다. 심사를 통과한 아티스트만 NFT를 발행할 수 있는 큐레이팅 시스템으로 운영되고 있다. 진입이 까다로운 만큼 슈퍼레어에서 거래되는 작품은 높은 가치를 받는다.

최근 NFT 거래대금과 이용자 수가 꾸준히 늘어나면서 코인베이스를 비롯한 기업들이 NFT 거래소 시장에 뛰어들었다. 코인베이스는 P2P NFT 거래소인 '코인베이스 NFT'를 2022년 오픈할 예정인데, 대기 명단에 300만 명이 넘는 사람이 이름을 올렸다. 코인베이스는 마스터카드와 제휴를 맺어 마스터카드를 이용해 NFT를 구매할 수 있도록 개발하고 있다. FTX는 솔라나 기반의 NFT 거래소인 FTX NFT를 출시했으며, 이더리움 기반 NFT 거래소도 추가했다. 월간 4억 3,000만 명이 방문하는 커뮤니티 사이트 레딧(Raddit) 또한 NFT 거래 플랫폼을 구축하고 있다. 메타도 NFT 거래 시장 진출을 준비하고 있다고 밝혔다.

국내 기업들도 NFT 거래 시장에 적극적이다. 국내 최대 암호화폐 거래소인 업비트는 2021년 11월 NFT 거래소 베타 서비스를 시작했으며, 카카오 블록체인 계열사인 그라운드X는 2021년 NFT 거래 플랫폼인 클립 드롭스를 정식 출시했다.

디파이란 무엇인가?

암호화폐 생태계가 점점 자리매김하면서 디파이 프로젝트에 대한 관심도 커지고 있다. 디파이 프로젝트의 총예치금액(TVL)은 2020년 초만 해도 400억 달러가 되지 않았지만, 이후 가파르게 늘어나 2022년 2월 기준 1,970억 달러를 돌파했다. 사실 디파이가 장기 트렌드로서 자리 잡을지에 대해서는 의문이 든다. 대부분의 디파이 프로젝트가 금융 소비자가 이해하기에는 어렵게 구성되어 있기 때문이다. 디파이를 이용하려면 새로운 용어들을 공부해야 하고, 구조도 파악해야 한다. 한마디로 너무 어려운 금융 서비스라 대중화되기에는 한계가 있다. 그러나 디파이 프로젝트로 돈이 몰리고 있다는 점은 무시할 수 없는 사실이고, 새로운 프로젝트가 곳곳에서 나타나고 있다. 언젠가는 디파이가 쉽게 구현되어 대중화되지 않을까?

디파이의 개념

디파이는 'Decentralized Finance'의 약자로, '탈중앙화 금융'을 의미한다. 기존 금융 서비스는 은행, 증권사, 보험사 등이 중앙 감독기구의 감독하에 거래 이행을 책임지는 형태다. 반면 디파이는 이러한 전통적인 금융에서 벗어나 블록체인을 통해 스마트 계약을 활용하는 탈중앙화 금융 생태계다. 사전 합의된 조건을 블록체인 위에 스마트 계약 형태로 코딩해놓으면, 계약 조건이 충족되는 순간 자동으로 계약이 실행된다. 금융사들이 제공하던 대출, 예금, 보험 등의 서비스를 다양한 디파이 프로젝트가 암호화폐를 기반으로 제공한다고 생각하면 된다.

디파이는 2세대 암호화폐를 기반으로 하며, 이더리움이 가장 많이 쓰인다. 은행에서 대출을 받으려면 지점에 방문해 여러 서류에 서명해야 하며, 신용평가를 받는 데도 시간이 걸린다. 요즘에는 간편하게 모바일이나 온라인으로도 대출을 받을 수 있으나 공인인증서가 있어야

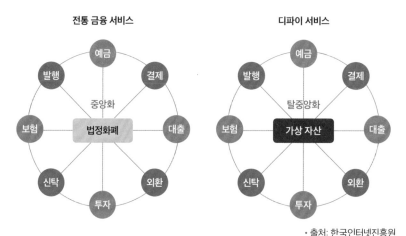

전통 금융 서비스와 디파이 금융 서비스

전통 금융 서비스

예금
발행 / 결제
중앙화
보험 / 법정화폐 / 대출
신탁 / 외환
투자

디파이 서비스

예금
발행 / 결제
탈중앙화
보험 / 가상 자산 / 대출
신탁 / 외환
투자

• 출처: 한국인터넷진흥원

하고, 각종 보안 프로그램이나 애플리케이션을 깔아야 한다.

그러나 디파이는 블록체인 기술을 기반으로 하기 때문에 공인인증서가 필요하지 않다. 또한 가입하여 본인 인증을 거칠 일도 없다. 심지어 속도도 빠르다. 클릭하는 순간 조건이 맞으면 스마트 계약이 실행되어 바로 대출이 가능하다. 디파이는 P2P를 기본으로 하며, 모든 사람이 참여할 수 있어 지역의 한계가 없고 확장성이 크다.

디파이 예치금액은 2020년 하반기부터 서서히 상승해 2021년 하반기에 1,000억 달러를 돌파했다. 디파이 프로젝트에는 대출(lending), 이자 농사(yield farming), 탈중앙화 거래소, 보험(insurance) 등 여러 모델이 있다.

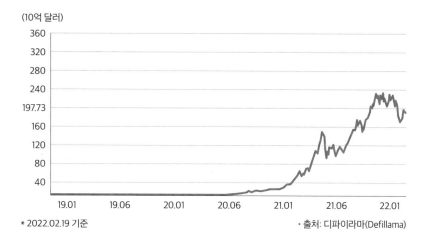

디파이 예치금액 추이

(10억 달러)

* 2022.02.19 기준

• 출처: 디파이라마(Defillama)

디파이 대출 프로젝트

현재 디파이 프로젝트 중 예치금액이 가장 높고 많은 수를 차지하는 것은 대출 프로젝트다. 기존의 금융 시스템에서는 은행에 예금을 맡기면 이자를 주고, 이를 재원으로 대출을 집행한다. 이 과정을 디파이로 그대로 구현한 것이 대출 프로젝트다.

금융기관에서 대출을 할 때는 신용 또는 담보 평가를 거쳐 대출한도가 정해지고 대출이 실행된다. 그러나 블록체인에서는 신용을 평가할 수 없으므로 담보대출 형태로 대출이 이루어진다. 디파이 대출 프로젝트는 암호화폐를 담보로 다른 암호화폐를 대출해주는 형태다. 대출 과정은 스마트 계약 기반의 알고리즘을 통해 일정 조건을 맞추면

CHAPTER 2 디파이란 무엇인가?   149

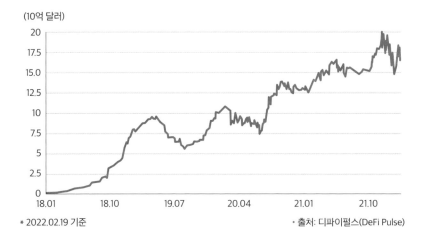

자동으로 실행된다.

　대출 프로젝트 중 가장 유명한 프로젝트가 메이커다오 프로젝트다. 이 프로젝트는 이더리움을 담보로 잡고 달러에 연동된 스테이블 코인인 다이(DAI)를 발행한다. 주택담보대출과 비슷한 개념이다. 주택 대신 이더리움을 담보로 잡고, 대출금(현금) 대신 스테이블 코인인 다이를 받는다. 1다이는 1달러의 가치를 갖는다.

　담보대출이 실행되면 담보로 잡힌 자산은 대출된 다이가 상환될 때까지 에스크로 계좌에 보관된다. 담보물은 대출금의 1.5배 이상을 유지하게 되어 있는데, 에스크로 계좌에 보관된 이더리움의 가격이 하락해 기준에 미치지 못하면 담보물은 강제 매각된다. 만약 이더리움의 가격이 상승해 대출금의 1.5배 이상이 되면 추가 대출이 가능하다. 메이커다오 프로젝트의 총예치금액은 2022년 2월 기준 162억 달러에

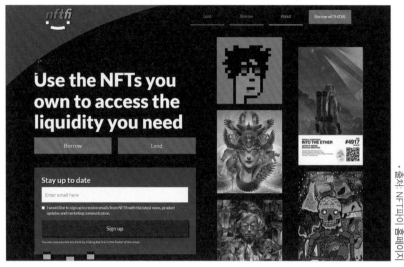

NFT파이

달한다.

　NFT 거래가 활발해지기 시작하면서 NFT 자산을 담보로 일정 기간 가상 자산을 빌릴 수 있는 P2P 방식의 대출 플랫폼이 생겨났다. 대표적인 플랫폼이 NFT파이(NFTfi)다. NFT 보유자가 NFT파이에서 담보로 제공할 NFT를 불러오면, 대출금액, 금리, 대출 기간 등의 조건이 제시된다. 차용인이 제시된 조건을 수락하면 스마트 계약으로 블록체인에 기록되면서 계약이 성사된다. 이후 차용인이 대출금을 상환하면 NFT 담보물은 다시 소유자에게 돌아간다. NFT파이는 상환금액의 이자에 5%의 수수료를 청구하는 방식으로 수익을 얻는다.

이자 농사는 디파이 프로젝트에 유동성을 공급하는 대가로 보상, 즉 이자를 취득하는 개념이다. 디파이 프로젝트를 통해 대출, 환전 등을 제공하려면 프로젝트 내에 유동성이 있어야 한다. 은행이 환전을 위해 다양한 나라의 화폐를 미리 준비해놓는 것과 같은 개념이다. 디파이 프로젝트 내에서도 다양한 암호화폐가 있어야 대출이나 환전 서비스를 제공할 수 있다.

디파이 프로젝트는 P2P를 기반으로 하는데, 다양한 암호화폐의 유동성을 위해 암호화폐 소유자들에게 보상(이자)을 주면서 유인한다. 이자 농사는 이러한 유인책을 통해 암호화폐를 플랫폼에 머무르게 하는 것이 목표다. 따라서 이용자들이 코인을 예치·대출할 때 보상으로 거버넌스 토큰*을 지급한다.

이자 농사는 컴파운드 프로젝트부터 대중화되기 시작했다. 처음에는 메이커다오 프로젝트처럼 대출 프로젝트로 시작했던 컴파운드는 2020년 6월 컴파운드 거버넌스 제안서7을 발표하며 탈중앙화를 위해 COMP라는 토큰을 발행한다.

사실 COMP 발행의 초기 목적은 COMP 토큰 보유자들이 투표를 통해 제안서의 통과 여부를 결정하는 탈중앙화를 위해서였다. COMP 코인은 거버넌스 제안서7에서 결정된 대로 예치와 대출이 실행되면,

---

* 해당 플랫폼에서 의결권을 행사할 수 있는 토큰

이더리움 블록이 생성될 때마다 1이더리움당 0.5COMP 토큰을 지급하는 방식으로 배분되었다. (이후 0.44COMP에서 0.176COMP로 바뀌었다.) 예치하는 사람도 COMP 토큰을 받고, 대출하는 사람도 COMP 토큰을 받는 구조다. COMP 토큰이 상장되고 가격이 오르자 COMP 토큰은 초기 목적과는 다르게 사용된다. 이용자가 COMP 토큰으로 이자 농사(이후 설명)를 시작하여 수익을 얻게 된 것이다.

COMP 토큰은 처음에 유니스왑을 통해 약 70달러에 상장되었으며, 이후 바이낸스, 코인베이스 등 다수 거래소에 상장되었다. 상장 후 COMP 가격이 오르자 이용자들은 얻은 COMP 토큰을 시장에 팔아서 수익을 벌었다. 컴파운드 프로젝트에 코인을 예치하면서 COMP 토큰을 받고, 예치한 코인을 담보로 다른 코인을 대출하여 COMP를 다시 얻은 다음 이를 예치·대출하는 과정을 반복했다. 보상으로 받는 COMP

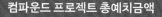

컴파운드 프로젝트 총예치금액

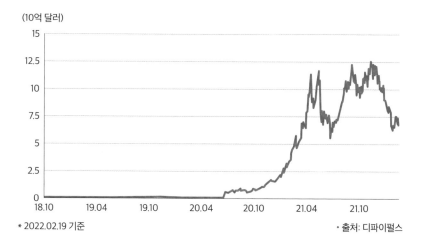

(10억 달러)

* 2022.02.19 기준

· 출처: 디파이펄스

토큰 가격이 담보대출 이자보다 훨씬 비싸기에 가능했던 일이다.

이 모델은 폰지(Ponzi) 사기*와 비슷하다는 논란이 있었으나, 결과적으로 컴파운드 프로젝트는 이용자들을 거래소에 머물게 하며 대규모 유동성 풀을 확보했다. 2020년 6월 16일 COMP를 유동성 공급의 대가로 지급하기 시작한 후부터 컴파운드 프로젝트의 예치금액이 급속도로 증가했고, COMP 가격이 하향 안정화된 지금까지도 비교적 잘 유지되고 있다. 컴파운드 프로젝트 이후에 대규모 유동성 풀을 조성하기 위해 보상을 주는 이자 농사 방식이 시장에 퍼지게 되었다.

디파이 탈중앙화 거래소

탈중앙화 거래소(DEX)는 대규모의 유동성 풀을 기반으로 토큰 간 교환을 원활하게 해주는 플랫폼이다. 우리가 쉽게 암호화폐를 거래할 수 있는 업비트, 빗썸, 바이낸스, 코인베이스 등은 모두 중앙화된 거래소다. 이러한 중앙화 거래소에서는 원화(KRW), 달러화(USD) 등의 명목화폐 입출금이 가능하지만 거래소가 보유한 월렛을 거쳐야 한다. 즉 거래소는 수탁 서비스를 제공한다. 암호화폐를 이러한 거래소에 상장하려면 여러 조건을 충족해야 하며, 과도한 수수료를 요구하는 경우도 있다.

탈중앙화 거래소에서는 개인 간 월렛으로 거래가 발생한다. 즉 P2P

• 신규 투자자의 돈으로 기존 투자자에게 이자나 배당금을 지급하는 방식의 다단계 금융사기

거래를 기본으로 한다. 거래의 모든 과정은 블록체인에 기록되어 중앙화 거래소보다 상대적으로 안전하다. 그러나 거래 속도가 중앙화 거래소보다 느리고 거래량도 적으며, 명목화폐 입출금이 불가능해 토큰을 다른 토큰으로 교환하는 방식으로 거래가 이루어진다는 단점도 있다.

그러나 탈중앙화 거래소에서는 어떤 암호화폐든 수요와 공급만 있으면 거래할 수 있다. 반면 중앙화 거래소는 상장된 암호화폐만 거래되며, 이곳에 암호화폐를 상장하려면 여러 절차와 조건을 충족해야 한다. 탈중앙화 거래소는 최근 중앙화 거래소가 입출금 제한 등 규제와 인증 절차를 강화하면서 주목받고 있다. 규제의 영향을 받지 않는 탈중앙화 거래소는 최근 규제로 금지된 암호화폐 선물 거래도 가능하다.

탈중앙화 거래소는 디파이 프로젝트처럼 유동성 풀 확보가 핵심이다. 따라서 유동성 풀에 기여한 투자자들에게 수수료를 나누는 방식으로 운영된다. 탈중앙화 거래소는 토큰끼리 교환하는 시스템이므로 2개의 토큰을 일대일 비율로 제공한다. 다음 그림은 2개의 토큰을 유동성 풀에 제공했을 때 얻을 수 있는 수수료다. USDC/ETH(1이더리움당 USD 코인)는 한 달 기준 0.3%의 수수료를 제공한다. 유니스왑은 특정 토큰을 유동성 풀에 공급하는 공급자에게 거버넌스 코인인 '유니스왑 토큰(UNI)'을 지급하는 이자 농사 기능을 도입하기도 했다.

대부분의 탈중앙화 거래소는 AMM(Automated Market Maker) 알고리즘을 기반으로 운영된다. AMM은 수학 공식에 의해 자산 가격이 자동으로 결정되는 알고리즘이다. 예를 들면 유니스왑은 'X토큰×Y토큰=K(일정 상수)'라는 공식에 따라 AMM을 운영하고 있다. 여기서 X토큰과 Y토

#	Pool		TVL ↓	Volume 24H	Volume 7D
	All Pools				
1	USDC/ETH `0.3%`		$409.06m	$159.27m	$1.50b
2	WBTC/ETH `0.3%`		$343.04m	$35.91m	$349.19m
3	USDC/ETH `0.05%`		$251.02m	$1.13b	$7.93b
4	ETH/USDT `0.3%`		$196.36m	$110.09m	$834.25m
5	FRAX/USDC `0.05%`		$184.30m	$8.28m	$95.72m
6	USDC/USDT `0.01%`		$179.30m	$70.75m	$803.80m
7	DAI/USDC `0.05%`		$133.86m	$4.74m	$69.63m
8	DAI/ETH `0.3%`		$123.07m	$92.15m	$761.35m
9	ETH/sETH2 `0.3%`		$95.22m	$2.13m	$25.92m
10	WBTC/ETH `0.05%`		$73.79m	$33.97m	$468.43m

유니스왑 유동성 풀 시스템

* 출처: 유니스왑

큰은 반비례하며, X토큰의 수요가 늘어나면 X토큰의 가격이 상승하고 Y토큰의 가격은 하락한다. 여기서 중앙화 거래소와 탈중앙화 거래소 사이에 토큰 가격의 괴리가 생기면, 차익 거래자들이 유입되어 두 거래소 간 괴리율을 활용해 수익을 창출한다. 그 과정에서 자연스럽게 탈중앙화 거래소의 토큰 가격은 중앙화 거래소의 토큰 가격과 맞춰진다.

탈중앙화 거래소의 거래량은 중앙화 거래소 못지않다. 종종 dXdY, 유니스왑 같은 탈중앙화 거래소가 중앙화 거래소의 거래량을 뛰어넘었다는 소식이 들려온다. 그러자 중앙화 거래소들은 거래량을 빼앗기지 않기 위해 탈중앙화 거래소에서 활발히 거래되는 암호화폐를 상장하려는 움직임을 보였다. 바이낸스는 탈중앙화 거래소에서 활발히 거래되는 유니(UNI), 선토큰(SUN), 크림파이낸스(CREAM) 등을 상장했다.

2021년 11월 블록의 잭 도시는 탈중앙화 거래소 설립 백서를 공개하며 탈중앙화 거래소 진출을 선언했다. 미국 내 2위 모바일 간편송금 및 결제 서비스 기업이자 약 7,000만 명에 달하는 이용자를 보유한 기업이 탈중앙화 거래소 진출을 선언한 것이다.

디파이 보험 서비스

디파이 시장이 커지자, 디파이의 보안 취약점을 노린 해킹 사건이 증가했다. 암호 추적 암호화 인텔리전스(CIPHER Trace Cryptocurrency Intelligence)에 따르면, 2020년 1억 3,000만 달러에 달하는 디파이 해킹 사건이 일어났고, 2021년 8월까지 디파이 해킹 사건의 규모는 약 10억 달러로 약 8배 증가했다. 이처럼 해킹이 빈번히 일어나자 디파이 보안 사고 피해를 보상해주는 보험이 등장했다. 영국에 본사를 둔 넥서스 뮤추얼이라는 회사는 블록체인 보험 서비스를 제공하고 있다.

넥서스 뮤추얼에서는 다양한 디파이 보험 서비스를 가입할 수 있다. 아베(AAVE) 토큰을 1이더리움만큼 30일 동안 보장받으려면 0.0021이더리움을 내고 보험 상품에 가입하면 된다. 보험료는 위험도에 따라 정해지며, 이 위험도는 자체 토큰인 넥서스 뮤추얼 토큰(NXM) 보유자들의 판단으로 결정된다. 다음 그래프처럼 디파이 해킹 규모가 커지면서, 넥서스 뮤추얼이 보장하는 영역의 규모도 커지고 있다.

넥서스 뮤추얼 토큰 보유자들은 디파이 프로젝트를 자체 평가해 안전하다고 생각하는 디파이 프로젝트에 자신의 NXM 토큰을 스테이킹

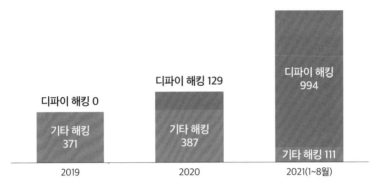

급증하는 디파이 관련 해킹

(단위: 100만 달러)

디파이 해킹 0
기타 해킹 371
2019

디파이 해킹 129
기타 해킹 387
2020

디파이 해킹 994
기타 해킹 111
2021(1~8월)

• 출처: 암호 추적 암호화 인텔리전스

(staking), 즉 토큰을 거래소에 맡기고 보상을 받을 수 있다. 만약 해당 디파이 프로젝트가 정상적으로 운영되면 해당 기간만큼 스테이킹 수익을 얻을 수 있다. (이때 스테이킹 수익은 보험 계약자가 지불한 보험료의 일정 부분이다.) 만약 디파이 프로젝트에서 해킹 사고가 난다면, 맡겨놓은 토큰으로 보험 계약자에게 보상이 지급되기 때문에, 자칫하면 맡긴 토큰을 다 잃을 수도 있다. 즉 해당 보험 상품에 맡겨놓은 토큰만큼만 보험이 만들어지고 계약이 체결된다.

따라서 다수가 안전하다고 여기는 디파이 프로젝트에는 NXM 토큰이 몰리고, 불안하다고 여기는 프로젝트에는 NXM 토큰 스테이킹 참여율이 떨어진다. 전자는 보험 수요자가 적지만 스테이킹된 토큰이 많으니 공급이 풍부해서 보험료와 스테이킹 수익률이 낮다. 그러나 후자는 보험 수요자가 많으나 스테이킹된 토큰이 적으니 공급이 적어 보험료와

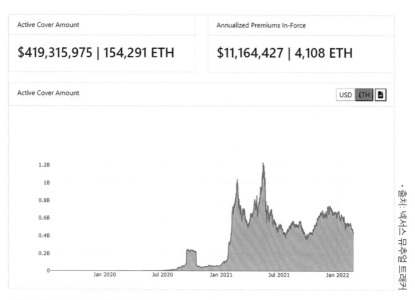

Active Cover Amount	Annualized Premiums In-Force
$419,315,975 | 154,291 ETH	$11,164,427 | 4,108 ETH

Active Cover Amount

넥서스 뮤추얼 보장 포지션 규모 현황(2022.02.19 기준)

스테이킹 수익률도 높다. 이렇게 시장 논리에 의해 보험료가 정해진다.

넥서스 뮤추얼에서는 자체 커뮤니티에 보안 취약점이나 디파이 프로젝트의 잠재적인 위험을 보고하면 인센티브로 거버넌스 토큰인 NXM 토큰을 준다. 이때 NXM 보유자들이 해당 위험성에 대해 찬반 투표를 해서 찬성률이 70%가 넘어야 토큰을 받을 수 있다. 이러한 보상 프로그램으로 화이트 해커나 보안 전문가가 참여하도록 하면, 이를 통해 더욱 효율적으로 보험을 운영할 수 있다.

넥서스 뮤추얼은 철처하게 참여자들의 집단 지성과 시장 논리를 바탕으로 디파이의 보안 취약점이나 위험 요소를 파악한다. 이렇게 서비스가 운영될 수 있다는 사실이 놀랍다.

NFT ETF

NFTZ

티커	NFTZ	운용사	Definance
보수율	0.65%	추종지수	BITA NFT and Blockchain Select Index
보유종목 수	38	운용 규모	1,310만 달러

* 2022.02.22 기준

1 ETF 소개

2021년 12월 1일, 최초의 NFT ETF인 디파이낸스 디지털 레볼루션 ETF(Definance Digital Revolution ETF)가 상장되었다. 이 ETF는 독일의 핀테크 회사인 비타(BITA)의 비타 NFT 앤드 블록체인 셀렉트 인덱스(BITA NFT and Blockchain Select Index)를 추종한다. 이 인덱스는 NFT, 블록체인, 암호화폐 생태계에 노출된 글로벌 기업들로 구성되어 있다. NFTZ ETF는 다음 두 가지 기준으로 기업을 ETF 포트폴리오에 편입한다.

기준	내용
매출 창출 경로	다음과 같은 분야에서 매출을 창출하는 기업: 암호화폐 트레이딩, 암호화폐 뱅킹, 암호화폐 결제 및 금융 서비스 제공, 암호화폐 채굴, 암호화폐 채굴 관련 하드웨어 제공 기업, 블록체인 기술 보유 기업
NFT	NFT 발행·제작·상업화 관련 서비스를 제공한다고 공표한 기업, NFT 관련 프로젝트에 투자한 기업

현재 NFTZ는 상장된 지 얼마 되지 않아 펀드 운용 규모가 150억 원도 안 되는 수준으로 매우 작다. 거래량도 매우 적기 때문에 투자에 유의해야 한다. 그렇지만 이 ETF의 운용 규모를 NFT 시장에 대한 관심을 가늠하는 잣대로 삼을 수 있지 않을까 생각

한다. 또한 이 ETF가 어떤 기업을 편입하고, 또 어떤 기업이 NFT 산업에 뛰어들고 있는지를 살펴보면 투자 아이디어를 얻을 수 있을 것이다.

② 상위 15개 구성 종목

티커	기업명	비중
8473	SBI Holdings, Inc.	5.58%
IREN	Iris Energy Ltd.	5.22%
EBAY	eBay Inc.	4.68%
DKNG	DraftKings Inc. Class A	4.41%
COIN	Coinbase Global, Inc. Class A	4.25%
SI	Silvergate Capital Corp. Class A	4.24%
HUT	Hut 8 Mining Corp.	4.18%
CAN	Canaan Inc. Sponsored ADR Class A	3.97%
NET	Cloudflare Inc. Class A	3.81%
HIVE	HIVE Blockchain Technologies Ltd.	3.74%
RIOT	Riot Blockchain Inc.	3.72%
BBIG	Vinco Ventures, Inc.	3.71%
MARA	Marathon Digital Holdings Inc.	3.71%
BITF	Bitfarms Ltd.	3.59%
ARB	Argo Blockchain Plc	3.46%

③ 국가별·섹터별 비중

국가별 비중			
미국	51.47%	영국	3.46%
캐나다	18.47%	홍콩	1.58%

호주	7%	프랑스	0.75%
중국	5.72%	스웨덴	0.56%
일본	5.58%	스위스	0.46%
독일	4.64%	기타	0.28%

섹터별 비중			
기술 서비스	60.14%	소비자 서비스	2.51%
금융	18.06%	비에너지 광물	1.82%
소매업	4.68%	상업 서비스	0.62%
내구 소비재	4.18%	미분류	0.30%
전자공학 기술	3.97%	현금	0%
생산자 제조	3.71%		

200년 전통의 권위를 인정받으며, 매년 '올해의 단어'를 선정하는 영국 콜린스 사전은 2021년 올해의 단어로 NFT를 선정했다. 콜린스 사전은 2021년 NFT라는 단어의 사용량이 1만 1,000% 증가했다고 밝혔다. [참고로 2020년 올해의 단어는 록다운(lockdown)이었다.] NFT에 대한 관심이 얼마나 뜨거웠는지를 보여주는 사례라고 생각한다.

현재 NFT는 다양한 산업에 시도되고 있으며, 그 속도는 점점 빨라지고 있다. 위·변조가 불가능하며 보관하기 쉽다는 장점 때문이다. 최근 몇몇 대학에서는 대학 졸업장을 NFT로 발행하기도 하고, NFT로 디지털 신분증을 만드려는 시도도 있다. NFT는 초기 시장이지만, 빠른 속도로 일상에 들어오고 있다.

글로벌 투자은행 제프리(Jefferies)의 시장조사에 따르면 전 세계 NFT 시장은 2021년 140억 달러에 달하며, 2025년이 되면 800억 달러에 이를 것으로 전망했다. 4년 만에 시장 규모가 6배나 커지리라 예상한 것이다. 투자 관점에서 NFT가 결코 무시할 수 없는 시장이 된 것은 분명하다.

PART 4

지구를 넘어서 우주로

나는 펀드매니저로서 그전까지 우주산업이 테마에 가깝다고 생각했다. 그동안 우주산업은 정부 주도의 프로젝트로 이루어져서 성장의 지속 가능성이 많이 떨어졌고, 공공 자본을 활용하기 때문에 보수적인 성격을 띠었다. 더군다나 프로젝트가 늘 있는 것도 아니었고, 기술 개발 기간도 길었기 때문이다.

또한 특정 프로젝트가 끝나면 다른 프로젝트가 시작되기까지 오랜 시간이 걸렸고, 다른 프로젝트가 진행될지도 전적으로 정부의 결정에 따랐기 때문에 매출 지속 가능성이 떨어졌다. 주가도 이를 반영해 나로호 발사, 누리호 발사 등 특정 프로젝트가 있을 때만 움직이고, 프로젝트가 끝나면 주가가 하락했다.

우주산업이 트렌드로 자리 잡을 수 있겠다고 생각한 계기는 우주산업이 정부 주도에서 민간 주도로 바뀌기 시작하면서부터다. 대표적인 예가 민간인 우주여행 산업이다. 민간인 우주여행 시대가 본격적으로 열리면 항공업과 비슷한 비즈니스 모델이 되지 않을까 생각한다. 우주여행 수요가 많아지기 시작하면 유인 우주선 숫자도 늘어날 것이다. 이러한 비즈니스 모델의 우주산업은 매출의 가시성이 높고 성장도 지속 가능하다. 또한 민간 주도인 만큼 수익성에 초점을 맞추기 때문에 더욱 효율적으로 운영될 것이다. 이러한 환경에서 이제 우주산업은 테마보다는 트렌드로 바라봐야 한다.

CHAPTER 1

민간 우주여행 시대가 열리다

2022년 1월 5일부터 3일간 미국 로스앤젤레스에서 국제 전자제품박람회(CES)가 열렸다. 이 전시회는 세계 최대 규모의 IT 전시회로, 매년 전시 주제를 발표한다. 2022년에는 처음으로 '스페이스 테크(space tech)'라는 주제가 채택되었다. 이 전시회에서 미국 우주항공기업인 시에라 스페이스(Sierra Space)는 우주비행선 '드림체이서'를 발표했고, 일본의 스카이드라이브(SkyDrive)는 2021년에 공개한 전기 수직 이착륙 기체(electric Vertical Take-Off and Landing, eVTOL)인 SD-03의 성능을 개선한 버전을 공개했다. 과연 인류는 우주를 여행할 수 있을까?

현재 우주산업의 특징

1957년 10월 4일 소련이 인류 역사 최초로 스푸트니크 1호 인공위성을 발사한 이후 우주산업이 개화했다. 당시 우주산업은 소련과 미국이 패권 다툼을 위해 경쟁적으로 참여하는, 정치 목적이 다분한 산업이었다. 냉전시대에 두 나라는 자신의 체제와 기술력 우위를 선전하고자 우주탐사를 활용했다. 우주개발 및 우주탐사로 얻은 정보와 경험은 군사와 안보 목적으로 활용되었다. 위성 기술의 발달로 궤도상에 정찰위성과 해양감시위성 등을 배치해 정찰기를 띄우지 않고서도 타국의 장비 및 병력 이동을 쉽게 감시할 수 있었으며, 우주탐사를 위한 로켓 기술은 이후 대륙간탄도미사일(ICBM) 기술로 진화했다. 당시 우주산업은 정부 주도로 이루어졌기 때문에 기술 개발에 많은 시간이 걸렸으며, 위험을 가급적 피하는 방식으로 보수적으로 연구가 이루어졌다.

과거와는 달리, 최근 우주산업은 민간이 주도하고 있다. 민간 자본을 바탕으로 상업성을 띠고 개발이 이루어지기 때문에 개발 시간이 빠르고 기술 또한 혁신적으로 발전하고 있다. 타사와의 경쟁을 통해 시장을 선점해야 하므로 위험을 감수하려는 성향 또한 짙다. 최근 우주산업의 목적은 민간 우주여행, 국제정거장으로의 화물 수송, 우주광물 채굴 등 군사와 안보 목적보다는 경제적 이익에 초점이 맞춰져 있다.

과거 미국의 우주 프로젝트였던 아폴로 프로그램과 현재 미국이 주도하고 있는 아르테미스 프로그램을 비교해보면 우주산업이 많이 달라진 것을 체감할 수 있다. 아폴로 프로그램은 미국국립항공우주국(NASA)이 단독으로 1961년부터 1972년까지 진행했으며, 목표는 달에 사람을 보내 착륙한 후 귀환하는 것이었다. 아폴로 11호가 1969년 7월 인류 최초로 달 착륙에 성공했고, 1972년 12월 아폴로 17호가 달 표면에서 임무를 수행한 다음 아폴로 프로그램은 종료되었다.

아르테미스 프로그램은 과거의 아폴로 프로그램과는 많이 다르다. 2017년부터 시작된 아르테미스 프로그램은 미국이 주도하지만 한국, 일본 등 총 12개국이 참여한다. 또한 세계 각국의 우주기구와 3,800여 개의 민간 기업이 협동하는 프로젝트다. 스페이스X, 블루 오리진(Blue Origin), 노키아 등 다수의 기업이 참여하며, 우리나라에서는 한화그룹이 참여하고 있다. 아르테미스 프로그램은 아폴로 프로그램에 비해 훨씬 더 개방적·상업적이다.

아르테미스 프로그램의 목표는 2024년 인류 최초 여성 우주인 달 착륙과 2025년 이후 지속 가능한 달 탐사다. 아르테미스 프로그램은 달 궤도에 장기 체류할 수 있는 우주정거장인 '루나 게이트웨이'를 건설하고 우주 자원 탐사를 실행할 계획이다. 우주정거장이 있기 때문에 우주로 물류를 보급할 수 있는 물류 서비스도 활성화될 전망이다. 아르테미스 프로그램은 착륙선 발사 및 운영을 민간 기업에 위임했으며, NASA와의 협력을 통해 케네디 우주 센터에서 민간 로켓이 발사되고 있다.

현재 민간 주도 우주산업 중 기업들이 적극적인 행보를 보이는 분야는 민간 우주여행, 저궤도 위성통신, 도심 항공 모빌리티(Urban Air Mobility, UAM)다.

민간 우주여행의 가능성

민간 우주여행 분야에서는 스페이스X, 버진 갤럭틱(Virgin Galactic), 블루 오리진 등 세 기업이 경쟁하고 있다. 버진 갤럭틱과 블루 오리진은 2021년 7월에, 스페이스X는 2021년 9월에 유인 민간 우주여행에 성공했다. 버진 갤럭틱은 2021년 7월 11일에, 블루 오리진은 2021년 7월 20일에 민간 우주여행에 성공했으며, 비행 시간은 약 10분으로 준궤도를 포물선으로 왕복했다.

스페이스X는 2021년 9월 15일에 민간인 4명이 탑승한 우주선 '크루 드래건(Crew Dragon)'을 발사했다. 이 우주선은 궤도에 진입해 3일 간 시속 2만 7,359km로 지구를 90분에 한 번씩 돌고 이후 낙하산으로 속도를 줄이며 플로리다 앞바다로 무사히 귀환했다.

버진 갤럭틱과 블루 오리진은 준궤도를 포물선으로 왕복하며 불과

민간 우주여행 3사 비교

	버진 갤럭틱	블루 오리진	스페이스X
민간 우주여행 발사일	2021.07.11	2021.07.20	2021.09.15
궤도	준궤도	준궤도	궤도
고도	약 80km	약 100.5km	약 575km
비행 시간	약 10분	약 10분	3일
좌석 가격	45만 달러	낙찰(2,800만 달러)	
재사용 여부	○	○	○

• 출처: 각사

몇 분 동안 우주에 머물렀다는 점에서 '우주여행'이라기보다는 '우주 무중력 체험'이라는 혹평을 받기도 했다. 그러나 민간인이 우주를 체험할 수 있는 시대가 열렸다는 점은 분명하다.

민간 우주여행 시대를 연 대표 기술: 재사용 발사체

과거 우주산업이 정부 중심에서 민간으로 확산되지 못한 이유는 우주선 개발과 발사에 필요한 막대한 자본 때문이었다. 기존 우주선은 일회용이라서 발사에 실패하면 처음부터 다시 우주선과 발사체를 만들어야 했다. 그 과정에서 막대한 자본이 들어가고 성공 확률도 낮았기에 민간이 독자적으로 추진하기가 어려웠다.

우주산업을 민간이 주도하게 된 계기는 재사용 발사체의 개발

PART 4 지구를 넘어서 우주로

우주선 1인당 탑승비용(예상치)

(단위: 100만 달러)

아폴로(1961~1972)	390
스페이스 셔틀(1981~2011)	170
머큐리(1958~1963)	142
제미니(1961~1966)	117
보잉 스타라이너	90
소유즈	80
스페이스X 드래건2	55

• 출처: NASA, 플래니터리 소사이어티(The Planetary Society), 스타티스타(Statista)

로 비용이 크게 줄어들면서부터다. 일회용이었던 아폴로 프로젝트(1960~1972년)의 1인당 탑승비용은 약 3억 9,000만 달러였으나 재사용 발사체를 활용한 스페이스 셔틀 프로젝트(1981~2011년)의 1인당 탑승비용은 약 1억 7,000만 달러로 50% 이상 감소했다.

과거 미국 정부에서 추진하던 재사용 발사체 활용 프로젝트에서 우주선은 일회용으로 만들어지고 최종 왕복선만 지상으로 회수되었다. 이 경우 우주선을 계속 만들어야 했기에 비용이 크게 감소하기 어려웠다. 스페이스X는 비용을 크게 낮추기 위해 우주선도 재활용할 수 있는 방안을 고안했고, 2015년 우주선과 로켓을 발사하고 안전하게 지상에 착륙시키는 데 성공했다. 또한 지상에 착륙한 우주선과 로켓을 다음 비행에 재활용함으로써 1인당 탑승비용을 5,500만 달러까지 낮추었다.

팰컨9(F9 B1051) 재사용 기록

횟수	날짜	재사용까지 걸린 시간	탑재체
1	2019.03.02		Dragon C204 (Demo-1)
2	2019.06.12	102일	RCM × 3
3	2020.01.29	231일	Starlink × 60 (v1.0 L3)
4	2020.04.22	84일	Starlink × 60 (v1.0 L6)
5	2020.08.07	107일	Starlink × 57 (v1.0 L9)
6	2020.10.18	72일	Starlink × 60 (v1.0 L13)
7	2020.12.13	56일	SXM 7
8	2021.01.20	38일	Starlink × 60 (v1.0 L16)
9	2021.03.14	53일	Starlink × 60 (v1.0 L21)
10	2021.05.10	56일	Starlink × 60 (v1.0 L27)
11	2021.12.18	228일	Starlink × 52 (Group 4-4 ~53.22° inclination)

• 출처: 언론 보도

스페이스X의 창업자 일론 머스크는 2018년 인터뷰에서 발사체를 최대 10번 사용하는 것이 목표라고 언급했으며, 궁극적으로는 하나의 로켓이 최대 100회까지 재사용될 수 있어야 한다고 주장했다. 2021년 5월 10일 팰컨9의 B1051기가 스타링크 위성 60기를 싣고 우주로 향한 후 드론 선박에 무사히 안착함으로써 10회 재사용에 성공했다. 이후 2021년 5월 인터뷰에서 일론 머스크는 재사용 횟수를 20회에서 30회로 늘릴 것이라고 말했다. 팰컨9은 2021년 12월 18일 11번째 재사용에 성공함으로써 최다 재사용 로켓의 기록을 세웠다.

기술의 발전으로 재사용 발사체가 발사할 수 있는 로켓의 크기도 점

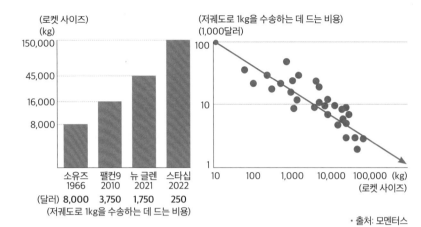

점점 커지는 로켓 사이즈	저궤도로 1kg을 수송하는 데 드는 비용

(로켓 사이즈)
(kg)

150,000
45,000
16,000
8,000

소유즈 1966	팰컨9 2010	뉴 글렌 2021	스타십 2022

(달러) 8,000 3,750 1,750 250
(저궤도로 1kg을 수송하는 데 드는 비용)

(저궤도로 1kg을 수송하는 데 드는 비용)
(1,000달러)

100
10
1

10   100   1,000   10,000   100,000 (kg)
(로켓 사이즈)

• 출처: 모멘터스

점 커지고 있다. 2020년 우주 운송 기업인 모멘터스(Momentus)에 따르면, 저궤도로 1kg을 수송하는 경우 1966년에 나온 소유즈2.1(Soyuz 2.1)을 사용하면 약 8,000달러가 들어가지만, 2022년 스페이스X의 우주선 스타십(Starship)을 활용하면 250달러가 든다. 기술의 발전으로 로켓의 크기가 점점 커지고 재사용 발사체가 활용되면서 비용이 크게 줄어들고 있다.

물론 아폴로 프로젝트의 3억 9,000만 달러와 비교하면 1인당 탑승 비용이 크게 감소하기는 했지만, 5,500달러는 여전히 절대로 낮은 금액이 아니다. 따라서 추가적인 비용 절감을 위한 방법이 꾸준히 논의되고 있다. 이를 위해 재활용되지 못하는 2단 로켓도 회수해 재활용하는 방법과 턴어라운드 단축(제로 리퍼버시) 등의 방법이 개발되고 있다.

현재 재사용되는 로켓은 1단 로켓뿐이다. 스페이스X의 팰컨9은 크게 1단 로켓인 1단부, 2단 로켓인 2단부, 이 둘을 연결하는 구조체로 이루어져 있다. 이 중 1단 로켓만 재활용되고 있다. 낙하산을 통해 2단 로켓을 안정적으로 회수하려는 시도가 여러 번 있었고 그중 몇 번은 성공하기도 했으나 아직 상용화되지는 않았다.

2단 로켓은 1단 로켓보다 빠른 속도로 높은 궤도에 진입하는 역할을 하므로, 1단 로켓보다 회수하기가 훨씬 어렵다. 또한 2단 로켓은 궤도에서 하강할 때 평균 속도가 초속 약 7.5km로 1단 로켓보다 4배 이상 빠르다. 특히 궤도 밖에서 궤도로 진입할 때는 훨씬 높은 온도를 견뎌야 한다. 2단 로켓을 재활용하기 위해서는 현재보다 내구성이 좋아야 하며 회수 방법도 여러모로 고민해봐야 한다. 만약 2단 로켓이 재활용된다면, 로켓 발사에는 연료비와 기타 정비 및 유지비용만 들 것이다. 따라서 비용을 크게 줄일 수 있다.

1단 로켓은 회수되어 재사용하기까지 평균 두 달이 걸린다. 이 기간에 파손된 부분을 수리하고 부품을 교체하는 등 유지 보수가 이루어진다. 이 기간을 '턴어라운드(리퍼비시)'라고 부른다. 가장 짧은 턴어라운드 기록은 2021년 1월 8일 회수된 스페이스X의 팰컨9으로, 27일이 걸렸다. 만약 이 시간을 단축할 수 있다면 로켓의 가동률은 현저히 올라갈 것이다. 이를 '제로 리퍼비시'라고 부른다. 로켓을 발사한 후 회수해 착륙한 곳에서 연료를 주입하고 유지 보수 없이 바로 발사하는 것이다. 만약 제로 리퍼비시를 달성하고 2단 로켓도 재사용할 수 있다면 우주로 로켓을 쏘아올리는 비용은 크게 줄어든다. 그리되면 로켓을 활용한 우주여행은 항공운송처럼 운영되지 않을까 싶다.

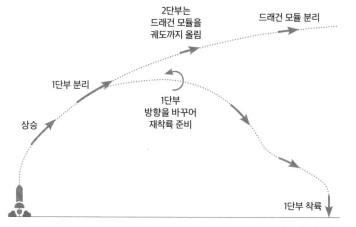

스페이스X의 팰컨9 사례로 본 재사용 발사체

2단부는
드래건 모듈을
궤도까지 올림

드래건 모듈 분리

1단부 분리

1단부
방향을 바꾸어
재착륙 준비

상승

1단부 착륙

• 출처: 로이터, 스페이스X

최초로 민간인 우주여행에 성공한 버진 갤럭틱

버진 갤럭틱은 2004년 영국 버진 그룹의 회장인 리처드 브랜슨이 설립했으며, 2019년 기업인수목적회사(SPAC)와의 합병을 통해 SPCE라는 티커로 뉴욕 증권거래소에 상장했다. 민간 우주여행 서비스를 제공할 목적으로 설립된 버진 갤럭틱은 2021년 5월 22일 2명의 조종사를 태우고 시험 비행에 성공했으며, 2021년 7월 11일에는 창업자인 리처드 브랜슨을 포함한 정원 6명이 모두 탑승하는 첫 비행을 성공적으로 마쳤다. 역사상 처음으로 민간 우주비행에 성공한 것이다.

버진 갤럭틱의 우주비행은 우주선을 탑재한 모선(母船)을 하늘에 먼저 띄운 뒤 우주선이 분리되어 우주를 향해 날아오르는 과정으로 이루어진다. 이 두 기체를 합쳐서 VSS 유니티(VSS Unity)라고 부른다. 그중 모선 비행기인 화이트나이트2(WhiteKnight Two)는 항공기 2대를 이어 놓은 것처럼 생겼다. 아래에는 우주선인 스페이십2(Spaceship Two)가 장착되어 있다. 모선이 16km 상공에 도달하면 스페이십2가 분리되어 우주로 날아오르고 우주비행을 마친 다음 스스로 착륙한다. 스페이십2가 분리되고 상승한 후 착륙할 때까지 15~20분 정도 걸리며, 탑승객들은 약 4분 동안 우주의 풍경과 무중력 상태를 경험할 수 있다.

버진 갤럭틱의 우주여행 티켓은 기존에 20만 달러였으나, 이번 우주여행 성공 후 티켓 판매를 재개하면서 티켓 가격을 45만 달러로 높

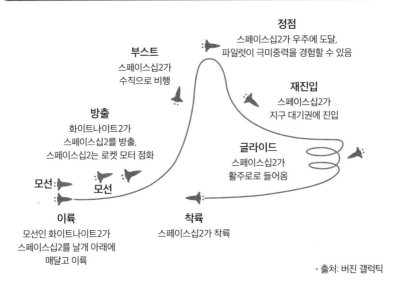

VSS 유니티의 우주비행 프로세스

정점
스페이스십2가 우주에 도달,
파일럿이 극미중력을 경험할 수 있음

부스트
스페이스십2가
수직으로 비행

재진입
스페이스십2가
지구 대기권에 진입

방출
화이트나이트2가
스페이스십2를 방출,
스페이스십2는 로켓 모터 점화

글라이드
스페이스십2가
활주로로 들어옴

모선   모선

이륙
모선인 화이트나이트2가
스페이스십2를 날개 아래에
매달고 이륙

착륙
스페이스십2가 착륙

• 출처: 버진 갤럭틱

였다. 버진 갤럭틱은 1,000개 판매를 목표로 이 티켓을 2021년 8월부터 판매했는데, 그해 11월 9일 3분기 실적발표에 따르면 이미 700개의 티켓을 팔았다고 한다. 버진 갤럭틱은 2022년 4분기부터 민간인 우주여행 서비스를 개시할 예정이다.

현재 버진 갤럭틱은 VSS 유니티의 업그레이드 버전인 VSS 이매진(VSS Imagine)을 개발·시험하고 있다. VSS 이매진은 동체, 객실, 날개, 꼬리 등 각 부분을 쉽게 교체할 수 있도록 모듈형 기체로 제작되고 있다. 민간 우주여행이 자리 잡는다면 연 400회 운항을 목표로 하고 있기 때문에 유지 보수에 최적화된 기체를 만드는 것이다. VSS 이매진은 2022년 하반기부터 시험 비행에 나서 2023년 2분기에 상용될 예정이다.

두 번째 민간인 우주여행, 블루 오리진

2021년 7월 20일, 블루 오리진은 창업자 제프 베이조스를 포함한 4명의 탑승객을 태우고 약 10분간 비행을 통해 우주를 체험하고 무사히 착륙했다. 블루 오리진은 앞서 버진 갤럭틱이 도달한 궤도보다 약 20km 더 높게 비행하는 데 성공했으며, 지구와 우주의 경계인 '카르만 라인(고도 100km)'을 넘으며 전 세계의 주목을 받았다.

블루 오리진은 2000년 아마존 창업자인 제프 베이조스 회장이 설립했다. 비상장사로 버진 갤럭틱에 비해 정보가 많이 공개되어 있지는

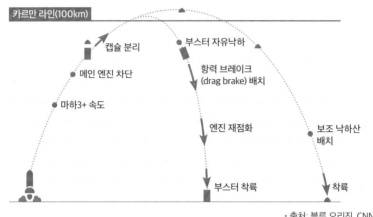

뉴 셰퍼드의 우주여행 프로세스

카르만 라인(100km)

캡슐 분리

부스터 자유낙하

메인 엔진 차단

항력 브레이크
(drag brake) 배치

마하3+ 속도

엔진 재점화

보조 낙하산
배치

부스터 착륙

착륙

· 출처: 블루 오리진, CNN

않다. 블루 오리진은 재사용 발사체인 '뉴 셰퍼드(New Shepard)'를 활용해 캡슐(우주선)을 쏘아 올리는데, 뉴 셰퍼드는 약 100km 고도까지 수직으로 상승한 후 캡슐을 분리하고 발사장으로 귀환한다. 캡슐은 관성에 의해 2분 30초 정도 더 상승해 우주에 도달하는데, 이때 탑승객들은 약 5분 정도 무중력 상태를 경험할 수 있다. 캡슐은 낙하산을 통해 지구로 돌아오며 재활용할 수 있다. 블루 오리진의 캡슐은 최대 6명의 승객을 태울 수 있다.

블루 오리진은 2021년 7월 첫 우주비행 이후 그해 10월과 12월에 승객을 태우고 2번의 우주비행을 완료했다. 블루 오리진의 2022년 로켓 발사 계획은 아직 공개되지 않았으며, 유인 우주비행을 3번 완료한 만큼, 향후 상업화 속도에 박차를 가할 것으로 전망된다. 블루 오리진은 우주비행 티켓 가격을 정확히 공개하지 않았으나, 제프 베이조스는

2021년 7월 1억 달러에 달하는 티켓을 팔았으며, 티켓에 대한 수요가 굉장히 높다고 밝혔다. 참고로 제프 베이조스는 블루 오리진의 첫 우주비행 티켓을 2021년 6월 경매 방식으로 판매했는데, 제프 베이조스의 옆자리는 약 2,800만 달러에 팔렸다고 알려졌다.

제프 베이조스는 2021년 3분기 블루 오리진 경영에 집중하기 위해 아마존 CEO 자리에서 물러났다. 그에 앞서 2017년에는 매년 10억 달러의 아마존 주식을 팔아 블루 오리진에 투자할 계획이라고 밝혔는데, 실제로 제프 베이조스는 매년 아마존 주식을 꾸준히 매도해 블루 오리진에 투자해왔다. 블루 오리진의 기업가치는 아직 베일에 가려져 있으나, 꾸준히 민간 자금을 통해 자금을 조달하고 있어 향후 대규모 펀딩 라운드가 진행되면 기업가치가 시장에 공개될 것으로 보인다. 스페이스X가 2021년 12월 기준 1,000억 달러의 기업가치를 평가받고 있는 만큼 베일에 싸인 블루 오리진의 기업가치에 시장의 관심이 쏠리고 있다.

궤도 비행에 성공한 스페이스X

2021년 9월 15일, 스페이스X의 크루 드래건이 4명의 민간인을 태우고 우주로 향하는 미션인 '인스퍼레이션4'를 3일간 무사히 마치고 착륙했다. 인스퍼레이션4 프로젝트는 재사용 발사체인 팰컨9을 사용해 유인 우주선인 크루 드래건을 우주 궤도로 쏘아 올린다. 버진 갤럭틱과 블루 오리진이 준궤도에 진입해 불과 몇 분의 우주 체험을 제공한 것과 달리, 스페이스X의 인스퍼레이션4 프로젝트는 안정적으로 궤도에 진입해 3일 동안 우주를 여행했다는 점에서 인류 역사상 첫 '민간인 궤도 비행'으로 평가되고 있다.

재활용 발사체인 팰컨9과 블루 오리진의 뉴 셰퍼드는 겉보기에는 비슷한 기술을 구사하는 듯 보이지만 큰 차이점이 있다. 뉴 셰퍼드는 고도 100km까지 수직 상승해 우주선을 띄운 뒤 탄도비행으로 착륙하는, 단순한 방식을 사용한다.

반면 팰컨9은 훨씬 더 복잡한 비행 방식을 사용한다. 팰컨9이 발사되면 고도 80km 부근에서 1단부와 2단부가 분리된다. 1단 로켓인 1단부는 분리 후 관성으로 고도 약 140km 부근까지 상승한다. 여기서 1단부의 방향을 역으로 전환한 후 부스터의 속도를 줄여 착륙 궤도로 들어서게 된다. 착륙 궤도에 진입하면 고도 약 80km 부근에서 그리드 핀(grid fin)을 내린다. 그리드 핀은 격자 무늬의 날개처럼 생긴 부품으로, 로켓의 정밀한 자세 제어를 도와준다. 고도 30~70km 부근에서 1단부는 남은 연료를 재점화해 속도를 줄인다. 그리고 고도 10km 부근에서 마지막으로 재점화해 속도를 줄이면서 착륙한다.

1단부가 이와 같은 과정을 거치는 동안 분리된 2단부는 위성 궤도에 도달해 캡슐(우주선)을 방출한다. 캡슐은 자체 추진력을 이용해 비행한다. 팰컨9은 비행 방식이 복잡한 만큼 우주선을 더 높은 궤도권까지 올리고, 재사용 로켓을 발사장과 그리 멀지 않은 곳에 착륙시켜 운송비를 아낄 수 있다. 또한 블루 오리진, 버진 갤럭틱과 달리 우주 궤도에 진입하기 때문에 3일 동안 머물면서 여러 체험을 할 수 있다.

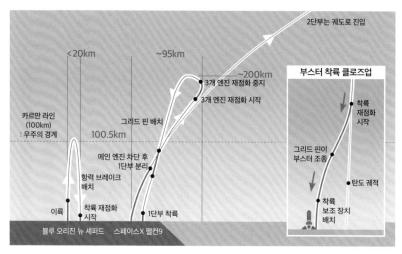

블루 오리진의 뉴 셰퍼드와 스페이스X의 팰컨9 여정 비교

2단부는 궤도로 진입

<20km

~95km

~200km
3개 엔진 재점화 중지
3개 엔진 재점화 시작

카르만 라인
(100km)
: 우주의 경계

그리드 핀 배치
100.5km

메인 엔진 차단 후
1단부 분리

항력 브레이크
배치

이륙

착륙 재점화
시작

1단부 착륙

부스터 착륙 클로즈업

착륙
재점화
시작

그리드 핀이
부스터 조종

탄도 궤적

착륙
보조 장치
배치

블루 오리진 뉴 셰퍼드   스페이스X 팰컨9

• 출처: 블루 오리진, 스페이스X, ZLSA디자인(Zlsadesign)

　　스페이스X의 기업가치는 주요 이벤트에 따라 높아졌다. 저궤도 위성통신 산업인 스타링크 프로젝트를 발표한 2015년 시리즈 G에서 기업가치는 기존 대비 10배 뛰어 100억 7,000만 달러를 기록했으며, 인류 최초로 1단계 로켓 회수에 성공한 2017년 시리즈 H의 기업가치는 약 2배 상승한 212억 9,000만 달러를 기록했다. 우주왕복선 발사와 귀환에 성공한 2021년 시리즈 N에서는 기업가치가 460억 달러로 껑충 뛰었으며, 이후 740억 달러를 기록한 다음 최근 거래에서는 1,000억 달러를 돌파했다.

　　스페이스X는 2021년 4월 16일 NASA의 유인 달 탐사 계획인 아르테미스 프로그램에서 달 착륙선 개발업체로 단독 선정되기도 했다.

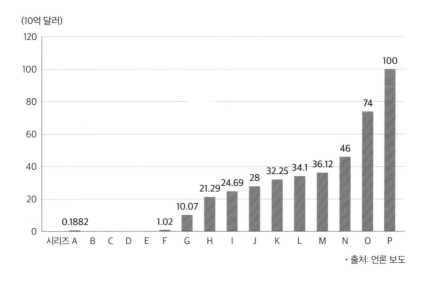

스페이스X 기업가치 변화

(10억 달러)

- 시리즈A: 0.1882
- B
- C
- D
- E
- F: 1.02
- G: 10.07
- H: 21.29
- I: 24.69
- J: 28
- K: 32.25
- L: 34.1
- M: 36.12
- N: 46
- O: 74
- P: 100

· 출처: 언론 보도

경쟁업체로는 블루 오리진과 다이네틱스(Dynetics)가 있었는데, 워싱턴 포스트에 따르면 스페이스X는 입찰가로 두 회사보다 낮은 약 29억 4,000만 달러를 제시했다. 또한 운영 평가에서도 타사보다 뛰어나다는 평가를 받으며 스페이스X는 기술력과 비용경쟁력 모두 우위에 있음을 입증했다. 또한 스페이스X는 현재 NASA와 국제우주정거장 운송 사업의 독점 계약을 맺고 있는데, 2012년 민간 우주선으로는 최초로 국제우주정거장에 화물을 운송한 이래 지금까지 화물을 꾸준히 운송하고 있다.

일론 머스크는 2021년 5월, 4번의 실패 끝에 화성 이주를 위한 우주선인 스타십의 시험 비행을 성공적으로 끝마쳤다. 스타십은 한 번 발사에 최대 150톤의 무게를 지구 저궤도에 올릴 수 있도록 설계되었

아르테미스 프로그램 달 착륙선 개발업체 선정 결과

	기술 평가(팩터1)	운영 평가(팩터3)
블루 오리진	적당	매우 좋음
다이네틱스	미미	매우 좋음
스페이스X	적당	뛰어남

(가격 평가를 의미하는 팩터2에서 스페이스X가 제시한 가격인 29억 4,139만 4,557달러는 입찰자와 비교했을 때 큰 차이를 보이며 가장 낮았다. 제시 가격은 다이네틱스, 블루 오리진, 스페이스X 순으로 높았다.)

· 출처: NASA, 언론 보도

으며, 지금까지 개발된 어떤 로켓보다 성능이 우수하다. 스타십의 최종 목표는 인류의 화성 이주이며, 그전까지 스타십은 스타링크 서비스를 위한 소형 위성을 띄우는 데 사용될 것으로 보인다. 현재 팰컨9으로는 약 60기의 소형 위성을 쏘아 올릴 수 있으나, 스타십을 활용하면 한 번에 400~500기의 위성을 궤도에 올릴 수 있다. 스타십의 성능을 시험하면서 위성도 쏠 수 있기 때문에 일석이조다.

스타십은 2022년 5월경 첫 궤도 비행에 도전할 예정이다. 일론 머스크의 목표는 스페이스X를 통해 2030년까지 인류를 화성으로 이주시키는 것이다. 과연 그의 목표는 이루어질 수 있을까?

CHAPTER 2

저궤도 위성통신
프로젝트의 부상

전 세계 어디서든 인터넷에 접속할 수 있다면 세상은 어떻게 달라질까? 인터넷 보급이 잘되어 있는 우리나라와 달리 아직도 전 세계 곳곳에는 인터넷 접속은 물론 신호도 잘 잡히지 않는 음영 지역이 많다.

2002년 스페이스X는 2027년까지 지구 저궤도에 소형 통신위성 4만 2,000기를 띄워 전 세계에 1Gbps(기가비피에스)급 초고속 인터넷 서비스를 제공하는 스타링크 프로젝트를 발표했다. 과연 이 프로젝트는 성공할 수 있을까?

저궤도 위성통신 프로젝트란?

우리가 현재 사용하고 있는 통신 방식은 지상 광케이블을 이용한 통신 방식과 정지궤도 위성통신 방식이다. 전자는 빠르고 안정적이지만 해상, 사막 등 오지에서는 통신 설비를 구축하기 어렵다는 단점이 있다. 후자의 경우 정지궤도 위성이 주로 고도 약 3만 6,000km에 머무르는데, 고도가 높아 넓은 범위를 아우를 수는 있으나 속도가 느리고 데이터 송수신에 지연이 발생하며 인터넷 신호 손실이 상대적으로 높다. 이러한 단점을 극복한 차세대 통신 방식으로 저궤도 위성을 활용한 통신이 부상하고 있다.

지구는 너무 넓어 일일이 땅을 파서 광케이블을 설치할 수 없으므로 하늘에 위성을 띄우는 방법이 더 효율적이다. 그러나 기존 정지궤도 위성은 너무 높이 떠 있어 속도가 느리고 데이터 송수신에 지연이 발생한다. 따라서 지구와 가까운 곳에 통신위성을 띄우자는 아이디어에서 시작된 것이 저궤도 위성통신 프로젝트다. 저궤도 위성을 활용하

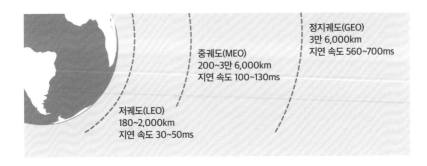

위성 궤도별 개념

정지궤도(GEO)
3만 6,000km
지연 속도 560~700ms

중궤도(MEO)
200~3만 6,000km
지연 속도 100~130ms

저궤도(LEO)
180~2,000km
지연 속도 30~50ms

여 지구와 가까운 궤도에 수백에서 수천 기의 통신위성을 촘촘히 배치해 전 세계 어디서나 인터넷을 안정적으로 이용할 수 있게 하는 통신 기술이다. 정지궤도 위성과 달리 지구와 가까운 궤도(300~1,000km)에 위성이 떠 있기 때문에 통신 속도가 빠르고 인터넷 신호 손실이 적다는 장점이 있다.

저궤도 위성통신 프로젝트는 최근에 등장한 개념이 아니다. 과거에도 이리듐(Iridium), 글로벌스타(Global Star) 등의 기업들이 저궤도 위

궤도에 따른 인공위성 구분

구분	저궤도	중궤도	정지궤도
위성 고도	180~2,000km	2,000~3만 6,000km	3만 6,000km
통신 지연율	30~50ms	100~130ms	560~700ms
주요 업무	초고속 통신, 첩보, 지구 관찰	위치 정보, 항법	통신, 기상, 항법
주요 사업자	스페이스X, 아마존, 원웹	SES 네트웍스	나사(NASA)

• 출처: 한국무역협회

성통신 프로젝트에 뛰어들었다. 그러나 많은 기업이 높은 투자·유지 비용으로 파산했다. 과거에는 인공위성을 발사하는 데 드는 비용이 훨씬 컸기 때문에 많은 위성을 쏘아 올리기 힘들었다. 또한 인공위성의 성능도 지금과 비교하면 많이 낮았기 때문에 일반 무선 인터넷보다 인터넷 속도가 느린 편이었다. 따라서 과거 저궤도 위성통신 프로젝트는 선박과 같은 음영 지역에서 제한적으로 사용되었으며, 사업자들은 막대한 적자를 감당해야 했다.

오늘날에는 재사용 로켓의 보급으로 인공위성 발사 비용이 낮아지면서 인공위성을 대규모로 발사해 초기에 막대한 투자비용이 들어가는 저궤도 위성통신 프로젝트가 빠르게 진행되기 시작했다. 스페이스X는 재사용 발사체인 팰컨9를 활용해 총 4만 2,000기의 인공위성을 발사하고 저궤도 위성통신을 제공하는 스타링크 프로젝트를 시작했다.

스타링크 뒤를 이어 원웹(OneWeb)과 카이퍼(Kuiper)가 이 시장에

저궤도 위성통신 프로젝트 3사 비교

프로젝트명	스타링크	원웹	카이퍼
출범일	2015년	2012년	2019년
운영 회사	스페이스X	원웹→바르티글로벌	카이퍼(아마존 자회사)
위성 발사 대수 목표치	42,000	6,372	3,236
위성 발사 대수	2,091(2022.02.07 기준)	428(2022.04.20 기준)	없음
발사체	스페이스X 팰컨9 (재사용 가능)	소유즈(러시아) (재사용 불가)	유나이티드 런치 얼라이언스

• 출처: 각사

뛰어들었다. 과연 머지않은 미래에 저궤도 위성통신 프로젝트로 위성 간 통신이 가능하고 통신 속도가 빨라지는 '우주 인터넷'이 가능해질까? 저궤도 위성통신 프로젝트를 제공하는 3사에 대해 자세히 알아보자.

우주 인터넷 실현이 목표인 스타링크

현재 진행 중인 저궤도 위성통신 프로젝트 중 가장 빠른 것은 스페이스X의 스타링크 프로젝트다. 스타링크는 1단계에서 약 1만 2,000기의 통신위성을 쏘아 올리고, 2단계에서는 3만 기를 추가로 배치해 총 4만 2,000기의 위성을 운용하는 것을 목표로 한다. 2022년 1월 기준 약 4,400기의 위성이 궤도에 올라가 있다.

과거 이리듐은 총 66기의 위성을 쏘아올려 지구 전역을 아우르는 프로젝트를 실행했는데, 스타링크는 이보다 약 600배 이상의 위성을 쏘아 올리는 것을 목표로 하고 있다. 이는 로켓 기술의 발전으로 로켓의 크기가 커지고 재사용 발사체를 활용하여 로켓 발사에 드는 비용이 줄어들어서 가능해졌다. 스페이스X의 팰컨9 기준으로 스타링크 위성은 한 번에 60기를 쏘아 올릴 수 있으며, 팰컨 헤비(Falcon Heavy) 기준으로는 180기의 위성을 쏘아 올릴 수 있다. 최근에 시험 비행을 마친 스페이스X의 스타십은 한 번에 400기의 위성을 쏘아 올릴 수 있다. 재사용 발사체를 활용하는 만큼 위성을 쏘아 올리는 데 드는 비용은 과거 이리듐 프로젝트보다 크게 낮을 것이다.

스타링크는 인공위성을 대량 생산하여 제조원가도 크게 낮추었다. 2020년 7월 한 인터뷰에서 매월 120기의 인공위성을 생산한다고 밝혔는데, 비슷한 시기에 원웹은 매달 30기의 인공위성을 생산하는 수준이었다. 알려진 바로 원웹 인공위성 1기의 가격은 약 100만 달러이지만, 스타링크 인공위성 1기의 가격은 약 25만 달러다. 스타링크의 비용경쟁력을 확인할 수 있는 부분이다.

스타링크는 2021년부터 위성 간 링크 기술인 ISL(Inter Satellite Link)이 탑재된 인공위성을 시험 발사하고 있으며, 일론 머스크는 향후 발사되는 인공위성에 ISL 기술을 탑재할 것이라고 밝혔다. 원래 저궤도 위성은 지상의 게이트웨이를 통한 송수신이 필요하다. 따라서 위성 수가 늘어날수록 지상 게이트웨이도 증가해야 해서 비용이 추가로 들어갔

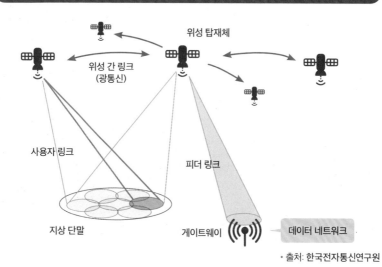

• 출처: 한국전자통신연구원

다. 그러나 ISL 기술을 적용하면 게이트웨이를 통한 송수신이 없어도 위성 간 송수신이 가능해진다. 즉 지상 게이트웨이의 수를 줄여서 비용을 절감할 수 있다. 또한 지상 게이트웨이를 거치지 않아도 되므로 통신 속도가 더욱 빨라진다.

스타링크는 2020년 베타 테스트를 거쳐 현재 14개 국가에서 서비스를 이용할 수 있다. 월 이용 요금은 99달러(약 11만 원)이고, 초기에 499달러(약 56만 원)의 비용을 내고 위성접시와 라우터를 구매해야 한다. 저궤도 위성의 장점은 인터넷 속도가 빠르다는 것이다. 지역에 따라 다르지만 50Mbps에서 최대 150Mbps의 속도를 자랑하며 지연 시

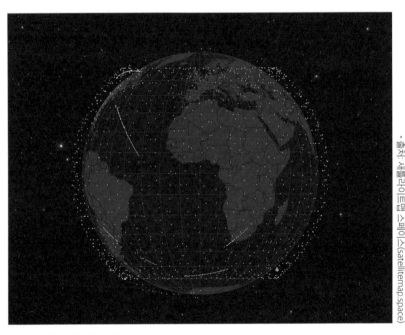

스타링크의 저궤도 위성 추이

간은 20~40ms 정도로 전 세계에서 인터넷 속도가 빠르다고 손꼽히는 한국의 LTE 평균 속도와 비슷한 수준이다. 스페이스X는 스타링크

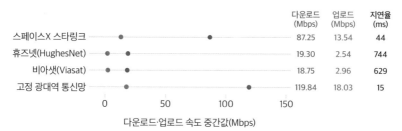

미국의 인공위성 인터넷과 광대역 통신망의 인터넷 속도(2021년 3분기 기준)

	다운로드 (Mbps)	업로드 (Mbps)	지연율 (ms)
스페이스X 스타링크	87.25	13.54	44
휴즈넷(HughesNet)	19.30	2.54	744
비아샛(Viasat)	18.75	2.96	629
고정 광대역 통신망	119.84	18.03	15

다운로드·업로드 속도 중간값(Mbps)

• 출처: 우클라 스피드테스트(OOKLA SpeedTest)

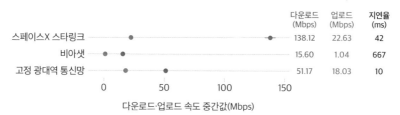

호주의 인공위성 인터넷과 광대역 통신망의 인터넷 속도(2021년 3분기 기준)

	다운로드 (Mbps)	업로드 (Mbps)	지연율 (ms)
스페이스X 스타링크	138.12	22.63	42
비아샛	15.60	1.04	667
고정 광대역 통신망	51.17	18.03	10

다운로드·업로드 속도 중간값(Mbps)

• 출처: 우클라 스피드테스트

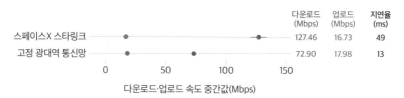

벨기에의 인공위성 인터넷과 광대역 통신망의 인터넷 속도(2021년 3분기 기준)

	다운로드 (Mbps)	업로드 (Mbps)	지연율 (ms)
스페이스X 스타링크	127.46	16.73	49
고정 광대역 통신망	72.90	17.98	13

다운로드·업로드 속도 중간값(Mbps)

• 출처: 우클라 스피드테스트

의 이용자 수가 2021년 7월 말 기준 약 9만 명이라고 밝혔다. 그에 앞서 2021년 6월 일론 머스크는 향후 12개월 내 50만 명 이상의 사용자를 확보하겠다는 목표를 밝히기도 했다.

스타링크 베타 서비스는 북미에 100Mbs 수준의 인터넷을 월 50~60달러에 제공한다. 아직 스타링크는 광대역 인터넷보다 비용과 속도 면에서 뒤쳐지지만, 광대역 인터넷이 들어오지 않는 북미나 유럽의 음영 지역에서는 분명 매력적인 선택지가 될 것이다. 앞선 그림은 인터넷 속도 측정 사이트인 스피드테스트에서 제공한 2021년 3분기 기준 사업자별 인터넷 속도다. 스타링크는 현재 서비스되는 다른 위성 인터넷보다 훨씬 빠르며, 다운로드 속도 면에서 가장 빠른 광대역 인터넷에 근접해 있다. 호주, 벨기에 등 특정 지역에서는 스타링크가 광대역 인터넷보다 훨씬 빠르다.

스타링크는 현재 베타 테스트 중이다. 하지만 더 많은 위성을 쏘아 올리고 정식으로 서비스되면 스타링크를 통해 더 나은 품질의 인터넷을 전 세계에서 사용할 수 있지 않을까?

파산 위기를 딛고 일어난 원웹

현재 성공적으로 위성을 쏘아 올리고 서비스도 시작한 스타링크와 달리, 영국 스타트업인 원웹은 중간에 파산 위기를 겪었다. 2012년에 출범한 원웹은 출범 당시 소프트뱅크, 에어버스, 버진 그룹, 코카콜라, 퀄컴 등 유명 투자자로부터 30억 달러를 투자받았다. 저궤도 위성통신 서비스 제공이라는 목표를 위해 원웹은 에어버스와 합작해 원웹 새틀라이트(Oneweb Satellites)라는 자회사를 설립했다. 2017년부터 인공위성 생산을 시작했으며, 2019년 2월 첫 발사를 시작했다. 예정대로라면 2021년 중으로 전 세계 인터넷 서비스가 시작되어야 했지만, 최대 투자자인 소프트뱅크가 코로나19로 경영난을 겪으면서 소프트뱅크의 비전펀드가 투자를 철회한 탓에 추가 투자를 받지 못했다. 결국 원웹은 법정관리 신세를 지게 되었고, 그동안 위성의 추가 생산 및 발사가 지연되었다.

이후 인도의 대형 통신 기업인 바르티 글로벌이 총 10억 달러를 투자해 원웹의 지분 84.4%를 인수하면서 원웹은 사업을 재개하게 되었다. 원웹은 2023년 서비스 제공을 목표로 위성을 쏘아 올리고 있다. 국내 방산 회사인 한화시스템도 원웹에 약 3억 달러의 투자 계획을 발표하며 지분 8.8%를 확보했다. 한화시스템은 이후 이사회 합류도 예정되어 있다고 밝혔다. 한화시스템의 위성·안테나 기술 노하우가 향후 원웹의 사업과 시너지 효과를 일으키지 않을까 전망된다.

원웹은 초기에 스페이스X와 비슷한 수준인 총 4만 7,884기의 인공위성을 발사할 계획이었으나, 2020년 파산 위기를 겪는 과정에서 총 6,372기의 위성을 쏘아 올리는 것으로 계획을 변경했다. 원웹의 위성이 스타링크 위성에 비해 더 높은 고도에 위치해 있어 위성 1기당 넓은 범위를 확보할 수 있고, 또한 혹시 모를 파산 위험에 대비해 위성의 수를 줄인 것이 아닐까 싶다.

2022년 중으로 원웹은 1세대 위성군 648기의 인공위성을 쏘아 올리고 서비스를 시작할 예정이다. 향후 2세대 위성군으로 구성된 인공위성을 쏘아 올려 총 6,372기의 위성을 모두 쏘아 올릴 계획이다. 2세대 위성군에는 1세대와 달리 현재 스타링크처럼 ISL 기술이 적용될 것이라고 한다.

원웹은 소유즈와 발사 계약을 맺었는데, 소유즈 로켓은 재사용이 되지 않아서 스타링크보다 발사 비용이 많이 든다. 또한 소유즈 로켓은 탑재량(payload)도 스페이스X의 팰컨9보다 낮으며 한 번에 36기의 위성만 쏘아 올릴 수 있다. 아래의 표는 스타링크가 주로 사용한 팰컨9와 원웹이 주로 사용하고 있는 소유즈 로켓을 비교한 것이다. 스페이스X는 팰컨9 외에도 다양한 로켓이 있는데, 팰컨 헤비 기준으로는 스타링크 위성을 한 번에 180기 쏘아 올릴 수 있으며, 스타십 기준으로는 한 번에 400기의 위성을 쏘아 올릴 수 있다. 인공위성 제조부터 로

스타링크와 원웹 비교

	스타링크	원웹
로켓	팰컨9(스페이스X)	소유즈2.1b(Soyuz 2.1b)
최대 적재량	1만 5,600kg	5,310kg
궤도 고도	550km	1,200km
최대 탑재 가능한 인공위성 대수	60기	36기
인공위성 무게	260kg	150kg
회당 추정 발사 비용	5,500만 달러	8,000만 달러

• 출처: 언론 보도, 스페이스X, 원웹, NASA

켓 발사까지 속도와 비용 면에서 원웹은 스타링크보다 불리한 상태가 지속될 가능성이 높다.

원웹은 스타링크처럼 저렴한 가격에 서비스 제공이 어려운 구조이므로 B2B와 B2G(기업-정부 간 거래)에 집중하고 있는 것으로 알려졌다. 영국 정부의 기가비트 프로젝트, 미국 공군연구소 등 B2B와 B2G 중심으로 사업을 전개해나가고 있다.

아마존의 카이퍼 프로젝트

아마존 자회사인 카이퍼의 카이퍼 프로젝트는 2019년에 출범했으며, 우주 인터넷용 위성 3,236기를 지구 궤도로 발사해 기가바이트급 위성 인터넷망을 구축하는 것을 목표로 하고 있다. 카이퍼는 블루 오리진이 아닌 아마존이 가지고 있으며, 카이퍼 프로젝트에서는 아직 발사된 인공위성이 없다. 2022년부터 인공위성을 발사할 예정이며, 2020년 7월 미국 연방통신위원회로부터 3,326기의 인공위성 배치를 승인받았다. 미국 연방통신위원회는 2026년까지 계획된 위성의 절반을, 2029년까지 전체 위성을 발사한다는 조건으로 승인해주었다.

카이퍼 프로젝트는 인공위성 발사를 위해 '유나이티드 런치 얼라이언스(ULA)'와 위성 발사 계약을 맺었다. ULA의 아틀라스V 로켓을 이용해 총 9건의 카이퍼 위성 발사를 추진한다는 내용이다. 아마존이 카이퍼 프로젝트를 발표할 때, 항간에는 스페이스X의 스타링크처럼 블루 오리진의 재사용 발사체를 이용해 인공위성을 궤도에 올릴 것이라는 기대가 있었다. 그러나 블루 오리진의 궤도 진입 가능한 발사체의 개발이 늦어지면서 ULA와 계약한 것으로 보인다. 카이퍼 프로젝트는 ABL스페이스와도 위성 발사 계약을 맺었는데, 탑재량이 20톤가량인 중형 발사체 아틀라스V에 비해 탑재량이 1.5톤가량인 ABL스페이스의 RS1로켓이 시험 발사에 더 적절하다고 판단한 듯하다. 그러나 ABL스페이스의 RS1로켓은 아직 첫 상용 발사를 마치지 못한 상태이며, 2022년 4분기나 되어야 발사할 수 있을 것으로 예상된다.

카이퍼 프로젝트는 스타링크나 원웹에 비해 많이 늦어, 프로젝트의 실효성에 대해 의문이 제기되기도 한다. 그러나 카이퍼 프로젝트는 아마존이 신규 먹거리로 생각하고 있는 클라우드 기반 지상국 서비스(Ground Station as a Service, GSaaS)와 시너지가 날 수 있어 추진되는 것으로 보인다. GSaaS가 무엇인지 자세히 알아보자.

GSaaS에 뛰어든 아마존과 마이크로소프트

GSaaS, 즉 클라우드 기반 지상국 서비스는 클라우드 사업자가 지상국 업무를 클라우드로 제공하는 서비스다. 현재 우주에는 수많은 인공위성이 떠다니고 있다. 인공위성은 정부, 기업, 연구소 등에 각종 데이터들을 제공하며, 이 데이터를 사용하려면 위성과 통신할 수 있는 지상 안테나를 설치해야 한다. 그러나 비용 부담이 크기 때문에 보통 안테나를 임대하는 방식으로 데이터를 받고 있다.

알다시피 인공위성은 한자리에 머물지 않고 궤도를 따라 꾸준히 돈다. 따라서 시간과 장소에 구애받지 않고 데이터를 다운로드하려면 한 곳의 안테나를 임대하는 것으로는 충분하지 않다. 즉 전 세계 곳곳에 있는 안테나를 전부 임대해야 한다. 안테나를 임대한 후에는 위성 데이터의 처리 및 전송을 위해 안테나 인근에 서버, 스토리지, 네트워크도 함께 구비해야 한다. 어마어마한 비용이 들어가는 일이다. 이를 클라우드 서비스로 제공하는 것이 바로 GSaaS다.

GSaaS를 쓰는 고객은 안테나를 임대할 필요도 없고, 데이터를 처리·전송하기 위해서 안테나 인근에 서버, 스토리지, 네트워크를 구비할 필요도 없다. GSaaS 사업자가 이미 모든 인프라를 구축해놓았기 때문에 고객은 GSaaS 플랫폼에서 구독제로 인프라를 활용할 수 있다.

아마존의 AWS 그라운드 스테이션은 가장 먼저 출시된 GSaaS다. 아마존은 2019년 11월 정식으로 서비스를 시작했으며, 2020년 AWS 그라운드 스테이션 전담 부서를 설치했다. AWS 그라운드 스테이션 사용자는 위성에 직접 명령을 보내고, 대량의 데이터를 다운로드할 수 있으며, 다운로드된 데이터는 AWS에 저장되어 AWS 내 애플리케이션과 연동된다. GSaaS는 클라우드와 지상국을 직접 연결할 위성 광대역 서비스가 필요한데, 아마존은 현재 유럽 위성통신 회사인 SES와 위성 광대역 서비스 파트너 계약을 맺어 이를 해결하고 있다. 만약 아마존이 카이퍼 프로젝트를 성공적으로 마친다면, 카이퍼 프로젝트를 활용하여 클라우드와 지상국을 직접 연결하는 광대역 서비스로 AWS 그라운드 스테이션에 시너지를 내지 않을까 싶다.

마이크로소프트는 아마존보다 조금 늦은 2020년 9월 '애저 오비탈 (Azure Orbital)'이라는 이름으로 GSaaS 서비스를 시작했다. 애저 오비탈은 아마존의 AWS 그라운드 스테이션과 동일한 기능을 제공하지만, 아마존과는 달리 다양한 위성 사업자와 협력하고 있다. 마이크로소프트는 SES뿐만 아니라 스페이스X, 비아샛, KSAT 등 전 세계 지상국 네트워크 및 위성 사업자들과 제휴해 위성 광대역 통신 서비스를 제공받는다.

마이크로소프트는 이러한 협력을 통해 전 세계 어디서나 클라우드와 데이터센터에 접근할 수 있도록 할 계획이다. 마이크로소프트에는 전 세계 어디서든 클라우드, 데이터센터, GSaaS를 제공하기 위해 고안된 이동형 데이터센터인 모듈러 데이터센터(moduler datacenter)가 있다. 이 이동형 데이터센터를 통해 음영 지역에서 통신할 때 다양한 위성사업자의 광대역 통신망을 이용할 수 있다. 이는 도심에서 떨어진 오지와 음영 지역의 군사·안보·연구 목적으로 쓰일 수 있다.

CHAPTER 3

UAM은 대중화될 수 있을까?

2003년 NASA에서 일반인이 운전면허만으로 운전할 수 있는 개인용 비행체 개발을 추진하면서 도심 항공 모빌리티, 즉 UAM이라는 개념이 처음 등장했다. UAM은 세계 주요 도시의 교통체증의 해결책으로 제안되었다. 복잡한 도로 대신 공중을 날아다니며, 헬리콥터나 비행기와 달리 활주로 없이도 수직 이착륙이 가능하기 때문에 효율적으로 도심의 교통체증을 완화할 수 있다. UAM은 기술의 발전으로 몇 년 후 상용화를 앞두고 있다. 과연 우리가 UAM을 택시처럼 타고 다니는 날이 올까?

UAM의 개념

UAM는 도시 내 승객 및 화물을 항공운송하기 위한 안전하고 효율적인 시스템으로 정의된다. 다소 생소해 보이지만, 헬리콥터처럼 생긴 기체가 비행기보다 낮은 고도의 하늘을 날아다니며 승객 및 화물을 운송한다고 생각하면 쉽다. UAM은 도로 대신 하늘을 통해 이동하기 때문에 다른 대중교통보다 빠르다. 또한 상용화되면 도심 내 교통체증을 효과적으로 줄일 수 있다. UAM은 300~600m의 고도에서 비행하며, 소음은 60dB 이하를 목표로 한다. 60dB 이하는 평상시에 대화하는 말소리 정도다. 헬리콥터의 경우 비행할 때 소음이 80~100dB 정도이며, 따라서 이보다 소음이 낮은 UAM이 개발되고 있다.

UAM 기체는 수직 이착륙이 가능하며 2차전지를 사용하는 eVTOL, 즉 전기 수직 이착륙 기체가 대세를 이루고 있다. 수직 이착륙이 가능하기 때문에 비행기나 헬리콥터처럼 활주로가 필요하지 않다. 그 대신 도심 곳곳에 이착륙장인 버티포트(vertiport)가 설치되어야 한다. 헬리콥

＊출처: 셔터스톡

버티포트 착륙대에 헬기가 주차된 모습

터는 소음 문제로 일부 고층 빌딩에 착륙장을 제한적으로 설치해야 하지만, UAM 이착륙장인 버티포트는 건물 옥상 곳곳에 설치할 수 있다. 따라서 UAM이 상용화되면 빌딩 옥상에 버티포트가 설치되어 UAM으로 출퇴근할 수도 있다.

UAM의 가장 큰 장점은 어떤 교통수단보다 빠르다는 것이다. 국토교통부의 UAM 비행 시연과 운용 시나리오에 따르면 UAM을 활용할 시 김포공항에서 강남까지 10분, 김포공항에서 잠실까지 15~20분 만에 이동할 수 있다. 자동차를 타면 1시간 넘게 걸리던 이동 시간을 크게 줄일 수 있는 것이다.

그동안 UAM 상용화의 가장 큰 걸림돌은 수직 이착륙 기체의 개발과 가격(운임)이었다. 기술의 발전으로 수직 이착륙 기체가 개발되고, 대량 양산으로 더욱 저렴하게 제조할 수 있게 되었다. 또한 우버를 비롯하여 UAM 서비스를 준비 중인 기업들의 타깃 운임은 1km당 3~4달러 정도다. 자율 운항이 실현되면 1km당 운임은 0.6달러 정도로 낮아질 것으로 예상된다.

국내의 경우 타깃 운임은 1km당 3,000원이며, 자율 운항이 가능해지면 1km당 500원 정도로 추정된다. 주요 구간인 인천공항에서 서울 여의도(40km)로 운행할 때는 초기에 11만 원 정도의 운임이 예상된다. 이는 모범택시 요금보다 높은 가격이다. 그러나 자율 운항이 실현되면 해당 구간의 운임은 2만 원 수준으로, 일반 택시보다 낮아진다.

UAM은 하늘을 날아다니는 항공기이기 때문에 각국이 정하는 운항 기준(Concept of Operation, ConOps)에 알맞게 운영되어야 한다. 따라서 각국은 UAM의 상용화에 맞추어 운항 기준을 재정비하고 있다. 대체로 UAM 상용화 시점은 2024~2025년이며, 이 시기는 UAM 기체 제작업체의 본격적인 기체 양산 시점과 맞물려 있다. 우리나라는 국토교통부에서 2025년 UAM 상용화를 목표로 하고 있으며, UAM 노선을 2030년에는 10개, 2035년에는 100개까지 확대할 계획이다. 또한 운항 기준인 '한국형 도심항공교통 운용 개념서 1.0(ConOps 1.0)'을 발표하기도 했다. 과연 2025년에는 UAM을 택시처럼 자유롭게 타고 다닐 수 있을까?

UAM의 핵심 기체, eVTOL

도심 항공 모빌리티를 일컫는 UAM은 크게 기체, 인프라, 서비스로 구성되어 있다. 기체는 수직 이착륙 항공기를 말한다. 또한 인프라는 이착륙장인 버티포트와 같은 시설과 함께 UAM이 정해진 항로를 이탈하지 않도록 하는 관제 시스템을 포함한다. 서비스는 운항과 정비에 관한 서비스 등을 말한다. 이 모든 개념에서 가장 중요한 것은 바로 기체다.

UAM 기체는 처음에는 STOL(Short Take-Off and Landing), 즉 단거리 이착륙 위주로 개발되었다. 작은 비행기 모양의 STOL은 이륙을 위해 활주로가 필요하다. 비행기보다 활주로가 짧은 편이지만, 공간 차지와 이착륙 시 소음 문제로 도심에서 운영되기는 어려웠다. 이후 VTOL(Vertical Take-Off and Landing), 즉 수직 이착륙이 개발되면서 최근에는 VTOL 위주로 개발이 진행되고 있다. 현재 개발 중인 대부분의 기체는 전기를 연료로 사용하는 eVTOL이다.

전기를 연료로 하는 eVTOL이 쓰이는 가장 큰 이유는 소음이다. 내연기관의 경우 엔진에서 나는 소음 때문에 UAM에 적용되기 힘들다. eVTOL 기체는 크게 틸트엑스(tilt X), 리프트 앤드 크루즈(lift and cruse), 멀티로터(multi-rotor)로 나뉜다.

틸트엑스는 틸트로터(tilt-rotor), 틸트윙(tilt-wing), 틸트덕트(tilt-duct) 방식을 통칭하는 말이다. 현재 가장 빠른 속도로 eVTOL 기체를 개발하고 있는 미국의 조비 에비에이션(Joby Aviation)(이하 조비)는 eVTOL에 틸트로터 방식을 채택했다. 틸트로터 방식은 높은 기술이 필요하다고 알려져 있다. 고정 날개와 독립적으로 회전하는 다수의 프로펠러를 활용해 수직 이착륙을 하는 방식인데, 수직으로 이륙한 다음 수평으로 이동할 때 방향을 전환하는 기술이 어렵기 때문이다. 이 방식은 속도가 빠르고 내당 탑재 중량이 높기 때문에 eVTOL의 탑승 인원을 늘릴 수 있다. 따라서 현재 eVTOL을 개발하고 있는 많은 기업이 이 방식을 채택하고 있다.

리프트 앤드 크루즈 방식은 비행기 날개와 함께 이륙용 로터(회전날개), 비행용 로터가 기체에 각각 장착되어 있는 방식이다. 이륙할 때는 지면과 수직 방향의 로터를 사용해 헬리콥터처럼 떠오르고, 순항 고도에 이르면 수평 방향의 로터로 추진력을 얻는다. 이 방식은 틸트엑스 방식보다 기체를 제어하기는 쉽지만, 공기 저항으로 인해 상대적으로 속도가 낮고 탑재 중량도 낮다. 이 방식의 대표적인 기체는 위스크(Wisk)사의 코라(Cora)다.

* 출처: 셔터스톡

대표적인 틸트로터 방식의 미 군용기 V22 오스프리

PART 4 지구를 넘어서 우주로

멀티콥터 방식은 다중의 고정 로터가 헬리콥터와 유사하게 작동하는 방식이다. 상대적으로 기술 난이도가 낮아 생산 원가도 낮은 편이지만, 다른 방식 대비 탑재 중량과 속도가 뒤떨어진다는 단점이 있다. 대표적인 기체는 이항(E Hang)사의 이항 216(E Hang 216)이다.

틸트엑스 eVTOL 3사: 조비, 릴리움, 아처

현재 eVTOL 기술 중 가장 어렵지만 운항 속도, 항속 거리, 탑재 중량 면에서 다른 기술보다 우위를 보이는 틸트엑스 기술을 채택한 eVTOL

미국에 상장해 있는 틸트엑스 eVTOL 3사 비교

eVTOL 채택 기술	기업명	모델명	탑승 인원	탑재 중량	운항 속도	항속 거리	개발 단계
틸트엑스	조비	S4	5명	453kg	322km/h	241km	개발 완료
	아처	Maker	2명		241km/h	100km	개발 완료
		미정	5명		241km/h	100km	개발 중
	릴리움	Eagle	2명	200kg	300km/h	300km	개발 완료
		Phoenix	5명				개발 완료
		jet	7명	700kg	280km/h	250km	개발 중
리프트 앤드 크루즈	오로라	PAV	3명	225kg	180km/h	80km	개발 완료
	위스크	Cora	2명	181kg	180km/h	100km	개발 완료
멀티로터	이항	216	2명	220kg	100km/h	35km	개발 완료

• 출처: 각사

3사를 자세히 알아보자. 조비, 릴리움(Lilium), 아처(Archer Aviation)는 모두 미국 시장에 SPAC 합병으로 상장했다.

1 조비

현재 양산 및 상용화 시점이 가장 빠른 기업은 조비다. 조비는 2009년 설립되었으며, NASA와 eVTOL 기체인 S4를 공동 개발했다. S4는 2019년 개발 완료되어 총 1,000회가 넘는 시험 비행이 진행되었으며, 탑재 중량 453kg, 운항 속도 322km/h, 최대 항속 거리 241km의 성능을 확보했다.

S4는 2020년 12월 미국 연방항공청(FAA)으로부터 상용화를 위한 형식 증명의 첫 단계인 FAA 인증 기준(FAA Certification basis)을 획득했다. 현재는 FAA 인증 전문가 30여 명과 인증 절차를 진행 중인 것으로 알려졌다. 예정대로라면 2023년에 FAA 형식 증명이 발행될 것으로 보인다. 조비는 상용화 계획에 맞추어 2022년 30대의 테스트 물량 양산을 시작으로 2024년부터 연간 200~400대를 생산할 계획이다.

조비는 2020년 초 일본의 토요타로부터 4억 달러 규모의 투자금을 유치하는 데 성공했으며, 기체 양산 기술 공유를 위한 전략적 파트너십을 체결했다. 토요타는 플라잉카(도로와 공중을 모두 달리는 자동차) 생산 기술부터 양산 공장 설계 등 기체 양산 전 부문에서 협력할 계획이다. 토요타의 자동차 양산 노하우와 함께한다면 조비는 대량 양산에 있어서 시행착오를 크게 줄일 수 있을 것이다.

조비는 2020년 말 우버의 UAM 사업부인 우버 엘리베이트(UBER

Elevate) 사업을 인수했다. 우버는 UAM 승차 호출(라이드 헤일링) 서비스인 우버 에어(Uber Air)를 2024년에 상용화할 예정이다. 따라서 조비는 우버 엘리베이트 사업 인수로 우버 에어에 독점으로 기체를 제공할 수 있게 되었다. 즉 이번 인수로 조비는 수요처와 끈끈한 협력관계를 맺고 가시적인 수요처를 확보한 셈이다.

조비가 제시한 2026년 매출액 전망치는 매출액 20억 달러, 매출총이익 12억 달러 수준이다. 조비는 기체 제작뿐 아니라, 에어택시 사업을 통해 기체를 직접 운용할 계획이다. 조비의 에어택시 사업은 2024년 1개 도시를 시작으로 2026년까지 도시가 하나씩 추가되어 서

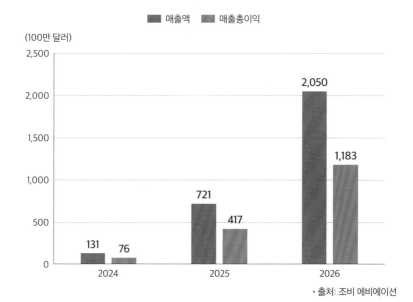

조비의 매출액과 매출총이익 전망치

• 출처: 조비 에비에이션

조비의 2026년 에어택시 비즈니스 계획

매출 창출 동력	일주일에 7일	비행기 대당
평균 이동거리: 24마일	1일 평균 비행 횟수: 40회	+ 매출액: 220만 달러
평균 최대 순항 속도: 165mph(265.5km/h)	1마일당 매출: 1.73달러	– 매출 원가: 90만 달러
평균 탑승자 수: 2.3명	1마일당 비용: 0.86달러	+ 매출총이익: 130민 달러
평균 소요 시간: 6분		– 기타 비용: 30만 달러
1좌석 1마일당 가격: 3달러		공헌 이익: 100만 달러
		회수 기간: 1.3년

• 출처: 조비 에비에이션

비스될 예정이다.

조비는 2026년에 규모의 경제를 달성할 것으로 추정하고 있다. 2026년 기준 총 963대의 기체를 보유하고, 이 중 850대는 에어택시 비즈니스에 투입할 예정이다. 대당 평균 탑승자 수 2.3명, 평균 이동 거리 24마일(38.6km), 1마일(1.6km)당 탑승비용 3달러, 1일 평균 비행 횟수 40회라는 조건이다. 계산해보면 기체 1대당 연간 매출액은 220만 달러, 연간 매출총이익은 130만 달러다. 대당 공헌 이익(단위당 판매 가격에서 단위당 변동비를 뺀 금액)을 100만 달러라고 계산하면, 기체 1대당 가격이 130만 달러이므로 투자 회수 기간은 1.3년으로 예상된다. 즉 기체 1대를 제조해 운행했을 때 1.3년이 지나면 투자금(제조 비용)을 회수할 수 있다는 말이다. 투자 회수 기간이 놀랍도록 짧다. 과연 조비의 계획은 성공할 수 있을까?

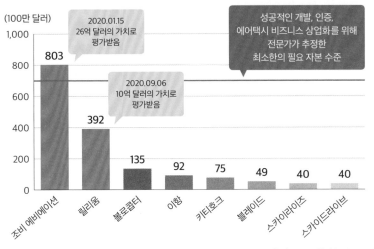

에어택시 스타트업 펀딩 현황

(100만 달러)

2020.01.15
26억 달러의 가치로
평가받음

성공적인 개발, 인증,
에어택시 비즈니스 상업화를 위해
전문가가 추정한
최소한의 필요 자본 수준

2020.09.06
10억 달러의 가치로
평가받음

- 803 조비 에비에이션
- 392 릴리움
- 135 볼로콥터
- 92 이항
- 75 키티호크
- 49 블레이드
- 40 스카이라이즈
- 40 스카이드라이브

• 출처: 루프트한자(Lufthansa)

2 릴리움

릴리움은 에어택시 사업자로서 조비 다음으로 많은 펀딩을 받았다.
2015년 설립된 릴리움은 독일 회사이며, 2021년 9월 SPAC 합병을
통해 나스닥 시장에 상장했다. 릴리움의 주요 투자자는 29%의 지분
을 보유한 텐센트다. 릴리움의 상용화 예상 시점은 조비보다 1년 늦은
2025년이다. 2025년 독일의 뮌헨과 미국의 플로리다를 시작으로 차
후 글로벌 서비스를 론칭할 계획이다.

릴리움은 7인승 기체를 통한 에어택시 서비스를 계획하고 있다.
2026년 기준으로 대당 평균 탑승 인원 4.5명, 평균 이동거리 60마일
(96.5km), 1마일당 탑승비용 2.25달러, 1일 평균 비행 횟수 25회를 가
정했을 때 기체 1대당 연간 500만 달러의 매출액을 기대할 수 있다고

밝혔다. 릴리움이 평균 이동거리를 조비의 24마일보다 2배 이상 많은 60마일로 가정한 만큼, 릴리움은 장거리 운송 위주로 비즈니스 모델을 수립할 것으로 보인다. 릴리움이 공개한 자료에 따르면 릴리움은 플로리다주에서 도시간(intercity) 셔틀을 운영할 계획이다.

릴리움은 2021년 8월 브라질 최대 항공사인 아줄(Azul)과 eVTOL 공급 협의를 마쳤다고 발표했다. 릴리움은 아줄에 2025년부터 220대의 7인승 eVTOL을 대당 450만 달러에 공급하기로 했으며, 아줄은 2025년까지 릴리움이 브라질에서 UAM 서비스를 제공할 수 있도록 규제 승인 부분에서 협력하기로 했다.

릴리움은 2026년 기준 33억 달러의 매출액 전망치를 제시했다. 이는 조비의 매출액 전망치보다 높은 수준이다. 조비보다 1년 뒤에 서비

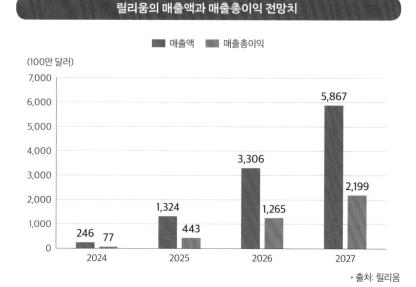

• 출처: 릴리움

스를 개시함에도 불구하고, 조비가 기체당 220만 달러의 매출액을 예상한 것과 달리 릴리움은 기체당 500만 달러의 매출액을 기대하고 있다. 그러나 릴리움의 7인승 eVTOL인 릴리움제트는 아직 개발이 완료되지 않았으며, 2024년에 개발 완료 및 미국 연방항공청과 유럽 항공 안정청(EASA) 인증을 목표로 하고 있다. 즉 기체의 개발이 완료되어 있고 미국 연방항공청 인증이 진행 중인 조비와 비교하면 릴리움의 상용화 가시성은 많이 떨어진다. 과연 릴리움은 무사히 7인승 eVTOL을 개발해 상용화할 수 있을까?

❸ 아처

아처는 비교적 최근인 2020년 5월에 설립되었으며, 2021년 9월 SPAC 합병을 통해 뉴욕 증권거래소에 상장했다. 릴리움과 마찬가지로 상용화를 목표로 2024년까지 5인승 eVTOL을 개발 완료하고 미국연방항공청 인증까지 마칠 계획이다.

세 회사 중 가장 늦게 시작했으나, 아처는 글로벌 자동차 생산업체 스텔란티스, 미국 대형 항공사 유나이티드에어라인과 긴밀한 협력 관계를 유지하며 기체 생산 설비 구축, 대량 양산 기술 등 다방면에서 자문을 받고 있다. 기체 양산을 위한 생산 설비는 2023년 완공을 목표로 하고 있으며, 초기 생산량은 연간 200대 수준이다. 향후 2026년까지 연간 1,000대 수준으로 늘려나갈 예정이다. 아처는 유나이티드에어라인에 2024년부터 기체 총 200대를 10억 달러(대당 500만 달러)에 공급하기로 협의했다.

아처는 에어택시 서비스 지역으로 로스앤젤레스를 선택했다. 대당 평균 이동거리 25마일(40.2km), 1마일당 탑승비용 3.3달러, 1일 평균 비행 횟수 25회를 가정했을 때 연간 기체당 240만 달러의 매출액을 기대할 수 있다고 밝혔다.

우주항공 ETF

ARKX

티커	ARKX	운용사	ARK Investments
보수율	0.75%	추종지수	-
보유종목 수	35	운용 규모	3억 9,180만 달러

* 2022.02.22 기준

1️⃣ ETF 소개

아크 스페이스 익스플로레이션 앤드 이노베이션 ETF(ARK Space Exploration & Innovation ETF)는 캐시우드가 이끄는 아크 인베스트가 8번째로 출시한 우주항공 산업에 투자하는 ETF다. 편입 대상 기업은 궤도 항공우주(orbital aerospace), 준궤도 항공우주(suborbital aerospace), 후방 기술 산업(enabling technologies), 우주항공 수혜(aerospace beneficiary) 관련 기업이다.

2️⃣ 상위 15개 구성 종목

티커	기업명	비중
TRMB	Trimble Inc.	9.06%
PRNT	3D Printing ETF	7.73%
KTOS	Kratos Defense & Security Solutions, Inc.	7.71%
LHX	L3Harris Technologies Inc.	6.33%
6301	Komatsu Ltd.	5.41%
IRDM	Iridium Communications Inc.	5.29%

AVAV	AeroVironment, Inc.	4.64%
2618	JD Logistics, Inc.	3.73%
PATH	UiPath Inc. Class A	3.36%
BLDE	Blade Air Mobility, Inc. Class A	3.31%
AMZN	Amazon.com, Inc.	3.21%
DSY	Dassault Systemes SA	3.11%
VLD	Velo3D, Inc.	2.87%
U	Unity Software, Inc.	2.78%
DE	Deere & Company	2.73%

3 국가별·섹터별 비중

국가별 비중			
미국	71.76%	스위스	2.25%
기타	8.27%	이스라엘	1.74%
일본	5.41%	네덜란드	1.26%
프랑스	4.43%	독일	1.18%
중국	3.73%		

섹터별 비중			
전자공학 기술	44.27%	커뮤니케이션	5.29%
기술 서비스	14.66%	금융	4.24%
생산자 제조업	13.05%	소매업	3.21%
미분류	8.27%	현금	0%
수송	7.04%		

UFO

티커	UFO	운용사	Procure Asset Management
보수율	0.75%	추종지수	S-Network Space Index
보유종목 수	43	운용 규모	9,060만 달러

* 2022.02.22 기준

1 ETF 소개

프로큐어 스페이스 ETF(Procure Space ETF)는 미국의 자산운용사 프로큐어가 출시한 ETF로 구성 종목의 80% 이상을 우주 관련 산업에서 대부분의 매출을 올리는 기업에 투자한다. UFO의 편입 대상 기업은 위성 시스템을 위한 지상 장비 제조 기업, 로켓 및 위성의 제조·운영 관련 기업, 위성 기반 통신·방송 제공 기업, 우주 기반 이미지·정보 서비스 제공 기업, 우주 기술 보유 및 우주 관련 하드웨어 제조 기업 등이다. 이 ETF는 운용 규모가 다소 작은 편이므로 투자에 유의해야 한다.

2 상위 15개 구성 종목

티커	기업명	비중
SESG	SES SA FDR (Class A)	5.68%
ETL	Eutelsat Communications SA	5.47%
SIRI	Sirius XM Holdings, Inc.	5.33%
MAXR	Maxar Technologies, Inc.	5.25%
DISH	DISH Network Corporation Class A	5.23%
VSAT	ViaSat, Inc.	5.09%
GRMN	Garmin Ltd.	4.70%
IRDM	Iridium Communications Inc.	4.69%
RKLB	Rocket Lab USA, Inc.	4.22%

TRMB	Trimble Inc.	4.20%
SPCE	Virgin Galactic Holdings Inc.	3.41%
SATS	EchoStar Corporation Class A	3.35%
LMT	Lockheed Martin Corporation	3.00%
ARQQ	Arqit Quantum Inc.	3.00%
RTX	Raytheon Technologies Corporation	2.93%

③ 국가별·섹터별 비중

국가별 비중			
미국	70.05%	네덜란드	2.85%
룩셈부르크	5.68%	캐나다	1.36%
프랑스	5.65%	이스라엘	1.10%
스위스	4.70%	기타	0.81%
일본	3.62%	이탈리아	0.70%
영국	3%	독일	0.48%

섹터별 비중			
전자공학 기술	41.91%	상업 서비스	1.62%
커뮤니케이션	26.84%	생산자 제조업	1.54%
소비자 서비스	15.22%	프로세스 산업	0.81%
기술 서비스	6.98%	현금	0.44%
금융	4.27%	미분류	0.37%

글로벌 투자은행인 모건스탠리는 우주산업의 시장 규모가 2040년에 는 1,000조 원에 달할 것으로 내다보았다. 우주산업은 정부 주도에서 민간 중심으로 바뀌면서 시장이 커지고 있으며, 개발과 상용화 속도도 빨라졌다. 국방, 연구, 체제 선전 목적이 강했던 정부 주도의 우주산업 에서 사업성을 우선시하는 민간 주도의 우주산업으로 바뀌면서 우주 기술과 다양한 산업 간 융합도 일어나고 있다.

가장 활성화된 분야는 인공위성 데이터다. 인공위성으로 촬영한 이 미지를 시계열로 분석해 미국 내 옥수수 수확량을 예측하는 '데카르트 랩스(Descarte Labs)', 인공위성 이미지를 분석해 작물과 토양의 변화 를 추적하는 '플래닛 랩(Planet Lab)', 인공위성 기반 농업 빅데이터 분 석으로 농민에게 적합한 재배 작물을 알려주는 '파머 비즈니스 네트워 크(Farmers Business Network)' 등 농업과 인공위성 서비스가 결합한 신규 기업이 속속 등장하고 있다.

투자 관점에서 이러한 우주산업에 주목할 필요가 있다. 예전과 달 리 우주산업은 단기적인 프로젝트 성격을 띠지 않고, 영속성과 지속 가능성을 모색하고 있기 때문이다.

PART 5

모빌리티 산업에 부는 혁신의 바람

2016년 테슬라가 보급형 전기차인 모델3의 대량 생산 계획을 처음 발표했을 때 사람들의 반응은 두 가지로 나뉘었다. 3만 5,000달러에 과연 전기차를 출시할 수 있을지 반신반의하는 경우와 구매 예약을 위해 계약금 1,000달러를 예치하며 테슬라의 혁신성에 박수를 보내는 경우였다. 나는 전자에 속했다. 전기차가 대중화되리라는 의견에 회의적이었으며, 완성차 대량 양산 경험이 없는 테슬라가 대량 생산을 할 수 있을지도 의문이었다.

테슬라의 모델3 인도량이 급증하던 2018년 하반기가 되어서야 나는 전기차가 장기 트렌드가 될 수 있겠다고 생각했다. 테슬라의 야심 찬 프로젝트인 모델3는 2018년부터 2021년까지 4년 연속 가장 많이 팔린 모델이 되어 테슬라가 전기차 시장을 정복하는 데 큰 기여를 했다. 테슬라는 이제 전기차를 넘어서 자율주행차에 도전하고 있다. 현재 장기 트렌드로 자리 잡은 전기차, 그리고 테마에서 트렌드로 변해가는 과정에 있는 자율주행차 등, 모빌리티 산업에 부는 두 가지 혁신의 바람에 대해 알아보자.

CHAPTER 1 ▶ 보급 확대로 더욱 빨라진
전기차 시대

테슬라의 시가총액은 2022년 3월 24일 기준 1조 300억
달러로 테슬라를 제외한 완성차 상위 15개 업체의 시가총
액을 합친 것과 비슷한 수준이다. 완성차 업체 시가총액에
서 2위를 차지한 토요타는 연간 약 1,000만 대의 차량을
인도하고 매출액은 연간 약 2,500억~2,700억 달러 수준
이다. 반면 테슬라는 연간 약 100만 대의 차량을 인도하며
2021년 538억 달러의 매출액을 기록했다.

테슬라는 토요타보다 차량 인도 대수도 매출액도 적지만
시가총액이 토요타의 약 3배에 달한다. 테슬라는 어떻게
높은 시가총액을 기록할 수 있었을까?

테슬라와 전기차 시대의 개막

2003년 설립된 미국 전기차 제조 업체인 테슬라는 2010년 나스닥 시장에 상장했다. 현재 테슬라는 전 세계 전기차 시장을 선도하고 있다. 시장조사업체 클린테크니카(Cleantechnica)에 따르면 2021년 기준 전 세계 순수전기차(EV) 시장에서 테슬라의 시장점유율은 14%로 4년 연속 1위를 차지했다.

테슬라는 기존 자동차 업체보다 이른 2008년부터 전기차를 생산해왔다. 처음 출시한 전기차는 2008년 로드스터(Roadster)로, 100% 리튬이온 배터리만으로 약 300km를 운행할 수 있는 스포츠카였다. 이후 자신감이 생긴 테슬라는 2012년 6월 고급형 세단 전기차인 모델S를 출시했다. 모델S는 2015년 12월까지 누적 판매량 10만 대를 돌파하며 시장에서 주목받기 시작했다. 당시 전기차 누적 판매량 10만 대를 돌파한 모델은 닛산의 리프(Leaf)와 제너럴모터스(GM)의 볼트(Volt)뿐이었으며, 두 모델 모두 보급형 차량으로 3만~4만 달러의 가격이 형

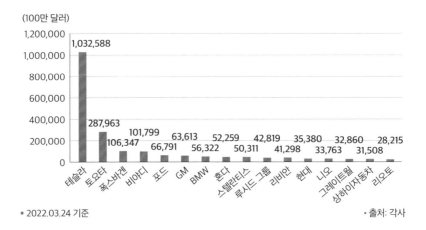

주요 완성차 업체 시가총액 추이

(100만 달러)

- 테슬라: 1,032,588
- 토요타: 287,963
- 폭스바겐: 106,347
- 비야디: 101,799
- 포드: 66,791
- GM: 63,613
- BMW: 56,322
- 혼다: 52,259
- 스텔란티스: 50,311
- 룩시드 그룹: 42,819
- 리비안: 41,298
- 현대: 35,380
- 니오: 33,763
- 그레이트월: 32,860
- 상하이자동차: 31,508
- 리오토: 28,215

* 2022.03.24 기준　　　　　　　　　　　　　　　　　• 출처: 각사

성되어 있었다.

　반면 테슬라의 모델S는 고급형 차량으로 약 7만 달러의 가격이었던 만큼 누적 판매량 10만 대 돌파 소식은 큰 주목을 받았다. 또한 2015년 모델S가 5만 1,000대 판매되며 전 세계 전기차 판매량 기준 1위를 달성하자, 사람들은 전기차 시장의 본격적인 개화 가능성을 생각하기 시작했다.

　테슬라는 2016년 2월 주주서한에서 보급형 차종인 모델3를 공개했으며, 2017년 말부터 생산할 계획이라고 밝혔다. 모델3는 공개 이틀 만에 30만여 대의 주문량을 기록했다. 공개된 모델3는 보급형 전기차 경쟁 모델인 닛산 리프와 GM 볼트 대비 약 2배에 달하는 주행거리를 갖추었으며, 가격은 경쟁 모델과 비슷한 3만 5,000달러로 책정되며 대중의 관심을 끌었다. 시장에서는 모델3에 관심을 보이면서도 우려의 목소리도 컸다. 3만 5,000달러에 300km를 갈 수 있는 모델3가 성공적으로 출시될지 반신반의하며, 출시되더라도 테슬라가 과연 원가를 크게 낮추어 실적 개선에 성공할 수 있을지를 우려했다.

많은 관심 속에 2017년 7월 모델3의 인도가 개시되었다. 인도 개시 이후 테슬라는 생산량 확대에 어려움을 겪으며 2017년 3분기 실적에서 기존 목표치(1,500대) 대비 크게 밑도는 생산량(260대)을 기록했다. 테슬라는 2018년 2분기가 되어서야 생산 차질을 해결하며 생산량을 크게 늘렸다.

테슬라는 2021년 기준 매출액 538억 달러, 영업이익 65억 달러로 영업이익률 12.1%를 기록했다. 지금은 완성차 업체가 쉽게 기록하기 힘든 두 자릿수 영업이익률을 내는 번듯한 회사지만, 테슬라는 상장 후 약 10년 동안 적자를 냈다. 2020년 모델3의 대량 인도가 이루어지면서 비로소 흑자 전환에 성공한다. 상장 후 10년 동안 테슬라는 월스트리트에서 주가 거품 논란의 중심에 있었으며, 테슬라가 새로운 도전을 할 때마다 많은 사람이 실패할 것이라 여겼다. 토요타, 폭스바겐 그룹 등 기존 완성차 업체(이하 전통차 업체)들은 테슬라를 경쟁자로 생각하지 않았다.

테슬라는 2017년 차량 인도를 본격적으로 시작하면서 그해 미국 자동차 업체 시가총액 1위에 오르며 전통차 업체들을 위협한다. 이때만 해도 전통차 업체들은 전기차 시장 진출을 적극적으로 검토하지 않았고, 주요 경영 전략을 내연기관차 중심으로 수립하고 연비를 조절했다. 테슬라가 차량 인도 및 양산에 성공하며 흑자 전환을 이루어내자 완성차 업체들은 전기차 사업에 관심을 갖기 시작했다.

이러한 시장 반응에 각국 정부의 엄격한 환경 규제가 더해지자 전기차 시장은 크게 성장했다. 국제에너지기구(IEA)의 자료에 따르면 2021년 전기차 시장의 고성장으로 전 세계 자동차 시장의 전기차 침투율은 2020년 4.11%에서 2021년 8.57%로 2배 이상 성장했다. 이 속도라면 2022년에는 두 자릿수 침투율이 가능해질 전망이다. 내연기관차 업체의 전기차로의 전환은 이제 피할 수 없는 전략이 되었다.

선택이 아닌 필수가 된 전기차 사업

몇 년 사이 여러 국가가 내연기관차 판매 중단을 발표했다. 2016년 10월 독일은 2030년부터 내연기관차 판매 중단을, 2017년 7월 프랑스는 2040년부터 내연기관차 판매 중단을 발표했다. 2017년 4월에는 중국이 2025년 기준 전체 예상 판매량의 20%를 전기차(EV*+PHEV**+FCEV***)로 달성하겠다는 목표를 제시했다. 각국 정부의 적극적인 환경 규제로 전통차 업체들에게 전기차 사업은 필수가 되었다.

이후 글로벌 완성차 업체는 전기차 비즈니스에 본격적으로 뛰어

---

* Electric Vehicle, 순수전기차

** Plug-in Hybrid Electric Vehicle, 플러그인 하이브리드차. 전기모터와 석유엔진을 함께 사용하는 자동차로, 배터리를 외부 충전기로 충전할 수 있다.

*** Fuel Cell Electric Vehicle, 수소연료전지차. 수소연료전지로 전기모터에 전기를 공급하는 차세대 친환경 자동차다.

전 세계 내연기관 자동차 판매 금지 시점

2025년	노르웨이, 네덜란드
2030년	독일, 영국
2035년	미국(캘리포니아), 중국, 캐나다(퀘벡)
2040년	프랑스

· 출처: 언론 보도

들기 시작했다. 일명 '디젤게이트[*]'의 주범인 폭스바겐은 2016년 9월 파리 모터쇼에서 2025 전략을 발표하며 2025년까지 전체 판매량의 20~25%를 순수 전기차로 달성하겠다고 밝혔다. 볼보는 2025년까지 친환경차 100만 대 판매 달성을 목표로 발표했다. 중국의 지리(Geely) 자동차는 2020년까지 전체 판매량 중 90%를 전기차(EV+PHEV+HEV[**]) 모델 출시로 달성하겠다는 공격적인 계획을 내놓기도 했다. 각국 정부는 내연기관차 규제와 동시에 전기차 보급률 확대를 위해 전기차 보조금 지급 정책을 내놓았다.

유럽과 중국을 주축으로 한 적극적인 환경 규제와 전기차 보조금 지급 정책으로 2021년 전기차(EV, PHEV) 판매 대수는 약 675만 대로 집계되었다. 이 중 중국이 판매량의 50%를, 유럽이 30%를 차지한

---

[*] 2015년 9월에 일어난 폭스바겐의 디젤 배기가스 조작 사건. 연비 및 가스 배출 문제를 편법으로 해결하기 위해 배기가스 검사를 받을 때만 가스가 재활용되도록 차량을 조작해 유럽연합(EU)에서 요구하는 환경 기준을 통과해온 사실이 적발되었다. 디젤게이트가 터지고 폭스바겐 주가는 하루 새에 18% 급락했고, 이후에도 주가가 계단식으로 하락해 160달러에 달하던 주가는 110달러를 밑돌며 30% 넘게 하락했다.

[**] Hybrid Electric Vehicle, 하이브리드차. 주 동력원이 화석 연료이며, 보조 동력원으로 전기에너지를 쓰는 차량을 일컫는다. 이때 전기모터는 가속 시 출력을 보조하는 역할을 하며 자동차의 연비 향상, 배기가스 감소에 도움을 준다. 플러그인 하이브리드차(PHEV)와 달리 배터리를 외부 충전기로 충전할 수 없다.

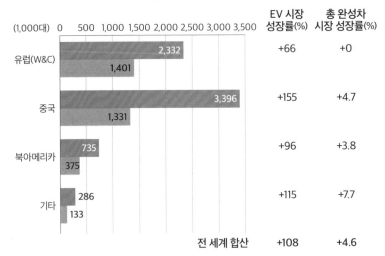

BEV+PHEV 판매 대수와 성장률

■ 2020   ■ 2021

(1,000대)	0	500	1,000	1,500	2,000	2,500	3,000	3,500	EV 시장 성장률(%)	총 완성차 시장 성장률(%)
유럽(W&C)					2,332				+66	+0
			1,401							
중국							3,396		+155	+4.7
			1,331							
북아메리카	735								+96	+3.8
	375									
기타	286								+115	+7.7
	133									
전 세계 합산									+108	+4.6

* BEV: Battery Electric Vehicle, 배터리 전기차

• 출처: EV 볼륨스(EV Volumes)

전 세계 BEV+PHEV 시장 현황

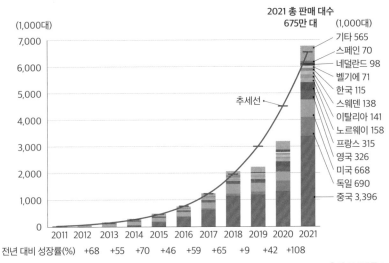

2021 총 판매 대수 675만 대

(1,000대)

추세선 ←

기타 565
스페인 70
네덜란드 98
벨기에 71
한국 115
스웨덴 138
이탈리아 141
노르웨이 158
프랑스 315
영국 326
미국 668
독일 690
중국 3,396

	2011	2012	2013	2014	2015	2016	2017	2018	2019	2020	2021
전년 대비 성장률(%)			+68	+55	+70	+46	+59	+65	+9	+42	+108

• 출처: EV 볼륨스

PART 5 모빌리티 산업에 부는 혁신의 바람

중국의 친환경차 보급 로드맵(신차 판매 비율 기준)

	2019년	2025년	2030년	2035년
전통 내연기관차	95%	40%	15%	퇴출
하이브리드차		40%	45%	50%
신에너지(전기차)	5%	20%	40%	50%

• 출처: 중국 자동차 공정학회, 조선비즈

다. 유럽은 2020년에 전년 대비 138%라는 놀라운 성장을 기록했으며, 2021년에도 전년 대비 66% 성장했다. 중국 또한 2021년에 전년 대비 155%에 달하는 놀라운 성장률을 기록했다.

중국 정부는 내연기관차 비중을 2025년까지 40%, 2030년까지 15%로 단계적으로 줄인 후 2035년에는 내연기관차 퇴출을 목표로 하고 있다. 2021년 중국의 전기차 판매량이 공개되기 전까지 중국 정부의 목표가 공격적이라는 인식이 대다수였다. 그러나 2021년 중국에서 300만 대가 넘는 전기차가 팔리자, 2022년 중국 전기차 판매량을 500만 대로 예측하는 기관들이 하나둘씩 늘어났다. 중국 정부가 목표를 조기 달성할 것이라는 의견도 나오기 시작했다.

중국은 2021년 월별 전기차 침투율이 점점 증가해 그해 12월 기준으로 약 20%를 기록했다. 2021년 중국 전기차 시장의 급성장은 중국 정부의 보조금 정책 때문인데, 중국 정부는 2020년까지 지급하기로 한 보조금과 구매세 인하 혜택을 2년 더 연장했다. 2021년은 보조금과 구매세 인하 혜택을 받을 수 있는 마지막 기회이기 때문에 수요가 몰린 것으로 해석되며, 2022년 수요도 긍정적일 것으로 전망된다.

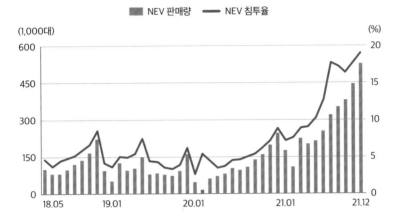

중국 NEV 판매량 침투율 성장 추이

■ NEV 판매량　—— NEV 침투율

(1,000대)　　　　　　　　　　　　　　　　　　　　(%)

* NEV: New Energy Vehicle, 중국에서 신에너지차량 전체를 일컫는 용어

• 출처: 중국 자동차 제조업 협회(CAAM), 에너지 인텔리전스(Energy Intelligence)

2021년 중국 내 전기차 생산업체별 점유율을 보면, 비야디(BYD)가 19%로 가장 높고, 그 뒤를 이어 테슬라가 15%이며, 3위는 상하이GM 우링자동차(상하이자동차-GM-우링자동차 합작회사)로 13% 수준이다. 테슬라를 제외하고는 대부분 중국 완성차 업체들이 중국 시장을 장악하고 있다.

2021년 중국에서 가장 많이 팔린 차종은 상하이GM우링자동차가 생산한 홍관 미니 EV(Hongguan Mini EV)다. 500만 원대의 전기차로, 중국의 지방 도시 및 농촌을 중심으로 인기를 끌며 2021년에 약 29만 대가 판매되었다. 2021년 중국 전기차 전체 판매량이 약 340만 대임을 고려하면, 단일 차종이 10%에 가까운 판매 비중을 차지한 셈이다. 두 번째로 많이 팔린 차종은 비야디의 친(Qin)이며, 3위와 4위는 각각

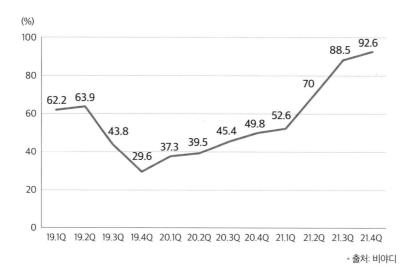

비야디 출하 차량 중 전기차 비중

(%)

- 62.2
- 63.9
- 43.8
- 29.6
- 37.3
- 39.5
- 45.4
- 49.8
- 52.6
- 70
- 88.5
- 92.6

19.1Q 19.2Q 19.3Q 19.4Q 20.1Q 20.2Q 20.3Q 20.4Q 21.1Q 21.2Q 21.3Q 21.4Q

• 출처: 비야디

테슬라의 모델Y와 모델3이다.

중국 전기차 점유율 1위인 비야디는 2020년 코로나19의 영향으로 일시적으로 전체 출하 차량 중 전기차 비중이 줄어들었으나, 2021년 에는 점차 회복하여 2021년 4분기 기준 전체 출하 차량 내 전기차 비 중이 92.6%에 달했다. 2021년 누적 기준 비야디 출하 차량 중 전기차 출하 비중은 81.5%다. 중국에서는 머지않아 신규 출하되는 차량이 모두 전기차로 바뀔 것이다. 그리고 이 속도라면 중국 정부의 2035년 내연기관차 퇴출이라는 목표는 조기에 달성할 가능성이 매우 높아 보 인다.

중국과 마찬가지로 유럽도 강력한 환경 규제로 전기차 시장의 성장 을 이끌고 있다. 유럽 국가 중 노르웨이가 전기차 보급률이 가장 높다.

노르웨이 신차 판매 카테고리별 비중

(단위: %)

■ 전기차　■ 플러그인 하이브리드차　■ 하이브리드차　■ 내연기관차(가솔린)　■ 내연기관차(디젤)

연도	전기차	플러그인 하이브리드차	하이브리드차	내연기관차(가솔린)	내연기관차(디젤)
2017	20.9	18.4	12.9	24.7	23.1
2018	31.2	17.9	11.1	22	17.8
2019	42.4	13.6	12.3	15.7	16
2020	54	20	9	8	9
2021	65	22	6	4	4

• 출처: 노르웨이 도로 연맹(OFV)

노르웨이의 경우 2021년 판매된 신차 중 전기차 비중은 65%, 하이브리드차 비중은 28%로, 친환경차 비중이 93%에 달한다. 또한 노르웨이는 2025년부터 내연기관차 판매 금지가 이루어지며, 이미 친환경차 판매 비중이 93%이기 때문에 목표를 조기 달성할 가능성이 높다. 특이하게도 노르웨이는 전기차 보조금을 지급하지 않고 세제 혜택으로 전기차 구매를 유도했다. 노르웨이 정부는 전기차 촉진 방안으로 취득세, 법인세, 부가세를 면제하면서, 반대로 기존 내연기관차에 상당히 높은 세율을 부과했다. 또한 친환경차는 주차 및 교통비용을 감면해주고, 충전소 인프라 건설에 집중하는 등 실질적인 혜택을 제공하는 중장기적 대응 방법에 집중했다. 그 결과 2021년 기준 친환경차 판매 비중 93%를 달성할 수 있었다.

노르웨이를 필두로 2021년 기준 유럽 주요국의 친환경차 침투율은 네덜란드 52.6%, 스웨덴 51%, 영국 45.5%, 스위스 44.4%, 독일 42.4%다. 유럽 주요 10개국 중 5개국이 친환경차 침투율이 40% 이상이며, 유럽 주요 10개국 통합 친환경차 침투율은 41.8%다.

2021년 기준 테슬라의 모델3가 유럽에서 약 14만 3,000대 판매되었다. 그해 유럽 전체 전기차 판매량이 약 230만 대임을 감안하면 단일 차종 기준 약 6%의 점유율을 차지한 셈이다. 2위는 르노의 조에(ZOE)로 테슬라의 모델3의 절반 수준인 약 7만 2,000대의 판매량을 기록했으며, 3위와 4위는 각각 폭스바겐의 ID.3과 ID.4로 약 7만 대, 약 5만 5,000대의 판매량을 기록했다.

앞서 언급한 대로 2021년 기준 전 세계 순수전기차 시장에서 점유율이 가장 높은 업체는 테슬라다. 테슬라 뒤를 이어 폭스바겐 그룹, 비야디, GM, 스텔란티스 등 전통차 업체들이 몰려 있다. 비야디는 2020년에는 점유율 7위에 올랐지만, 2021년에는 중국 시장의 성장에 힘입어 전년 대비 225% 성장하며 전 세계 점유율 3위를 차지했다. GM은 중국 시장에서 합작사인 상하이GM우링자동차가 출시한 홍관 미니 EV의 약진으로 전년 대비 142% 성장하며 4위를 차지했다.

전 세계에서 가장 많이 팔린 순수전기차 모델은 테슬라의 모델3이다. 모델3는 전 세계 순수전기차 시장에서 가장 큰 비중을 차지하는 중국과 유럽에서 각각 판매량 4위와 1위를 기록하며 2018년부터 2021년까지 4년 연속 가장 많이 팔린 모델에 올랐다. 50만 대 중 약 27만 대가 중국에서 제조되었으며, 그중 12만 대가 수출된 것으로 파악된다. 모델3의 뒤를 이어 홍관 미니 EV, 테슬라의 모델Y순으로 많이 팔렸다. 가장 많이 팔린 상위 3개 차종의 순위는 2020년과 2021년이 동일하며, 판매량만 더 늘었다. 특히 모델Y는 2021년 8월까지 중국 내

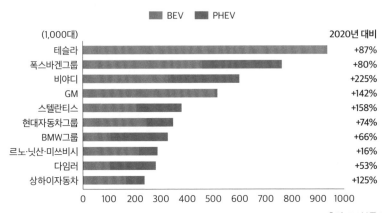

2021년 글로벌 EV OEM, OEM 그룹별 판매량

BEV ■ PHEV

(1,000대)   2020년 대비

테슬라	+87%
폭스바겐그룹	+80%
비야디	+225%
GM	+142%
스텔란티스	+158%
현대자동차그룹	+74%
BMW그룹	+66%
르노·닛산·미쓰비시	+16%
다임러	+53%
상하이자동차	+125%

0 100 200 300 400 500 600 700 800 900 1000

• 출처: EV 볼륨스

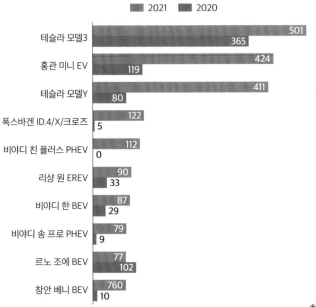

2020~2021년 전 세계 판매량 기준 상위 10위 전기차 모델

■ 2021 ■ 2020

테슬라 모델3	2021: 501 / 2020: 365
홍관 미니 EV	2021: 424 / 2020: 119
테슬라 모델Y	2021: 411 / 2020: 80
폭스바겐 ID.4/X/크로즈	2021: 122 / 2020: 5
비야디 친 플러스 PHEV	2021: 112 / 2020: 0
리샹 원 EREV	2021: 90 / 2020: 33
비야디 한 BEV	2021: 87 / 2020: 29
비야디 송 프로 PHEV	2021: 79 / 2020: 9
르노 조에 BEV	2021: 77 / 2020: 102
창안 베니 BEV	2021: 760 / 2020: 10

• 출처: EV 볼륨스

공장의 램프업(ramp-up)*이 진행되어 유럽으로 수출되지 않았음에도 3위를 유지했다.

테슬라와 전통차 업체의 눈에 띄는 격차

테슬라의 완성차 판매량은 2019년 약 37만 대, 2020년 약 50만 대이며, 2021년에는 약 94만 대의 전기차를 성공적으로 인도했다. 2021년에는 2020년보다 약 2배 수준의 인도량을 기록했다. 1년 만에 큰 성과를 이루었다는 점은 수요가 그만큼 폭발적으로 늘어났음을 의미한다. 테슬라는 충분한 공급 능력을 갖추어서 폭발적인 수요에 대응했다.

테슬라는 2021년 말 기준 연간 105만 대의 전기차 생산 설비를 보유하고 있다. 이러한 전기차 생산 설비에서 2021년 93만 대의 전기차를 생산했으며, 가동률은 약 90%에 달한다. 따라서 설비 증설이 필요한데, 현재 테슬라는 베를린과 텍사스에 생산 설비를 증설하고 있다. 두 설비는 각각 50만 대 생산 규모이며, 완공되면 테슬라는 기존 설비의 2배 수준인 총 연간 205만 대의 생산 설비를 갖추게 된다. 현재 두 공장 모두 완공되었으며, 시험 생산에 돌입한 상태다. 기가베를린공장은 2022년 3월 23일 가동을 시작했으며, 2022년 5만 대, 2023년 24만 대, 2024년 50만 대를 생산할 계획이다. 기가텍사스공장은 현재 진행

---

* 장비 설치 이후 대량 양산에 들어가기까지 생산 능력의 증가를 의미하는 말

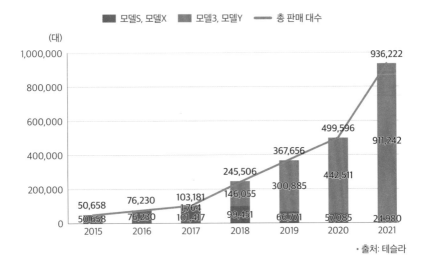

테슬라의 모델 차종별 완성차 판매 대수

■ 모델S, 모델X   ■ 모델3, 모델Y   ━ 총 판매 대수

(대)

	2015	2016	2017	2018	2019	2020	2021
총 판매 대수	50,658	76,230	103,181	245,506	367,656	499,596	936,222
모델3, 모델Y			1,764	146,055	300,885	442,511	911,242
모델S, 모델X	50,658	76,230	101,417	99,451	66,771	57,085	24,980

· 출처: 테슬라

중인 시험 생산이 끝나면 2022년 중에 양산에 들어갈 것으로 예상된다.

전통차 업체는 늦게 시작한 만큼 아직 테슬라보다 생산 능력이 작다. 포드는 2023년까지 전기차 생산 능력을 연 60만 대 수준까지 끌어올리겠다는 계획이다. 또한 폭스바겐과 GM은 각각 2023년과 2025년에 100만 대의 생산 능력을 갖출 계획이다. 앞서 언급한 대로 테슬라는 이미 100만 대 이상의 생산 능력을 갖추고 2021년 93만 대의 전기차를 생산했다. 전통차 업체 중에는 2023년에 100만 대의 생산 능력을 갖출 계획인 곳이 폭스바겐밖에 없다. 테슬라는 2023년이면 205만 대의 생산 설비를 갖추게 된다. 따라서 한동안 전기차 시장에서 테슬라와 완성차 업체들의 점유율 격차는 더욱더 벌어질 것이다.

전기차 시장에 뒤늦게 뛰어든 전통체 업체와 10년 넘게 전기차 시

테슬라의 연간 생산 능력

연간 생산 능력		현재 생산 능력	상태
캘리포니아	모델S·모델X	10만 대	생산 중
	모델S·모델X	50만 대	생산 중
상하이	모델S·모델X	45만 대 이상	생산 중
베를린	모델Y	초기 램프업	생산 중
텍사스	모델Y	초기 램프업	생산 중
	사이버트럭	-	개발 중
준비 중	테슬라 세미	-	개발 중
	로드스터	-	개발 중
	퓨처 프로덕트	-	개발 중

• 출처: 테슬라

장을 선도한 테슬라의 기술 격차는 이미 크게 벌어진 상태다. 전기차가 내연기관차보다 구조가 단순한 만큼, 별다른 엔진 기술이 필요 없어서 전통차 업체가 전기차 시장에 쉽게 진출할 수 있다는 의견도 존재했다. 그러나 원가 절감과 대량 생산에 관한 기술이 문제다. 현재 완성차 업체 입장에서 전기차를 내연기관차와 비슷한 성능과 가격으로 내놓으면서 마진율도 내연기관차와 비슷하게 맞추기가 어렵다.

전기차는 내연기관차보다 진입 장벽이 낮다는 인식 때문에 초기에 여러 기업이 전기차 시장에 뛰어들었다가 포기하는 사례가 있었다. 대표적인 예가 다이슨이다. 2016년 영국의 가전업체인 다이슨은 약 3조 원을 투자해 2021년 전기차 생산 프로젝트를 발표했다. 그러나 2019년 10월 11일, 창업자 제임스 다이슨은 홈페이지에 전기차 프로젝트를 포기한다고 공식 발표했다. 그러면서 전기차 개발에는 성공했으나 경제적 타당성이 부족해 포기하게 되었다고 덧붙였다. 내연기관차와 비슷한 성능을 가진 전기차를 내연기관차와 비슷한 가격으로 출시하는 것이 매우 어려운 일임을 짐작할 수 있다.

테슬라는 전기차 생산에서 더 나아가 원가 절감과 가격 인하를 꾸준히 강조해왔고, 2020년 배터리데이 행사에서는 '반값 전기차'를 내놓겠다는 계획을 발표하며 구체적인 로드맵을 발표했다. 다음 그래프를 보면 테슬라는 성공적인 원가 절감으로 매출총이익률이 상승했지만, 폭스바겐은 매출총이익률이 하락하는 모양새다.

테슬라는 매출총이익률이 2021년 기준 25.28%으로, 전통차 업체보다 높은 매출총이익률을 올렸다. 2021년 기준 매출액 중 88%가 자

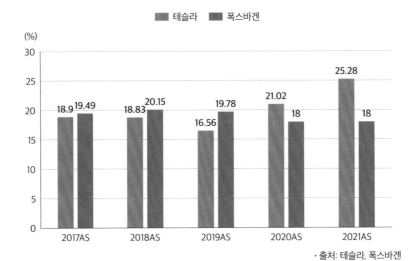

테슬라와 폭스바겐의 매출총이익률 추이

· 출처: 테슬라, 폭스바겐

　　　　　　　　　　　　　　　PART 5 모빌리티 산업에 부는 혁신의 바람

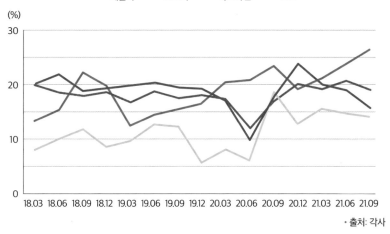

테슬라와 전통차 업체들의 매출총이익률 추이(분기별)

─── 테슬라 ─── 토요타 ─── 폭스바겐 ─── GM

(%)

30

20

10

0

18.03 18.06 18.09 18.12 19.03 19.06 19.09 19.12 20.03 20.06 20.09 20.12 21.03 21.06 21.09

· 출처: 각사

동차 사업부에서 창출되었다. 테슬라의 자동차 사업부의 매출총이익률만 따로 계산해 보면 2021년 기준 29.3%에 달한다. 일각에서는 미국에서 시행하는 전기차 크레딧 제도°로 탄소 크레딧을 타사에 팔았던 덕분이라고 보았다. 이에 따르면 향후 전통차 업체가 전기차를 생산해 더 이상 탄소 크레딧을 사지 않으면 테슬라는 흑자 기조를 유지하지 못할 수 있다. 그러나 2021년 3분기 실적발표에서 탄소 크레딧을 제외하고도 순이익이 흑자로 전환되었다. 또한 생산 효율화와 대량 생산 효과로 매출총이익률이 연간별 분기별로 개선되고 있다는 점이 부각

● 한경오염을 줄이는 데 기여한 주체에게 미국 주정부나 연방정부가 제공하는 크레딧. 테슬라 같은 전기차 회사가 정부에서 규제 크레딧을 받으면, 배기가스를 기준치 이상 배출한 기업에 이 크레딧을 판매해 수익을 창출할 수 있다.

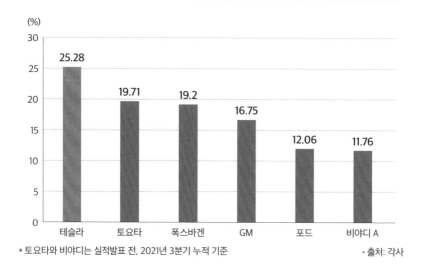

주요 완성차 업체 2021년 매출총이익률 현황

(%)

- 테슬라: 25.28
- 토요타: 19.71
- 폭스바겐: 19.2
- GM: 16.75
- 포드: 12.06
- 비야디 A: 11.76

* 토요타와 비야디는 실적발표 전, 2021년 3분기 누적 기준

• 출처: 각사

테슬라 자동차 사업부의 크레딧 매출 제외한 매출총이익률 추이

■ 자동차 사업부 ■ 크레딧 제외 자동차 사업부

(%)

- 2017: 22.91 / 19.17
- 2018: 23.45 / 21.18
- 2019: 21.24 / 18.39
- 2020: 25.62 / 19.82
- 2021: 29.3 / 26.2

• 출처: 테슬라

미국 환경보호청(EPA) 기준으로 측정된 전기차 모델별 주행거리

모델명	EPA 측정 주행거리
2021 Tesla Model 3 Long Range	353마일(약 568km)
2021 Mercedes-Benz EQS 450+	350마일(약 563.2km)
2021 Tesla Model S Plaid	348마일(약 560km)
2020 Tesla Model X Long Range	328마일(약 527.8km)
2020 Tesla Model S Performance	326마일(약 524.6km)
2021 Tesla Model Y Long Range	326마일(약 524.6km)
2022 Rivian R1T Launch Edition	314마일(약 505.3km)
2018 Tesla Model 3 Performance	310마일(약 498.8km)
2021 Ford Mustang Mach-E California Route 1	305마일(약 490.8km)
2020 Tesla Model Y Performance	291마일(약 468.3km)
2021 Ford Mustang Mach-E AWD Ext Range	270마일(약 434.5km)
2021 Volkswagen ID.4 Pro	260마일(약 418.4km)
2022 Chevrolet Bolt	259마일(약 416.8km)
2020 Chevrolet Bolt	259마일(약 416.8km)
2019 Hyundai Kona Electric	258마일(약 415.2km)
2021 Volkswagen ID.4 First Edition	250마일(약 402.3km)
2020 Tesla Model 3 Standard Range Plus	250마일(약 402.3km)
2020 Kia Niro EV	239마일(약 384.6km)
2022 Audi e-tron GT	238마일(약 383km)
2021 Polestar 2 Performance	233마일(약 374.9km)
2022 Audi RS e-tron GT	232마일(약 373.3km)
2021 Ford Mustang Mach-E Std. Range	230마일(약 370.1km)
2021 Audi e-tron Sportback	218마일(약 350.8km)
2020 Nissan Leaf Plus SL	215마일(약 346km)
2021 Volvo XC40 Recharge	208마일(약 334.7km)
2020 Porsche Taycan 4S	203마일(약 326.6km)
2020 Hyundai Ioniq Electric	170마일(약 273.5km)
2020 MINI Cooper SE	110마일(약 177km)

• 출처: 미국 환경보호청

되자 시장에서는 탄소 크레딧 매출 감소에 대한 우려가 잠잠해졌다.

테슬라는 시장 선도 업체로서 마진도 높을뿐더러 성능도 뛰어나다. 앞의 표는 미국 환경보호청 기준으로 측정된 전기차 모델별 주행거리로, 상위 10개 차종 중 8개 차종이 테슬라 모델임을 알 수 있다.

뛰어난 성능에 가격까지 저렴한 전기차를 어느 누가 사지 않을 수 있을까? 전기차 시장에서 테슬라의 독주는 당분간 이어질 것으로 전망한다.

리비안은 제2의 테슬라가 될 수 있을까?

2009년 설립된 미국 전기차 업체 리비안은 제2의 테슬라라고 불리며 시장에서 큰 주목을 받고 있다. 리비안은 상장 당시 자동차 판매 실적이 150대에 불과했지만, 2021년 11월 10일 (미국 현지 시각 기준) 상장 첫날 시가총액 100조 원을 넘어섰다. 시가총액 기준으로 미국의 전통차 업체인 포드를 뛰어넘었으며, GM과 비슷한 수준이었다. 그렇게 리비안은 전 세계 완성차 업체에서 시가총액 4위를 기록했다. 150대 차량을 겨우 인도한 리비안이 어떻게 높은 시가총액을 받을 수 있었을까?

리비안에 제2의 테슬라라는 수식어가 붙은 이유는 리비안이 전통차 업체로서 전기차 시장에 진출한 것이 아니라, 전기차 시장을 위해 탄생한 전기차 스타트업이기 때문이다. 리비안은 아마존 딜리버리 밴 10만 대를 수주 받으면서 주목을 받았다. 또한 아마존이 리비안의 지분 20%

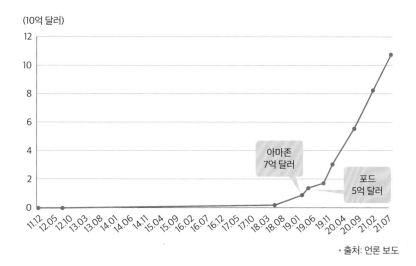

상장 전 리비안의 투자금 유치 현황

(10억 달러)

아마존
7억 달러

포드
5억 달러

· 출처: 언론 보도

를 보유하고 있고, 포드에서 5억 달러를 투자받으며 파트너십을 체결했다. 리비안은 SUV와 픽업트럭 제조에 집중하고 있다. 2020년 기준 미국 시장은 SUV와 픽업트럭의 비중이 약 70%에 달하기 때문에 리비안의 전방 시장은 매력적으로 평가할 수 있다.

리비안은 전기 픽업트럭인 R1T를 2021년 9월에 출시했으며, 2021년 총 1,015대를 생산해 920대를 인도했다. SUV인 R1S는 2022년 2분기에 출시할 예정이다. 리비안은 2021년 10월 말 기준으로 R1T와 R1S의 사전 예약이 5만 5,000대를 넘었다고 발표했다.

한편 리비안은 아마존에 2022년에는 1만 대의 딜리버리 밴, 2025년까지 10만 대의 딜리버리 밴을 인도할 예정이다. 2023년부터는 아마존 이외의 기업에도 상용차 판매를 진행할 계획이라 밝혔다. 아마존향으로 준비 중인 딜리버리 밴 모델은 EDV 500, EDV 700, EDV 900으로 세 종류이고, 각각 축간거리의 길이에 차이가 있다. 리비안은 대량 생산을 위한 네트워크도 이미 마련해두었다. 2017년에 일리노이주에 있는 미쓰비시 공장을 인수하고 추가 투자를 거쳐 총 15만 대 생산 설비를 구축했으며, 2023년에 20만 대 규모로 키울 예정이다.

리비안이 나스닥 시장에 성공적으로 데뷔하자, 일론 머스크는 트위터에 "나는 그들(리비안)이 대량 생산을 하고 손익분기점에 이르는 현금 흐름을 창출하기를 바란다" "전기차나 내연기관차 모두 수백 개의 스타트업이 있었으나 지난 100년간 미국에서 대량 생산과 현금 흐름을 창출한 회사는 테슬라뿐"이라고 남겼다. 일론 머스크를 비롯해 많은 전문가가 전기차의 소량 생산에서 대량 양산 체제로 전환하는 과정이 쉽지 않은 관문이라고 여긴다. 실제로 테슬라는 첫 자동차를 내놓은 후에도 대규모 양산까지 약 10년이 걸렸으며, 적자에서 탈출하기까지 꼬박 13년이 걸렸다.

일론 머스크의 우려처럼 리비안은 양산 체제로 전환하는 과정에서 어려움을 겪고 있다. 리비안이 2021년 3분기 실적발표에서 "올해 생산 목표(1,200대)보다 수백 대가 부족하다"라고 언급하자 주가가 급락했으며, 리비안 설립자인 로버트 스커린지 또한 생산을 대폭 확대하는 것이 예상보다 훨씬 힘들다고 말했다. 리비안은 2021년 11월 기준 하루에 4대를 생산하는 것으로 추정되었다. 그러다 2021년 12월에 공개된 3분기 실적발표를 통해 하루에 약 10.4대를 생산하는 것으로 추정되며 가동률이 상승하고 있는 듯 보인다. 그러나 여전히 대량 양산이

라고 하기에는 터무니없이 부족하다. 리비안이 대량 양산이라는 도전

과제를 어떻게 해낼지 함께 지켜보자.

2차전지 배터리를 둘러싼 전쟁

완성차 업체들이 전기차를 생산할 때는 2차전지 확보가 가장 중요하

다. 현재 전기차 배터리 시장은 소수 업체가 과점하고 있다. 2차전지

산업은 대규모 생산 설비가 필요하다. 또한 에너지 밀도가 높은 2차

전지를 생산하려면 기술력이 있어야 하기 때문에 진입 장벽이 높다.

시장조사기관 아다마스 인텔리전스(Adamas Intelligence)에 따르면

2021년 기준 전기차 배터리 점유율은 각각 CATL(중국) 31%, LG에

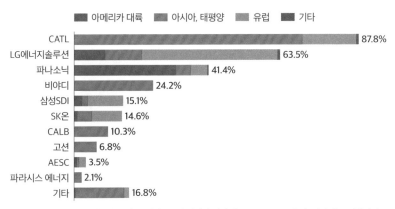

2021년 배터리 업체별 생산량과 지역별 점유율

아메리카 대륙   아시아, 태평양   유럽   기타

업체	점유율
CATL	87.8%
LG에너지솔루션	63.5%
파나소닉	41.4%
비야디	24.2%
삼성SDI	15.1%
SK온	14.6%
CALB	10.3%
고선	6.8%
AESC	3.5%
파라시스 에너지	2.1%
기타	16.8%

* 2021년 총 286.2GWh(기가와트시)로 차량용 2차전지가 생산됨 ・출처: 아다마스 인텔리전스

너지솔루션(한국) 22%, 파나소닉(일본) 14%, 비야디(중국) 8.4%, 삼성SDI(한국) 5.2%, SK온(한국) 5.1%를 기록하고 있다.

중국 배터리 업체인 CATL의 주력 생산 품목은 리튬인산철(LFP) 배터리다. LFP는 국내 업체들이 주력으로 생산하는 삼원계(NCM) 배터리보다 에너지 밀도가 평균 20% 낮지만, 안정성이 뛰어나고 가격이 싸다.

중국 정부는 2016년부터 자국 업체가 생산한 배터리를 탑재하지 않은 전기차에는 보조금을 지급하지 않는 방식으로 자국 배터리 업체의 성장을 도왔다. 그 결과 CATL은 중국 내수 자동차 업체뿐만 아니라 중국에 진출한 글로벌 완성차 업체들을 고객사로 확보할 수 있었다. 대표 고객사가 테슬라다. 테슬라는 중국 진출을 위해 중국에서 생산하는 자동차에 CATL의 배터리를 탑재하기로 결정했다. GM도 중국 진출을 위해 중국 수출용 자동차 배터리 납품 업체를 LG에너지솔루션에서 CATL로 교체했다. CATL은 중국 정부의 자국 배터리 산업 육성 의지와 중국 전기차 시장의 고성장에 힘입어 2017년부터 현재까지 전 세계 차량용 2차전지 공급 점유율 1위를 차지하고 있다.

CATL의 매출액도 크게 성장했다. 2020년에는 코로나19 영향을 받아서 잠시 주춤했으나, 2021년 3분기 누적 매출액이 713억 위안(당시 약 13조 6,400억 원)으로 2020년 매출액인 503억 위안(당시 약 9조 6,200억 원)을 가뿐히 뛰어넘었다. 2021년 기준 CATL의 매출액은 약 980억 위안(당시 약 18조 7,500억 원)으로 추정되며, 이는 2020년의 약 2배 수준이다. CATL은 2020년 기준 약 110GWh의 생산 규모를 갖추었으며, 2021년 생산량이 약 90GWh에 달하는 것으로 추정된다. 따라

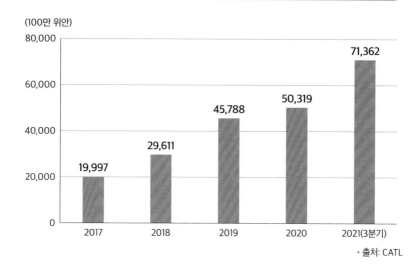

CATL의 매출액 현황

(100만 위안)

	2017	2018	2019	2020	2021(3분기)
	19,997	29,611	45,788	50,319	71,362

• 출처: CATL

서 추가 매출 성장을 위해서는 설비 증설이 필요한 상황이다. CATL은 2025년까지 생산 규모를 600GWh로 늘린다고 발표했으며, 매년 점진적으로 설비를 증설할 것으로 보인다.

완성차 업체들은 차량용 2차전지의 안정적인 공급을 위해 배터리 업체와 합작 법인을 설립하거나 지분 투자를 하는 방식으로 배터리 확보 전쟁에 나서고 있다. 점유율 상위 배터리 기업 중 중국에서 LFP를 주력으로 공급하는 CATL과, 생산하는 배터리의 대부분을 자사 차량에 탑재하는 비야디를 제외하고 단연 눈에 띄는 배터리 공급사는 국내 3사다.

여러 완성차 업체 중 특히 북미 업체들이 국내 배터리 3사에 러브콜을 보냈는데, 이는 2025년 7월부터 발효될 예정인 신북미무역협

국내 배터리 3사와 완성차 업체 간 합작 현황

기업별	합작사	지역	생산 규모	내용
LG에너지솔루션	GM	미국 오하이오주	35GWh	2022년 양산
	GM	미국 테네시주	35GWh	2023년 하반기 양산
	현대차	인도네시아 카라왕	10GWh	2024년 상반기 양산
	스텔란티스	미국(미정)	40GWh	2024년 1분기 양산
삼성SDI	스텔란티스	미국(미정)	23GWh	2025년 상반기 양산
SK온	포드	미국 테네시주	43GWh	2025년 양산
	포드	미국 켄터키주	1·2공장 각각 43GWh	2025년 양산

• 출처: 각사, 언론 보도

정(USMCA), 즉 미국·멕시코·캐나다 협정 때문이다. 신북미무역협정에 따르면 완성차는 미국 내 생산 비중을 75% 이상 확보해야만 무관세 혜택을 받을 수 있다. 차량용 2차전지의 완성차 내 원가 비중은 약 40%다. 따라서 완성차 업체들이 미국에서 전기차를 판매하려면 미국 내 배터리 공장을 확보해야 한다. 테슬라는 일찌감치 파나소닉과 합작 법인을 맺었고, GM은 LG에너지솔루션을 합작 파트너로 선택했다. 또한 스텔란티스는 LG에너지솔루션과 삼성SDI를, 포드는 SK를 합작 파트너로 선택했다.

북미 업체뿐만 아니라 다른 업체도 적극적으로 합작 법인을 추진했다. 유럽 완성차 업체인 폭스바겐은 노스볼트와 합작 법인을 맺었고, 일본 완성차 업체인 토요타는 파나소닉과 합작 법인을 체결했다. 이러한 합작을 통해 완성차 업체는 차량용 2차전지 물량을 안정적으로 확보했다. 또한 2차전지 업체는 안정적인 고객사를 확보하여 설비 증설 이후 수요 부진으로 가동률이 하락하여 고정비가 상승하는 상황에 놓일 수 있다는 우려에서 벗어났다. 합작 법인을 통한 증설은 완성차 업체와 차량용 2차전지 업체 모두에게 윈윈 전략인 것이다.

국내 배터리 3사 중 2021년 기준 전기차 배터리 점유율 2위인 LG에너지솔루션은 2021년 기준 2차전지 생산 규모가 150GWh 수준이며, 2025년에는 430GWh가 될 것으로 추정된다. 또한 SK온은 2021년 기준 2차전지 생산 규모가 40GWh 수준인데, 2025년에 200GWh까지 늘어날 것으로 보인다. 각각 약 3배, 5배 수준으로 늘어나는 것이다. 공격적인 증설로 보일 수도 있으나 합작 법인을 통해 일정 물량을 확보하면서 하는 증설이기 때문에, 이러한 증설로 향후 두 업체가 실적을 얼마나 끌어올릴지 지켜볼 필요가 있다.

CHAPTER 2

우리 곁으로 성큼 다가온 자율주행차

테슬라는 2021년 8월 AI 데이(AI Day)를 개최하여 테슬라가 지금껏 개발한 AI 엔지니어링 성과를 공유하고 미래 기술들을 공개했다. 이 행사에서 테슬라는 머신러닝 전용 칩인 D1칩을 공개했다. D1칩은 세계 최대 규모의 머신러닝 슈퍼 컴퓨터인 테슬라의 도조 슈퍼컴퓨터에 탑재될 예정이다. 자동차 회사인 테슬라가 어쩌다가 반도체 칩을 개발하고 슈퍼컴퓨터를 만들게 되었을까?

자율주행 단계별 구분

자동차의 자율주행 기능에 대한 관심이 뜨겁다. 자율주행이란 말 그대로 운전자의 개입 없이 교통수단이 인공지능 또는 외부 서버와의 통신에 따라 스스로 운행하는 시스템을 말한다. 국제자동차기술자협회(Society of Automotive Engineer, SAE)는 자율주행 단계를 5단계로 구분한다.

자율주행 1단계는 차량 주변 상황을 보여주는 어라운드 뷰 모니터링 시스템과 같은 첨단 운전자 지원 시스템(Advanced Driver Assistance Systems, ADAS) 기능을 생각하면 된다. 즉 운전자를 단순 보조해주는 기능이다. 현재 양산되는 대부분의 자동차는 자율주행 2단계 수준이다. 차선 이탈 방지 기능, 앞차와의 간격 유지 기능이 여기에 해당한다. 자율주행 3단계는 운전자의 개입 없이 일정 구간을 주행할 수 있으나 돌발 상황이 생길 수 있어 운전자의 감시가 필요한 수준이다. 테슬라의 완전 자율주행(Full Self-Driving, FSD) 기능이 2~3단계에 속한다. 4단계는 특정 도로 조건에서 운전자의 개입 없이 운전이 가능하고 비

자율주행 단계별 구분

자율주행 단계	특징	내용
1단계	운전자 보조	ADAS 기능
2단계	부분 자율주행	차선 이탈 방지, 앞차와의 간격 유지 기능
3단계	조건부 자율주행	일정 구간 운전자 간섭 없이 자율주행 가능, 돌발 상황에 대비해 운전자의 감시가 필요함
4단계	고도화된 자율주행	특정 도로 조건에서 모든 주행 자율화
5단계	완전 자율주행	운전자 간섭 및 감시 없이 목표 지점까지 알아서 이동, 운전자 필요 없음

• 출처: 국제자동차기술자협회

상시 스스로 대처할 수 있는 수준이다. 5단계는 운전자 및 운전석이 필요 없는 완전 자율주행 단계다.

웨이모와 테슬라의 자율주행 전략

현재 자율주행 기술에서 가장 앞서나간다는 평가를 받는 기업은 테슬라와 구글의 웨이모다. 테슬라는 2020년 말부터 자율주행 기능을 일부 이용자에게 베타 형식으로 공개했으며, 현재 '2단계+FSD' 옵션을 판매하고 있다. FSD는 교통량이 많지 않고 주변이 밝은 구간, 인적이 드문 구간에서 상당히 높은 수준의 자율주행을 해낸다. 그러나 교통량이 많은 도심에서 주행할 때는 운전자의 개입이 필수다.

웨이모는 자율주행 기술을 활용한 로보택시(Robotaxi)를 미국 아리조나주 피닉스 일부 지역에서 운영하고 있다. 운전자가 없는 무인 차량을 우버와 같은 승차 호출 서비스에서 호출할 수 있다.

테슬라와 웨이모의 가장 큰 차이점은 자율주행 데이터 수집 방법이다. 웨이모를 비롯한 다른 자동차 업체들은 자체 주행 테스트를 통해 자율주행 데이터를 수집하고 있다. 그러나 테슬라는 자체 주행 테스트뿐만 아니라 전 세계 곳곳에서 운행 중인 테슬라 차량의 자율주행 이용자로부터 자율주행 데이터를 얻고 있다.

테슬라는 2019년 약 37만 대, 2020년 약 50만 대의 차량을 판매했으며, 2021년 약 94만 대의 차량이 출고되었다. 이 차량이 전 세계 곳곳을 돌아다니면서 얻은 데이터는 경쟁사들보다 압도적으로 많을 수밖에 없다. 테슬라는 2021년 1월 기준 51억 마일(약 82억 700만 km)의

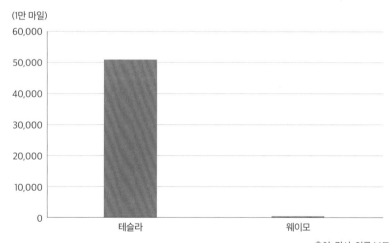

테슬라와 웨이모의 누적 자율주행 데이터

(1만 마일)

• 출처: 각사, 언론 보도

데이터를 확보한 것으로 알려졌으며, 구글의 웨이모가 확보한 약 20만 마일(약 3,218만 km)의 데이터와 비교하면 무려 2,550배 차이다.

테슬라와 웨이모의 두 번째 차이점은 라이다(LiDAR)의 사용 여부다. 라이다란 레이저 광선을 발사해 광선이 대상 물체에 반사되어 돌아오면 이를 이용해 물체까지의 거리를 측정하고 물체 형상을 그려내는 기술이다. 다른 자율주행차 업체들은 대부분 라이다를 자율주행의 핵심이라고 여기고 이 기술을 사용해 자율주행차량의 상용화를 시도하고 있다. 이에 따라 라이다 관련 회사의 지분을 인수하거나 라이다 기술을 내재화하려고 노력하고 있다. GM은 자율주행차 개발 프로젝트인 크루즈(Cruise)를 시작하면서, 2017년 라이다 제작 전문 스타트업 스트로브(Strobe)를 인수했으며, 포드의 자율주행 자회사인 아르고 AI(Argo AI)는 2017년에 라이다 개발 업체인 프린스턴 라이트웨이브(Princeton Lightwave)를 인수했다.

그러나 테슬라는 라이다를 쓰지 않는 방식으로 자율주행차를 구현하고 있다. 그 이유는 초창기에 라이다 가격이 7,000만 원대였기 때문이다. 테슬라의 초기 목표가 저렴한 전기차 보급이었던 만큼, 비용 절감 차원에서 라이다를 쓰지 않는 방향으로 기술 개발이 이루어졌다.

테슬라는 값비싼 라이다 대신 자율주행 구현에 오로지 카메라와 레이더(Radio Detection and Ranging)만 활용하고 있다. 기능 구현에는 12개의 초음파 센서, 8대의 카메라, 1개의 레이더만 쓰인다. 테슬라의 카메라는 사람의 눈을 대신하며, 차량 전방에 3개, 후방에 1개, 측면에 전방을 향하는 카메라 2개, 후방을 향하는 카메라 2개가 장착되어 있

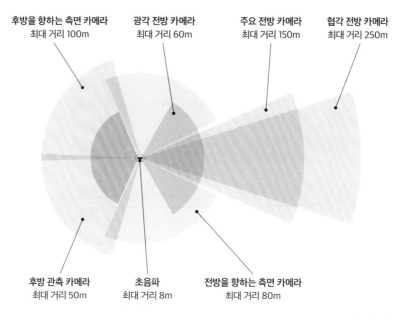

테슬라의 자율주행 방식

후방을 향하는 측면 카메라
최대 거리 100m

광각 전방 카메라
최대 거리 60m

주요 전방 카메라
최대 거리 150m

협각 전방 카메라
최대 거리 250m

후방 관측 카메라
최대 거리 50m

초음파
최대 거리 8m

전방을 향하는 측면 카메라
최대 거리 80m

• 출처: 테슬라

다. 차를 둘러싸고 총 8개의 눈이 있다고 생각하면 쉽다. 전방에 달린 레이더는 카메라로는 한계가 있는 악천후에서 전방 물체를 탐지한다. 또한 12개의 초음파 센서는 차간 거리, 장애물 감지 등에 사용된다. 이 렇게 수집한 도로 환경 영상 데이터를 차에 인식시켜 자율주행을 구현 하는 것이 테슬라의 방식이다.

반면 웨이모는 차량에 자체 제작한 라이다를 장착해 자율주행 시스 템을 구현하고 있으며, 대당 총 5개의 라이다와 레이더가 장착되어 있 다. 라이다를 통해 고정밀 지도(HD맵)을 구현한 후 미리 구축되어 있는 HD맵과의 차이를 상황 인식에 활용해 자율주행을 구현하는 방식이다.

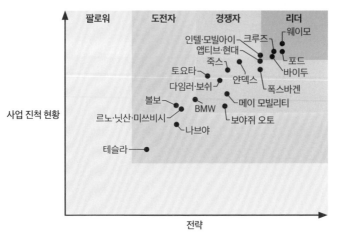

주요 언론 보도에 따르면 라이다는 7,000만 원대에서 현재 1,000만 원대로 가격이 많이 떨어졌다고 한다. 그러나 웨이모의 차량에 5대의 라이다가 장착된다는 점을 고려하면, 여전히 라이다에 대해 상당한 비용 부담이 있음을 알 수 있다.

캘리포니아 주정부가 공개한 데이터에 따르면 웨이모의 차량은 평균 약 3만 마일(약 4만 8,280km)을 운전자의 간섭 없이 자율주행할 수 있다. 2020년 네비건트 리서치(Navigant Research)의 자율주행차 업계 순위에 따르면 웨이모는 리더(leader) 그룹으로, 테슬라는 도전자(challenger) 그룹으로 분류되어 있다. 테슬라가 주행 중 운전자의 간섭이 많이 필요한 자율주행 모델이라면, 웨이모는 운전자의 간섭 없이 자율주행할 수 있는 거리가 가장 길기 때문에 이러한 결과가 나오지 않았을까 생각한다.

앞서 말했듯이 웨이모는 아직 피닉스 일부 지역에서만 이용할 수 있다. 교통 데이터 수집 및 지도 구축 여부와 날씨 등 외부 변수 때문으로 보인다. 애초에 웨이모는 이러한 문제를 인식하고 1년 내내 맑은 날씨를 유지하고 도로 환경도 좋은 피닉스 지역에서 서비스를 시작했다. 날씨와 같은 외부 변수에도 안정적인 자율주행 기술을 구현할 때 웨이모가 상용화될 수 있을 것이다. 또한 빠른 시간 내에 교통 데이터를 수집해 지도를 구축해야 상용화 시간을 앞당길 수 있을 것이다.

웨이모는 업계에서 자율주행 기술을 인정받고 있으나 기업가치는 계속 하락하고 있다. 2018년 모건스탠리는 리서치 리포트를 발표하면서 웨이모의 가치를 1,750억 달러로 평가했다. 그러나 1년 후 모건스텐리는 웨이모의 가치평가를 1,050억 달러로 하향 조정했다. 한편 JP

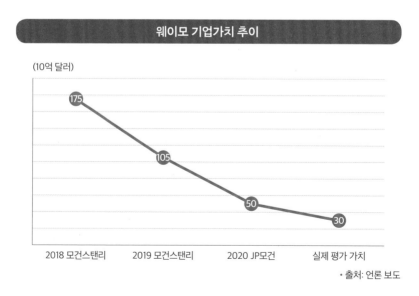

웨이모 기업가치 추이

(10억 달러)

- 출처: 언론 보도

모건은 2020년 웨이모의 가치평가를 500억 달러로 평가했다. 2020년 웨이모는 처음으로 외부 자금을 유치했는데, 이때 실제로 평가받은 가치는 300억 달러다. 이러한 사실을 통해 자율주행은 기술력도 중요하지만 결국 상용화 가능성이 더 중요하다는 사실을 짐작할 수 있다.

테슬라의 자체 칩 개발

자율주행 기술 개발을 위한 인공지능 시뮬레이션 훈련에서 많은 기업이 엔비디아의 GPU 칩을 사용한다. 테슬라도 현재 전 세계에 활동하는 차량에서 전송되는 FSD 데이터를 활용해 엔비디아 GPU로 이루어진 클라우드 컴퓨팅으로 자율주행 훈련을 실시하고 있다. 엔비디아의 GPU는 범용이기 때문에 테슬라가 원하는 연산뿐만 아니라 다른 작업들도 같이 처리할 수 있다. 즉 테슬라는 엔비디아 GPU의 일정 기능만 사용하므로 비싼 엔비디아 GPU는 테슬라 입장에서 효율성이 낮다.

또한 현재 테슬라의 차량 출하 속도를 고려하면 앞으로 점점 더 많은 데이터가 축적될 것이므로, 머신러닝에 필요한 GPU 개수도 점점 더 늘어난다. 이는 비용 상승으로 이어진다. 또한 GPU 개수가 증가하면 전력소비량도 늘 것이다. 이러한 문제에 직면한 테슬라는 소비 전력이 낮으면서도 자사에 필요한 기능만 탑재한 독자적인 칩을 개발하기에 이른다.

테슬라는 2019년에 처음으로 자체 개발 칩을 발표했는데, 이는 자

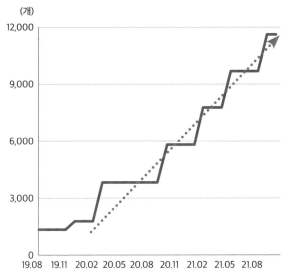

테슬라 GPU 사용량

(개)

* 출처: 테슬라 AI 데이

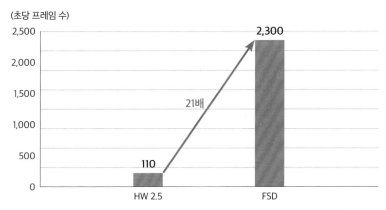

FSD 칩의 초당 프레임 처리 속도

(초당 프레임 수)

21배

110

2,300

HW 2.5   FSD

* 출처: 테슬라

율주행 추론을 위해 차량에 장착되는 FSD 칩이다. 이 칩은 기존 테슬라 자율주행 플랫폼 HW 2.5 버전에 쓰인 엔비디아의 칩보다 초당 프레임 처리 속도가 21배나 빠르다. 자동차 회사가 원하는 반도체를 직접 설계해 차량에 장착하는 시대가 열린 것이다.

테슬라와 엔비디아의 칩 트랜지스터 집적도 비교

	테슬라 D1	엔비디아 A100	엔비디아 V100
다이 면적(mm²)	645	826	815
트랜지스터 개수	500억	542억	210억
mm²당 메가트랜지스터 집적도(mTr/mm²)	78	66	26

• 출처: 각사

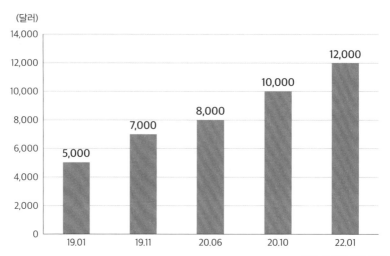

테슬라 FSD 가격 인상 추이

(달러)

• 출처: 테슬라, 언론 보도

테슬라는 2021년 AI 데이에서 D1칩을 공개했다. 이 칩은 테슬라의 데이터센터에서 이루어지는 인공지능 모델 훈련에 쓰이며, 전 세계에서 트랜지스터 집적도가 가장 높은 칩으로 알려져 있다. 트랜지스터 집적도란 면적(다이) 대비 트랜지스터가 얼마나 포함되어 있는지를 의미한다. 트랜지스터 집적도가 높으면 두 가지 장점이 있다. 먼저 반도체 웨이퍼당 생산 가능한 반도체가 늘어나 원가를 절감할 수 있다. 그리고 전자의 이동 경로가 줄어들어 소비 전력과 발열이 줄어든다.

테슬라는 D1칩을 25개씩 묶어 '트레이닝 타일'을 만들고, 타일 120개로 도조 슈퍼컴퓨터를 구성한다. 이 슈퍼컴퓨터는 기존 시스템과 비교하면 공간을 1/5 정도 차지하지만, 성능은 4배 개선되었다고 한다. 즉 테슬라가 원하는 기능만을 넣어서 개발했기 때문에 효율성이 높아진 것이다. 도조 컴퓨터는 1초에 100경 번 연산이 가능한 1.1엑사플롭스(exaflop)급 성능을 갖출 수 있다. 이번 도조 컴퓨터는 버전1이며, 테슬라는 중장기적으로 도조 컴퓨터의 성능을 10배 개선할 계획이다. 도조 슈퍼컴퓨터의 개발과 도입으로 테슬라의 자율주행 시스템 개발은 더욱더 속도가 붙을 것으로 전망된다.

테슬라 FSD의 현재 진행 상황

현재 테슬라 소비자의 FSD 채택률은 약 10% 미만으로 추정된다. FSD에 도심 자율주행 기능이 아직 완성되지 않아서, 소비자가 이를 구매할 때는 50%가 부채 계정인 '이연 매출 항목'으로 인식된다.

FSD 가격은 2019년 5,000달러에서 현재 1만 2,000달러로 꾸준히 상승했다. 따라서 FSD 가격이 테슬라 차량 가격의 약 20%에 해당하는 만큼 차량 구매자의 입장에서 부담스러울 수 있다. 그러나 테슬라는 무선 소프트웨어 업데이트(OTA) 방식으로 FSD가 업그레이드될 때마다 와이파이를 통해 전체 소프트웨어를 업데이트한다. 따라서 2019년에 FSD 옵션을 채택한 고객과 2022년에 채택한 고객은 모두 같은 소프트웨어를 쓴다. 2019년 1월에 FSD 옵션을 구매한 고객 입장에서 보면, 3년 새 FSD의 가치가 2배 이상 오른 것이다.

1년 후 중고차 감가상각률 하위 10개 차종

순위	모델명	감가상각률
1	테슬라 모델3	5.5%
2	포드 레인저	11.4%
3	쉐보레 트래버스	11.7%
4	혼다 시빅	11.9%
5	혼다 피트	12.5%
6	스바루 크로스트랙	13.1%
7	쉐보레 콜벳	13.6%
8	혼다 어코드	13.7%
9	혼다 릿지라인	13.8%
10	닷지 차저	13.9%
전체 평균		25.2%

• 출처: 태즈메이니안(Tesmanian), 아이시카

테슬라의 중고차 시세는 다른 자동차의 시세보다 감가상각이 덜 된다고 한다. 테슬라가 FSD 성능을 계속 업데이트하면서 FSD의 가치가 올라가기 때문이다. 예를 들어 2019년 1월에 FSD를 5,000달러에 구매했어도 현재 FSD의 가치가 1만 2,000달러이기 때문에 FSD 옵션이 탑재된 테슬라의 중고차는 감가상각률이 낮게 형성된다. 실제로 미국 중고차 검색엔진 아이시카(iSeeCars)의 데이터에 따르면, 테슬라의 모델3은 구입 1년 후 신차 가격 대비 감가상각률이 5.5%이지만, 다른 차종들은 감가상각률이 10% 이상이다.

테슬라는 2021년 8월 초 FSD 구독 모델을 선보였다. 자동차라는 하드웨어를 파는 자동차 회사가 소프트웨어 회사로 발돋움하는 순간이 아닐까 싶다. FSD 구독 모델은 기본 자율주행에서 FSD로 업그레이드하는 데는 월 199달러, 고급 자율주행에서 FSD로 업그레이드하는 데는 월 99달러가 든다. 현재는 FSD 구매금액의 50%만 매출로 인식되는데, 시내 자율주행이 상용화되는 2022년에 100% 매출 인식이 이루어진다. 마진율이 높은 소프트웨어 매출 특성상 이는 전사 영업이익률 개선으로 이어질 수 있다. FSD 채택률이 상승할수록 테슬라의 전사 영업이익률은 점점 더 높아질 것이다. 이로써 테슬라는 더 이상 하드웨어에 머물지 않고, 소프트웨어까지 아우르는 비즈니스 모델을 영위하게 된다.

모빌아이와 엔비디아의 행보

한편 인텔은 자율주행 자회사 모빌아이를 2022년 중반에 상장한다는 계획을 발표했다. 이에 따라 모빌아이에 대한 시장의 관심이 뜨겁다. 모빌아이의 상장 가치는 대략 500억 달러(2022년 예상 PSR* 30배)로 추정된다. 2017년 인텔이 모빌아이를 153억 달러(2017년 PSR 21배)에 인수한 것을 고려하면, 약 5년 만에 가치가 3배 이상 뛰었다.

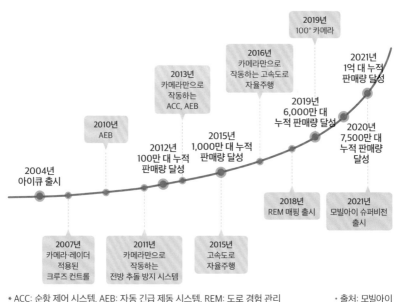

모빌아이 아이큐(EyeQ)의 1억 대 누적 판매량 달성 여정

* ACC: 순항 제어 시스템, AEB: 자동 긴급 제동 시스템, REM: 도로 경험 관리 　　　　　　·출처: 모빌아이

● 　주가매출비율. 주가를 주당 매출액으로 나눈 것이다.

ADAS 기업으로 출발한 모빌아이는 현재도 ADAS 분야에서 60% 이상의 점유율을 유지하고 있다. 모빌아이는 2004년에 자율주행 칩인 아이큐 SoC(EyeQ SoC) 1세대를 출시한 이후 아이큐 5까지 출시했으며, 최근 아이큐 시리즈의 누적 판매량이 1억 대를 달성했다고 밝혔다. 2023년 2단계 이하의 자율주행용 칩인 아이큐6 라이트(EyeQ6 Light)를, 2024년 2단계 이상에서 3단계 영역의 자율주행을 달성할 수 있는 아이큐6 하이(EyeQ6 High) 모델을 양산할 예정이다. 또한 자율주행 4단계 구현이 가능한 아이큐 울트라(EyeQ Ultra)를 2025년 양산 목표로 개발하고 있다. 아이큐 울트라는 현재 출하되고 있는 가장 성능이 좋은 칩인 아이큐 하이의 약 10배에 달하는 퍼포먼스를 목표로 하고 있다.

2021년은 모빌아이가 도약하는 해였다. 30개 이상의 OEM으로부터 총 41개 차종에 대한 수주를 확보했으며, 2021년 출시된 신차 중 188개 차종에 모빌아이의 제품이 탑재되었다. 모빌아이는 완성차 상위 15개사 중 13개사에 자사의 제품을 탑재하고 있다.

또한 모빌아이는 인텔과 협력해 2025년에 자체 라이다 솔루션을 출시할 계획이다. 단가와 전력소비량이 높은 라이다를 대체하기 위해, 레이더에서 나온 데이터로 라이다와 유사한 결괏값을 만들어내는 소프트웨어 솔루션을 출시하는 것이다. 모빌아이의 자체 라이다 솔루션을 사용하면 5개의 라이다를 1개로 줄일 수 있다. 즉 하드웨어의 한계를 소프트웨어로 해결하려는 것이다.

더 나아가 모빌아이는 2022년에 무빗 AV(Moovit AV)라는 이름으로 독일 뮌헨에서 로보택시 서비스를 제공할 계획이다. 모빌아이의 모회사인 인텔은 독일 렌터카 기업인 식스트(Sixt)와 파트너십을 맺었으며, 독일의 서비스형 모빌리티(Mobility as a Service, MaaS) 솔루션 기업인 무빗(Moovit)을 인수하는 등 모빌아이가 종합 모빌리티 기업으로 성장하도록 도왔다.

무빗은 112개 국가, 3,400개 도시에서 서비스를 제공하고 있으며, 이용자가 출발지와 목적지를 입력하면 버스, 지하철, 공유자전거, 스쿠터 등 알맞은 교통수단을 추천해주는 서비스로 이름을 알렸다. 모빌아이는 초기에 50대의 로보택시를 운영할 예정이며, 4단계 수준의 자율주행이 가능할 것으로 보인다. 자율주행용 칩을 공급하던 기업에서 로보택시를 운영하는 기업으로 발돋움할 모빌아이의 미래가 기대된다.

한편 엔비디아는 2018년에 1세대 자율주행용 프로세서인 파커(Parker)를 출시한 이후 2020년 자비에(Xavier)를 출시했다. 자비에는 30TOPS(Tera Operations Per Second), 즉 초당 30조 회 연산이 가능한 프로세서다. 또한 2022년에는 254TOPS(초당 연산 속도 254조 회)가 가능한 고성능 프로세서인 오린(Orin)을 출시할 예정이며, 2024년 출시 예정인 아틀란(Atlan)은 컴퓨팅 성능이 1,000TOPS에 달한다. 이러한 높은 성능으로 출시되는 단일 칩은 세계 최초로 추정된다.

엔비디아는 고성능 하드웨어를 출시하며 하드웨어에 초점을 맞추는 것 같으나, 사실 엔비디아의 자율주행 접근 방식은 모빌아이와 사뭇 다르다. 모빌아이가 자율주행용 칩셋(하드웨어)을 제공하는 데 집중한다면, 엔비디아는 자율주행용 칩셋뿐 아니라 자율주행 시스템에 필요한 시뮬레이션 알고리즘, 자율주행 시스템 등 소프트웨어까지 아우

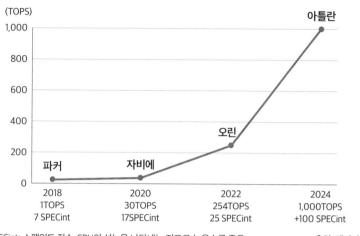

르는 통합 솔루션을 제공할 예정이다. 즉 엔비디아의 자율주행 드라이브 플랫폼인 엔비디아 드라이브 AGX 오린(NVIDIA Drive AGX Orin)은 2022년에 양산될 오린 칩을 바탕으로 GPU 시스템뿐만 아니라, 완성차 업체가 자율주행 소프트웨어를 직접 개발할 수 있도록 플랫폼도 제공한다.

엔비디아는 2020년 6월 메르세데스 벤츠와의 AI 플랫폼 기술 협약을 맺었다. 이 협약에 따라 엔비디아는 메르세데스 벤츠가 2024년부터 출시하는 모델 전체에 엔비디아 자율주행 드라이브 플랫폼을 탑재할 수 있다.

또한 엔비디아는 하드웨어 공급뿐만 아니라, 테슬라의 FSD처럼 소프트웨어 판매로도 수익도 올릴 수 있다. 엔비디아와 메르세데스 벤츠와의 소프트웨어 수익 배분은 5 대 5로 알려져 있다. 메르세데스 벤츠는 2021년 기준 약 210만 대의 차량을 인도한 결코 작지 않은 회사다. 2024년부터 메르세데스 벤츠의 차량에 엔비디아의 하드웨어와 소프트웨어가 장착된다면 엔비디아의 매출은 한 단계 도약할 수 있을 것이다.

메르세데스 벤츠뿐만 아니라 중국의 테슬라라고 불리는 전기차 스타트업 3사인 니오(NIO), 리오토(LiAuto), 엑스펑(XFeng)이 엔비디아 드라이브 플랫폼을 이용해 새로운 모델을 개발하고 있다. 전기차 시장에 뛰어든 중국 IT 회사인 바이두도 엔비디아의 칩을 활용할 계획이라고 밝히는 등 타 OEM과의 협력도 활발하다.

고성능 하드웨어와 그에 맞는 소프트웨어를 한 번에 제공하는 엔비디아가 오린 칩과 아틀란 칩을 무사히 출시하여, 자율주행 산업이 엔비디아에게 새로운 먹거리가 될 수 있기를 기대한다.

모빌리티 ETF

DRIV

티커	DRIV	운용사	Mirae Asset Global Investments
보수율	0.68%	추종지수	Solactive Autonomous & Electric Vehicles Index
보유종목 수	75	운용 규모	13억 6,700만 달러

* 2022.02.22 기준

1 ETF 소개

미래에셋자산운용의 글로벌엑스 오토노머스 앤드 일렉트릭 비히클스 ETF(Global X Autonomous & Electric Vehicles ETF)는 자율주행 기술 보유 기업, 전기차 기술 보유 기업, 전기차 관련 소재 및 장비 생산 기업에 투자한다. 자율주행 소프트웨어, 하드웨어뿐만 아니라 전기차와 배터리의 주요 소재인 리튬이나 코발트를 생산하는 업체도 포함된다.

2 상위 15개 구성 종목

티커	기업명	비중
GOOGL	Alphabet Inc. Class A	3.20%
AAPL	Apple Inc.	3.20%
7203	Toyota Motor Corp.	3.10%
QCOM	Qualcomm Inc.	3.05%
NVDA	NVIDIA Corporation	3.01%
INTC	Intel Corporation	2.86%
TSLA	Tesla Inc.	2.67%

HON	Honeywell International Inc.	2.45%
MSFT	Microsoft Corporation	2.08%
GM	General Motors Company	1.69%
BIDU	Baidu Inc. Sponsored ADR Class A	1.64%
F	Ford Motor Company	1.61%
7267	Honda Motor Co., Ltd.	1.60%
NXPI	NXP Semiconductors NV	1.54%
VOW3	Volkswagen AG Pref	1.52%

3 국가별·섹터별 비중

국가별 비중			
미국	55.26%	아일랜드	1.31%
일본	10.25%	칠레	1.29%
독일	5.16%	룩셈부르크	1.09%
중국	5.13%	스웨덴	1.09%
네덜란드	4.97%	홍콩	1.07%
캐나다	3.93%	영국	1.02%
호주	2.80%	이스라엘	0.97%
한국	2.35%	기타	0.08%
프랑스	2.25%		

섹터별 비중			
내구 소비재	25.24%	기술 서비스	9.77%
생산자 제조업	24.65%	비에너지 광물	6.78%
전자공학 기술	23.56%	현금	0.08%
프로세스 산업	9.94%		

KARS

티커	KARS	운용사	CICC
보수율	0.70%	추종지수	KARS
보유종목 수	72	운용 규모	3억 2,380만 달러

* 2022.02.22 기준

1 ETF 소개

크레인셰어 일렉트릭 비하클스 앤드 퓨처 모빌리티 ETF(KraneShares Electric Vehicles & Future Mobility ETF)는 블룸버그 전기차 인덱스를 벤치마크로 하여 운용된다. 이 인덱스는 전기차 생산업체, 자율주행차 업체, 공유차량 업체, 리튬·구리 생산업체, 2차전지 배터리 생산업체, 수소연료전지 생산업체, 전기차 인프라 업체 등을 포함한다.

2 상위 15개 구성 종목

티커	기업명	비중
F	Ford Motor Company	5.38%
ADI	Analog Devices, Inc.	5.26%
MBG	Mercedes-Benz Group AG	5.14%
TSLA	Tesla Inc.	5.10%
300750	Contemporary Amperex Technology Co., Ltd. Class A	5.10%
6594	Nidec Corporation	4.60%
GM	General Motors Company	4.55%
IFX	Infineon Technologies AG	4.51%
BMW	Bayerische Motoren Werke AG	3.05%
NXPI	NXP Semiconductors NV	2.73%
ALB	Albemarle Corporation	2.67%

6752	Panasonic Corporation	2.59%
MG	Magna International Inc.	2.56%
51910	LG Chem Ltd.	2.52%
2594	BYD Company Limited Class A	2.46%

3 국가별·섹터별 비중

국가별 비중			
미국	27.52%	홍콩	2.31%
중국	27.20%	이스라엘	1.54%
독일	14.76%	칠레	1.08%
일본	7.19%	벨기에	0.92%
한국	5.63%	말레이시아	0.70%
캐나다	2.85%	인도네시아	0.21%
네덜란드	2.73%	영국	0.20%
호주	2.53%	기타	0.09%
아일랜드	2.45%	스웨덴	0.08%

섹터별 비중			
내구 소비재	40.24%	유통 서비스	0.83%
생산자 제조업	22.24%	금융	0.43%
전자공학 기술	16.59%	소매업	0.38%
프로세스 산업	11.22%	현금	0.09%
비에너지 광물	6.73%	유틸리티	0.08%
수송	1.08%	미분류	0.08%

차량 공유 서비스를 제공하는 미국의 우버와 리프트(Lyft)는 한때 자율
주행차 사업을 영위했다. 우버와 리프트의 비즈니스 모델은 차량 공유
서비스 이용자에게 일정 수수료를 받아서 운전자에게 수수료를 배분하
고, 우버와 리프트는 플랫폼 수수료를 수취하는 방식이다. 이들에게 자
율주행차는 매출 및 수익성을 확대할 수 있는 장기 성장 동력이다. 자율
주행차로 차량 공유 서비스를 제공하면 운전자가 사라져서 더는 운전
자에게 수수료를 배분할 필요가 없어지기 때문이다.

코로나19 팬데믹의 장기화로 우버와 리프트는 비용 절감과 사업
효율화를 이유로 자율주행 사업부를 매각한다. 하지만 두 기업은 여전
히 파트너십을 유지하며 차량 공유 플랫폼 제공자로 자율주행 사업에
참여하고 있다. 국가별로 규제가 달라 상용화 시점은 각각 다르지만,
이르면 2023년부터 세계 곳곳에 자율주행 4단계가 적용된 로보택시
서비스가 시범 운행될 것으로 보이며, 자율주행차 상용화 예상 시기는
2025년 전후다.

최근 자율주행 기술이 완성차 업계를 넘어서 다양한 업계에 적용되고
있다. 세계 최대 가전 전시회인 CES2022에서 디어&컴퍼니(Deere&Co)
는 자율주행 트랙터를 공개했다. 디어&컴퍼니는 세계 1위 중장비 농
기계 업체로 시장점유율이 32%에 달한다. 디어&컴퍼니가 공개한 자

율주행 트랙터는 주유할 때를 제외하고는 농부의 도움이 필요하지 않다. 또한 스마트폰과 태블릿 PC를 통해 경작할 밭을 지정하고, 파는 깊이와 주행 속도를 바꿀 수 있으며, 24시간 가동도 가능하다. 디어&컴퍼니는 자율주행 트랙터에 제초제를 뿌리고 잡초를 제거하는 기능도 추가할 계획이라고 밝혔다. 또한 엔비디아는 CES2022에서 제조와 물류센터에서 활용할 수 있는 자율주행 로봇 '아이작 AMR'을 발표했다. 아이작 AMR은 거대한 물류센터 안을 끊임없이 돌아다니면서 수백만 개의 제품을 들어올리는 역할을 한다. 엔비디아는 자율주행 로봇의 AI와 컴퓨팅은 자율주행차량과 크게 다르지 않다고 밝혔다.

이처럼 자율주행 기술은 다양한 업계에 적용되며 시장이 점점 커지고 있다. 시장조사업체 맥킨지에 따르면 세계 자율주행 시장은 2040년 약 9,000억 달러에 이를 전망이다. 나는 특히 자율주행 기술의 이러한 확장성에 주목한다. 탑승자의 안전을 고려해야 하는 완성차 업계에서는 자율주행 도입이 여러 규제 등과 맞물려 속도가 더딜 수밖에 없다. 그러나 농기계 업체나 물류센터 등 탑승자가 없어도 되는 산업에서는 자율주행 도입이 더욱 빠를 수도 있다. 자율주행은 기술 개발 속도가 빠르고, 또한 확장성이 있으므로 투자자라면 꼭 주목하기를 바란다.

PART 6

ESG가 기업에
미치는 영향

나는 회사에서 ESG 펀드를 위한 제안서를 작성하고 담당 펀드매니저로 배정되면서 ESG를 인지하기 시작했다. 그 당시만 하더라도 ESG가 왜 중요한지 이해하지 못했고, ESG 펀드를 잘 운용할 자신이 없었다. ESG가 왜 중요한지는 탄소배출권의 가격을 보고 나서부터 이해하게 되었다. 천정부지로 치솟는 유럽의 탄소배출권 가격을 보면서, 장기적으로 ESG는 기업에 위험 요인이 될 수 있겠다는 생각이 들었다. 이 관점으로 접근하니 ESG는 더 이상 '착한 기업이냐, 아니냐'의 문제가 아니었다. 기업이 생존하기 위해서 어쩔 수 없이 지켜야 하는 요소였다. ESG는 무엇이고, 기업에 어떤 영향을 미치고 있는지 함께 알아보자.

CHAPTER 1

ESG란 무엇인가?

2020년 4월, 한국전력은 미국의 거대 자산운용사인 블랙
록으로부터 서한을 받는다. 서한에는 인도네시아와 베트남
지역에서 추진 중인 대규모 석탄화력발전소 건설에 대해
명확한 전략적 근거를 CEO가 직접 설명하라는 요구가 담
겨 있었다. 즉 탄소를 배출하는 석탄화력발전소 건설 투자
계획을 철회하라는 압박이었다.

2021년 1월, 네덜란드 연기금 자산운용사(APG)는 보유하고
있던 한국전력 지분을 모두 매각했다. 지분 매각의 이유는
마찬가지로 인도네시아와 베트남 지역에서 추진 중인 한국
전력의 대규모 석탄화력발전소 건설 계획이었다. 석탄을 태
우면 온실가스가 배출되기 때문에 ESG를 훼손한다는 것이
다. 이처럼 주주들의 적극적인 ESG 경영 요구에 따라 ESG
경영은 필수가 되었다.

ESG의 개념

ESG는 환경(Environment), 사회(Social), 지배 구조(Governance)의 앞 글자를 따서 만든 단어다. 기존에는 기업의 가장 중요한 목표는 이익 창출이었다. 하지만 현재는 기업에 이익 창출뿐만 아니라 사회 구성 원으로서 환경과 사회에 대한 책임, 그리고 지배 구조의 투명성이라는 비재무적 성과가 요구된다.

E(Environment)는 전 세계 인류의 지속 가능성과 생존을 위해 기업 이 환경 문제에 주의를 기울여야 한다는 것을 의미한다. 즉 기업은 탄 소 배출 저감, 자원 및 폐기물 관리, 에너지 효율화, 재생에너지로의 전 환 등을 고려해야 한다.

S(Social)는 인권 보장, 데이터 보호, 다양성 고려, 지역사회와의 협 력 구축 등에 대한 기업의 관심을 의미한다. 기업은 고객 만족, 데이터 보호, 지역사회와의 관계, 인권, 성평등, 다양성 존중, 근로자 안전 등을 고려해야 한다.

G(Governance)는 기업이 E(환경)와 S(사회)의 가치를 실현할 수 있는 지배 구조를 의미한다. 즉 투명하고 신뢰도 높은 이사회 및 감사위원회 구성을 요구한다. 기업은 이사회 및 감사위원회 구성 외에도 기업 윤리, 공정 경쟁, 뇌물 및 반부패 등을 고려해야 한다.

ESG는 최근에 떠오른 이슈가 아니다. ESG라는 개념이 구체화되기 전부터 비슷한 개념인 '기업의 사회적 책임(Corporate Social Responsibility, CSR)'이 존재했다. 오래전부터 많은 사람이 기업에 이윤 추구를 위한 모든 활동에서 사회적 책임을 중요한 기준으로 삼기를 요구해왔다. ESG는 투자자의 관점에서 기업에게 CSR을 요구하는 것으로 생각하면 쉽다. 즉 기업을 투자할 때 재무적 측면은 물론 비재무적인 ESG 측면을 평가해 투자 의사 결정에 반영한다는 것이다.

유엔 책임투자원칙(UN PRI)에서는 ESG 이슈를 투자 의사 결정에 반영해 장기적이고 지속 가능한 수익을 창출하는 것을 ESG 투자로 정의한다. 유엔 책임투자원칙은 전 세계 운용기관을 대상으로 책임 투자 및 ESG의 인식과 비전을 선도하는 기관이다. 유엔 책임투자원칙에 가입 서명한 기관은 2022년 2월 기준 약 4,700개에 달하며, 2018년에 비해 2.4배 증가했다.

세계 최대 자산운용사 블랙록의 회장 래리 핑크는 향후 기업의 지속 가능성을 투자의 핵심에 두고 ESG를 반영해 투자 포트폴리오를 구성하겠다고 밝혔다. 또한 석탄발전을 통해 매출액의 25% 이상을 창출하는 기업의 채권과 주식을 매도할 것이며, 기후변화를 고려해 투자 포트폴리오를 바꾸겠다고도 덧붙였다.

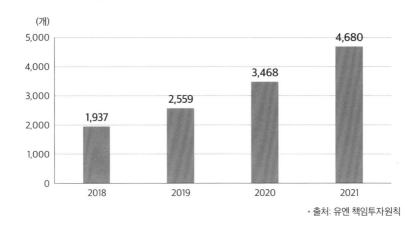

유엔 책임투자원칙에 가입 서명한 누적 기관 수

(개)

· 출처: 유엔 책임투자원칙

더 나아가 블랙록은 기업의 ESG 경영을 촉구하기 위해 의결권을 적극적으로 행사하겠다는 방침을 밝혔다. 전 세계 약 9,600조 원 자산을 운용하는 자산운용사인 만큼, 블랙록의 적극적인 ESG 행보는 금융시장에서 ESG의 관심을 불러일으켰다. 블랙록이 지분을 가지고 있는 상장사들은 블랙록의 발표 이후 ESG 경영을 본격적으로 준비하기 시작했다.

ESG를 리스크 관리 차원에서 이해하려는 접근도 있다. 탄소중립위원회는 2009년부터 2018년까지 기상재해로 인한 경제적 손실액을 약 12조 원으로 추산했다. 세계경제포럼(WEF)은 2020년 세계 경제의 주요 리스크 중 발생 가능성이 높은 것 1위로 극심한 기상이변, 2위로 기후변화 대응 실패, 3위로 자연재해를 꼽았다. 2015년에는 발생 가능성이 높은 리스크가 인접 국가 간 갈등, 극심한 기상이변, 국가 거버넌스 실패였다. 이처럼 2015년에는 국제 관계나 국가와 관련한 리스크가

세계경제포럼이 꼽은 발생 가능성이 높은 상위 5위 글로벌 리스크

순위	2015년	2020년
1	인접 국가 간 갈등	극심한 기상이변
2	극심한 기상이변	기후변화 대응 실패
3	국가 거버넌스 실패	자연재해
4	국가 붕괴 위기	생태 다양성 손실
5	실업, 불완전 고용	인공적인 자연재해

• 출처: 세계경제포럼

대부분이었지만, 2020년에는 기후변화에 관한 것이 주를 이루고 있다.

또한 전 세계 이산화탄소 배출량이 빠르게 증가하면서 지구 온난화가 점점 심각해지고 있다. 지구 온난화에 따른 기후변화는 식량 생산 감소, 해수면 상승 등을 촉발해 세계 경제를 위축시킬 가능성이 높다. 영국 유니버시티 칼리지 런던(UCL)과 미국, 독일 등 국제 공동 연구팀이 기후변화의 장기적인 경제 영향을 분석한 결과 2100년까지 세계 GDP는 기후변화가 없을 때보다 37% 급감하는 것으로 추산되었다.

즉 지금부터 기후 위기에 대응하지 않으면 기업은 기상이변, 기후변화와 같은 리스크에 꾸준히 노출되어 지속 가능한 성장이 불투명해질 수 있다. 따라서 기업이 환경에 관심을 가지고 행동하는 것은 장기적으로 봤을 때 지속 가능한 성장을 위해 리스크를 줄이는 방법이다.

S와 G 측면도 리스크 관리 차원에서 이해할 수 있다. 미국의 게임 개발사인 액티비전 블리자드에는 2021년 8월 성 추문이 있었다. 캘리포니아 주정부기관 공정고용주택국은 여성 직원에 대한 차별 대우와

지속적인 성희롱 혐의로 액티비전 블리자드에 소송을 제기했다. 액티비전 블리자드는 공식 성명을 통해 반박했으나, 이를 받아들이지 못한 직원 300여 명의 파업으로 인해 신작 출시가 지연되었고, 주가는 폭락했다. 이는 S 부문의 관리 실패로 인한 리스크로 볼 수 있다.

G 측면에서는 2022년 주식시장을 떠들썩하게 만든 국내 기업들의 횡령 사건을 예로 들면 이해하기가 쉽다. 국내 코스닥 상장사 오스템 임플란트에서 국내 상장사 중 역대 최대 규모인 2,215억 원 횡령 사건이 발생했다. 한국거래소는 상장적격성 실질심사 사유가 발생했다며 즉각 주식 매매 거래를 정지했다. 2022년 2월 오스템 임플란트는 상장적격성 실질심사 대상으로 결정되었다. 이는 내부 통제 미흡으로 인한 G 부문의 리스크로 볼 수 있다.

ESG를 알아야 하는 이유

기업이 ESG에 신경 써야 하는 또 다른 이유는 '돈의 흐름'이다. ESG 경영을 적극적으로 하는 기업에게 돈이 쏠린다. 앞서 유엔 책임투자원칙에 가입 서명한 기관 수가 약 4,700개에 달한다고 언급했는데, 이들의 운용자산규모(Asset Under Management, AUM)는 약 121조 달러에 달한다. 다시 말해 투자에 있어서 ESG를 고려하는 기관의 자금이 약 121조 달러에 달한다는 것이다. 어마어마한 수치다.

글로벌 지속가능 투자연합(Global Sustainable Investment Alliance,

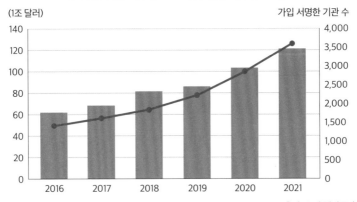

유엔 책임투자원칙에 가입 서명한 기관의 운용자산규모(AUM)

■ 운용자산규모(왼쪽) ━●━ 가입 서명한 기관 수(오른쪽)

• 출처: 유엔 책임투자원칙

지속 가능 투자를 고려하는 글로벌 투자자산 AUM 비중

분야	2016년	2018년	2020년
총 AUM (단위: 10억 달러)	81,948	91,828	98,416
지속 가능 투자를 고려하는 AUM (단위: 10억 달러)	22,872	30,683	35,301
지속 가능 투자 비중	27.9%	33.4%	35.9%
지속 가능 투자 비중 증가율		5.5%p	2.5%p

• 출처: 글로벌 지속가능 투자연합

GSIA)에 따르면 2020년 글로벌 투자자산 AUM 중 지속 가능 투자자산의 비중이 35.9%를 차지한다. 2018년 지속 가능 투자자산의 비중은 2016년 대비 5.5%p나 증가했고, 2020년은 2018년 대비 2.5%p 증가했다. 지속 가능 투자자산의 비중은 꾸준히 높아질 것으로 전망된다.

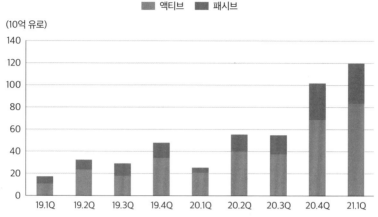

■ 액티브   ■ 패시브

(10억 유로)

* 2021년 3월 기준   • 출처: 모닝스타 다이렉트(Morningstar Direct), 매니저 리서치(Manager Research)

  펀드조사기관 모닝스타에 따르면, 유럽의 지속 가능 투자 펀드로의 자금 유입은 꾸준히 이어지고 있다. 코로나19의 영향이 있던 2020년에도 ESG 펀드로의 자금 유입은 꾸준했다. 이처럼 ESG로 돈이 쏠리면서 기업이 더 이상 ESG를 간과하기는 어려워졌다. ESG는 전 세계적으로 돈을 움직이는 지속 가능한 테마로 자리매김했다. 기업들은 투자 유치와 주주의 요구 때문에 ESG를 고려해 경영해야 하는 상황이다.

  최근 ESG에 대한 MZ세대의 관심도 뜨겁다. '바이콧'* '돈쭐'** 등의 신조어에서 알 수 있듯, ESG를 고려하여 마땅한 기업에 돈이 몰

---

*   구매운동을 의미하며, 불매운동인 보이콧의 반대 개념이다.
** '돈'과 '혼쭐'을 합친 신조어로, 올바른 경영 전략을 가진 기업의 상품을 돈을 내고 사서 업무가 많아지도록 하여 혼내주자는 취지의 구매운동이다.

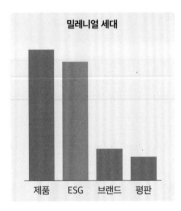

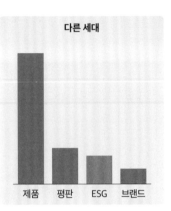

• 출처: 렙트랙 컴퍼니

밀레니얼 세대의 지속 가능 투자에 대한 관심

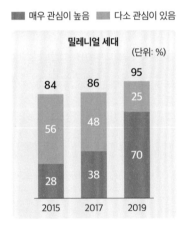

• 출처: 모건스탠리

리고 있다. 글로벌 기업평가 전문 업체인 렙트랙 컴퍼니(RepTrak company)의 자료에 따르면, 밀레니얼 세대는 소비를 할 때 다른 세대보다 ESG 요소를 3배 더 많이 고려한다.

MZ세대는 투자에서도 다른 세대보다 ESG를 크게 고려한다. 2019년 모건스탠리의 자료에 따르면, 투자할 때 지속 가능한 투자에 매우 관심이 있다고 밝힌 밀레니얼 세대는 2019년 기준 70%로, 인구 평균인 49%에 비해 높다.

IPCC 제6차 평가보고서의 의미

기후변화에 관한 정부 간 협의체(IPCC)는 기후변화 문제에 대처하기 위해 세계기상기구(WMO)와 유엔 환경계획(UNEP)이 1988년에 공동 설립한 국제기구로, 기후변화에 관한 과학적 규명에 기여한다. 이곳에서 전 세계 과학자가 참여해 발간하는 IPCC 평가보고서는 기후변화의 과학적 근거와 정책 방향을 제시하고, 유엔기후변화협약에서 정부 간 협상의 근거 자료로 활용된다. 2014년에 발간된 제5차 평가보고서를 근거로 지구 온도 상승을 2℃ 이하로 제한하는 파리협정이 채택되었다. 그리고 2021년에 제6차 평가보고서가 발간되었다.

IPCC 제6차 평가보고서에 따르면 지난 2,000년간 안정적인 범위에서 움직였던 지구 평균 기온이 인류의 산업화 이후 급격하게 상승하기 시작했으며, 인간의 영향으로 대기, 해양, 육지가 온난화되었다. 또한 지구 온난화가 이전 대비 눈에 띄게 가속되고 있음을 강조했다. 산업화 이전(1850~1900년)과 비교하면 2013년 제5차 평가보고서 작성

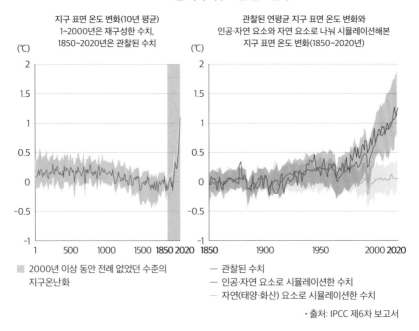

인간의 활동이 지구 온난화에 영향을 미친다는 연구 결과

1850~1900년 대비 지구 표면 온도 변화

지구 표면 온도 변화(10년 평균)
1~2000년은 재구성한 수치,
1850~2020년은 관찰된 수치

관찰된 연평균 지구 표면 온도 변화와
인공·자연 요소와 자연 요소로 나눠 시뮬레이션해본
지구 표면 온도 변화(1850~2020년)

■ 2000년 이상 동안 전례 없었던 수준의
  지구온난화

— 관찰된 수치
— 인공·자연 요소로 시뮬레이션한 수치
— 자연(태양·화산) 요소로 시뮬레이션한 수치

· 출처: IPCC 제6차 보고서

당시 지구 평균 기온은 0.78℃ 올랐는데, 2021년 제6차 평가보고서에서는 산업화 이전 대비 지구 평균 기온이 1.09℃ 상승한 것으로 나타났다. 약 100년 사이에 0.78℃ 올랐는데, 불과 10년도 안 된 사이에 0.31℃가 더 오른 것이다.

지구 온난화에 따라 해수면도 가파르게 상승했다. 2010년부터 2019년까지 그린란드의 평균 빙상 유실 속도는 1992~1999년 대비 약 6배 상승했으며, 그에 따라 해수면 상승 속도는 1901~1971년 기간 대비 3배 가까이 증가했다. IPCC는 2013년 제5차 평가보고서에서

2100년까지 해수면 높이가 (1986~2005년 대비) 약 0.26~0.82m 상승할 것으로 전망했다. 그러나 2021년 제6차 평가보고서에서는 2100년까지 해수면이 (1986~2014년 대비) 0.28~1.02m 상승할 것으로 내다보았다. 해수면이 0.5m 상승하면 태평양 섬나라는 대부분 물 밑으로 사라지고, 뭄바이, 상하이 등 해안가에 위치한 대도시도 침수될 가능성이 높다. 해수면이 1m 이상 상승하면 인천, 부산 일부 지역이 바닷물에 잠기게 된다. 경각심을 가져야 할 때다.

IPCC 제6차 보고서에 따르면 지구 온난화가 심해질수록 자연재해의 발생 빈도도 증가한다. 산업화 이전 대비 지구 평균 기온이 1.5℃ 오르면, 10년에 한 번 발생하는 폭염의 빈도는 4.1배, 50년에 한 번 발생하는 폭염의 빈도는 8.6배 높아진다. 또한 10년에 한 번 발생하는 가뭄의 빈도는 2배, 10년에 한 번씩 발생하는 홍수의 빈도는 1.5배 증가한다. 극단적으로 만약 지구 평균 기온이 산업화 이전 대비 4℃ 오른다면, 10년에 한 번 발생하는 폭염의 빈도는 9.4배, 50년에 한 번 발생하는 폭염의 빈도는 39.2배 증가한다. 이와 같은 자연재해는 자연재해로만 그치지 않고, 생태계를 바꾸는 등 추가 피해를 일으킨다.

IPCC는 제6차 평가보고서에서 지금부터 온실가스 배출량을 최선으로 줄여도 지구 평균 기온이 일시적으로 1.5℃를 넘어설 것으로 전망했다. 또한 온실가스의 80%를 차지하는 이산화탄소를 줄여서 2050년에 탄소중립을 달성하면 지구 평균 기온의 2℃ 상승은 충분히 막을 수 있을 것으로 보았다. IPCC는 지구 온난화가 가속되는 만큼 탄소중립 달성을 위한 시간이 빠르게 줄어가고 있다고 강조했다.

각국의 탄소중립 정책

최근 몇 년 새 주요 국가는 2050 탄소중립 달성을 위한 정책을 발표했다. 한국을 포함하여 주요국의 탄소중립 정책은 다음과 같다. 한국은 '2050 탄소중립 추진계획'을 내놓으며 그린 모빌리티, 신재생에너지, 에너지 효율 개선 등의 세부 육성 분야를 설정했다. 또한 미국, 유럽, 일본, 한국은 2050년 탄소중립을 실현할 계획이며, 중국은 2060년 탄소중립 실현을 목표로 하고 있다.

특히 유럽은 2030년까지 온실가스 배출량 55% 감소를 위해 '핏 포 55(Fit for 55)'라는 입법 패키지를 발표했다. EU의 정책 방향은 강

각국의 탄소중립 정책

	한국	유럽	일본	미국	중국
목표 기간	2050년	2050년	2050년	2050년	2060년
탄소중립 대표 정책	2050 탄소중립 추진계획	그린 딜 (Green Deal)	탈탄소 실현계획	클린 에너지 레볼루션 (Clean Energy Revolution)	제로 카본 차이나 (Zero Carbon China)
예산	2025년까지 42조 7억 원	2030년까지 1조 유로 (1,400조 원) 이상	2030년까지 2조 엔 (약 20조 원)	2030년까지 2조 달러 (2,200조 원)	
주요 육성 분야	• 에너지 효율 개선 • 그린 모빌리티 • 신재생에너지 • 그린 산업 • 생태계 회복 • 건물 에너지	• 신재생에너지 • 그린 산업·수송 • 재활용 • 그린 모빌리티 • 건물 에너지 • 생물 다양성	• 신재생에너지 • 그린 모빌리티 • 그린 산업 • 에너지 절약 • 블루카본	• 신재생에너지 • 전기차 • 건물 에너지 • 그린 산업 • 탄소중립 발전	• 신재생에너지 • 에너지 효율 • 최종 소비 에너지 • 전기화 • 탄소중립 발전

• 출처: 언론 보도

핏 포 55(Fit for 55)의 주요 내용

The EU Emissions Trading System	탄소배출권 거래제도
• 전체 탄소 배출 한도를 더 낮추고, 연간 탄소 배출 감축률을 높일 것 • EU 회원국은 배출권 거래 수익의 전부를 기후 및 에너지 관련 프로젝트에 사용해야 함	
The Effort Sharing Regulation	노력 분담 규정
건축물, 도로 및 국내 해상운송, 농업, 폐기물 및 소규모 산업에 대해 각 회원국에 강화된 배출 감축 목표 배정	
The Regulation on Land use, Forestry and Agriculture	토지 사용, 임업 및 농업에 관한 규정
2030년까지 3.1억만 톤의 이산화탄소 배출량을 자연 흡수로 감축	
The EU Forest Strategy	EU 산림 전략
2030년까지 유럽 전역에 30억 그루의 나무를 심을 계획	
The Renuable Energy Directive	재생 에너지 지침
2030년까지 재생에너지원으로 전체 에너지원의 40%를 생산	
The Energy Efficiency Directive	에너지 효율성 지침
전반적인 에너지 사용 감축을 위한 연간 목표 수립	
The Stronger CO_2 emissions Standards For Cars and Vans	차량에 대한 강력한 이산화탄소 배출 기준
2021년 대비 신차의 평균 이산화탄소 배출량을 2030년까지 55% 감소, 2035년까지 100% 감소	
The Revised Alternative Fuels Infrastructure Regulation	대체 연료 인프라 규정
항공기 및 선박이 공항과 항구에서 깨끗한 전력과 연료를 공급받을 수 있는 인프라 구축 의무화	
A revision of the Energy Taxation Directive	에너지 과세 지침 개정
과세 시스템 개정으로 에너지 시장을 보호 및 개선하고 인센티브를 통해 녹색 전환 지원	
The Carbon Border Adjustment Mechanism	탄소국경조정세
유럽의 기후 정책이 타 국가의 탄소 누출로 이어지지 않도록 수입 제품에 대해 탄소세 부과	

• 출처: EU, 언론 보도

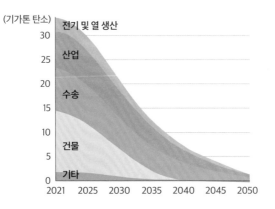

국제에너지기구가 제시한 '2050 넷제로 달성을 위한 이정표'

(기가톤 탄소)

전기 및 열 생산
산업
수송
건물
기타

2021 2025 2030 2035 2040 2045 2050

2021년	탄소 저감 없는 석탄발전소 건설 금지
2025년	화석연료 보일러 신규 판매 금지
2030년	신규 건축물 탄소 제로, 전기차 점유율 60%
2035년	신규 내연기관차 금지, 선진국 탄소중립 발전
2040년	탄소 저감 없는 석탄·유류발전소 폐지
2045년	난방 수요 50%를 히트 펌프가 충당
2050년	태양광·풍력 발전량 68%, 탄소 7.6기가톤 포집

• 출처: 조선일보, 국제에너지기구, 한전경영연구원

력한 온실가스 배출 기준과 규제를 적용하고, 오염원에 탄소 가격과 세금을 부과하며, 저탄소 기술 투자를 촉진하는 것이다.

주요 국가뿐 아니라 국제에너지기구도 2050년 탄소중립 실현과 지구 평균 기온 1.5℃ 상승을 막기 위해 '2050 넷제로(net zero) 달성을 위한 이정표'를 공개했다. 이 이정표에서 국제에너지기구는 여러 부문에 달성 목표를 내놓았다. 먼저 전기 및 열 생산 부문에서 2040년까지 탄소중립, 2050년까지 재생에너지 비중 68%를 실현할 것을 제시했다. 산업 부문에서는 2050년까지 90%의 생산을 탄소 저감 방식으로 전환하고, 수송 부문에서는 2035년부터 내연기관차 판매 금지를 제시했다. 건물 부문에서는 2030년부터 신규 건축물은 모두 탄소배출 제로 건물로 건설하며, 2050년까지 탄소배출 제로 건물 보급률 85% 달성을 제시했다.

E만큼 S와 G도 중요하다

지금까지 ESG란 무엇인지, 기업들이 왜 관심을 가져야 하는지, 그리고 E(환경)에 해당하는 주요 이슈들을 알아보았다. ESG 중 E에 대한 관심은 날이 갈수록 커져가고 있는데, S와 G에 대한 관심은 덜하다. 그러나 S와 G도 E만큼 중요하며, 그 중요성이 매년 부각되고 있다.

2021년 10월, 페이스북의 전 프로덕트 매니저인 프랜시스 하우겐은 페이스북 알고리즘의 위험성을 파악하고 내부 문건을 입수해 고발에 나섰다. 페이스북의 알고리즘이 가짜 정보, 혐오 발언, 인종 간 폭력을 조장하며, 페이스북은 이를 알고 있었음에도 묵인했다는 것이다. 또한 인스타그램의 추천 게시물들이 10대 청소년들의 불안과 우울증, 심지어 자살 충동에 영향을 미친다는 사실을 페이스북이 파악했으나 이를 묵살했다고 폭로했다. 페이스북이 이러한 사실을 묵인한 이유는 알고리즘을 안전하게 바꾸면 이용자들이 시간을 덜 쓰게 되고, 결국 광고를 더 적게 클릭해 회사의 수익이 줄어들기 때문이었다. 이 폭로 이후 미국 언론은 페이스북을 상대로 대대적인 비판 보도를 시작했고, 페이스북의 주가는 급락했다. 이 사건은 페이스북의 ESG 경영 이미지에 큰 타격을 입혔다.

2022년 1월 27일 국내에서는 중대재해처벌법이 시행되었다. 이 법의 제정 배경에는 서울 구의역 스크린도어 사망 사고, 태안화력발전소 사망 사고 등 안타까운 사고가 있다. 2022년 1월 HDC현대산업개발의 광주 화정 아이파크 붕괴 사고는 중대재해처벌법의 당위성을 또 한 번 보여주었다. HDC현대산업개발은 해당 사고 이후 주가가 40% 이상 급락했다.

중대재해처벌법은 안전 관련 조치 의무를 이행하지 않아 피해를 일으킨 사업주, 경영책임자, 공무원, 법인 등을 규제한다. 중대재해란 사망자가 1명 이상 발생하거나, 동일한 사고로 6개월 이상 치료가 필요한 부상자가 2명 이상 발생하거나, 동일한 유해 요인으로 급성 중독 등 대통령령으로 정하는 직업성 질병자가 1년 이내 3명 이상 발생하는 것을 말한다. 중대재해처벌법을 위반하면 사망 사고는 50억 원 이하의 벌금, 부상 사고는 10억 원 이하의 벌금이 부과된다. 중대재해처벌법으로 기업의 S(사회) 부문에 대한 관심은 더욱 증가할 것이다.

G(지배 구조) 분야에서 최근 화두는 여성의 유리 천장, 이사회의 다양성 확보 등이다. 자산운용사 블랙록은 여성 이사가 2명 미만인 기업에 투자하지 않겠다고 선언했으며, 골드만삭스도 다양성을 충족하는 이사가 없는 기업에는 기업공개(IPO) 업무를 맡지 않겠다고 밝혔다.

다양성은 성별뿐만 아니라 인종으로도 확대되고 있다.

국내 기업은 G 분야가 특히 취약하다. 2021년 기준 5대 그룹사 주요 기업의 이사회 이사 총 47명 중 여성 이사는 삼성전자의 2명이 전부이며, 이를 공시하고 있지도 않다. 또한 국내 기업의 대부분은 총수 경영 체제라 G 분야에서 투명성을 담보받기가 힘들다. 따라서 투자에 앞서서 이러한 점을 인식할 필요가 있다.

CHAPTER 2

기업 실적과 ESG의
뗄 수 없는 관계

앞서 살펴보았듯, ESG는 기업 활동에 있어서 환경, 사회,
지배 구조를 고려해야 지속 가능한 발전이 가능하다는 점
을 강조한다. ESG의 요소들은 비재무적인 성격이 강하다.
그러나 최근 각국의 ESG에 대한 관심이 커지고 관련 법안
이 하나둘씩 제정되면서 ESG는 더 이상 비재무적 요소에
그치지 않고, 재무적으로 기업 실적에 영향을 끼치고 있다.
ESG의 기업 실적에 대한 영향력은 더욱 커질 것으로 전망
된다. 그렇다면 ESG가 어떤 식으로 영향을 미치는지 알아
보자.

탄소 가격제

탄소 가격제는 탄소에 가격을 부여해 배출 주체가 자율적으로 탄소를 감축하도록 유도하는 것을 말한다. 탄소 가격제에는 탄소세, 탄소배출권 거래제 등이 있다. 탄소세는 캐나다, 일본 등에서 시행되고 있으며, 석탄, 석유, 천연가스 등 이산화탄소를 배출하는 화석 연료의 사용량에 부과하는 세금이다. 정부가 결정한 세율에 따라 부과되며 이산화탄소 배출량에는 제한이 없다.

탄소배출권 거래제는 정부가 탄소 총배출량을 설정하면 기업이 배출량 할당 범위에서 탄소를 배출하는 방식이다. 기업은 할당 범위에서 사용하지 않은 탄소배출권을 팔 수 있고, 할당 범위를 초과해 배출하면 탄소배출권을 사야 한다. 탄소배출권 거래제는 탄소세와 달리 탄소의 총배출량이 설정되어 있어 탄소 감축 효과가 보장된다. 현재 탄소배출권 시장은 국가별, 지역별로 분리되어 있어 가격이 모두 다르다.

세계은행에 따르면 탄소세와 탄소배출권으로 관리되는 온실가스는

탄소세와 탄소배출권 거래제로 관리되는 온실가스 배출량 비중

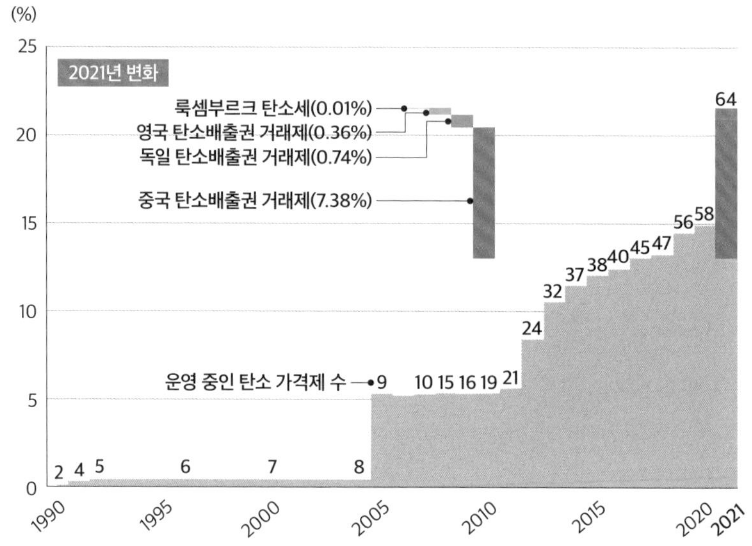
(%)
25
20
15
10
5
0
2021년 변화
룩셈부르크 탄소세(0.01%)
영국 탄소배출권 거래제(0.36%)
독일 탄소배출권 거래제(0.74%)
중국 탄소배출권 거래제(7.38%)
운영 중인 탄소 가격제 수
2 4 5 6 7 8 9 10 15 16 19 21 24 32 37 38 40 45 47 56 58 64
1990
1995
2000
2005
2010
2015
2020
2021

• 출처: 세계은행

전체 온실가스 배출량의 21.5%다. 2020년에는 15.1%에 불과했는데, 중국이 탄소배출권을 도입하면서 7.38%p 증가했다. 탄소 가격제가 빠르게 도입되면서 탄소 배출이 많은 산업을 중심으로 탈탄소화가 일어날 전망이다. 탄소세나 탄소배출권이 도입된 국가에서는 이산화탄소 배출에 따른 세금을 내야 할 수도 있다. 즉 탄소 가격제는 기업 실적에 직접적인 영향을 끼친다. 세금을 내는 비율만큼 기업의 원가율은 자연스럽게 상승할 것이다.

탄소배출권 가격은 수요와 공급에 따라 정해지며, 장기적인 시각에서 현재 가격보다 높게 거래될 것이라는 전망이 우세하다. 각국 정부가 탄소 감축을 위해 탄소배출권 공급을 줄일 수도 있기 때문이다. 즉 탄소 감축에 대해 아직 준비하지 못한 기업이 대다수인 만큼 수요는 빠르게 늘어날 전망이다. 탄소세도 마찬가지로 국가별로 다르지만 단계적으로 인상될 것이다. 따라서 많은 기업이 탄소세나 탄소배출권에 큰돈을 들이고 탄소 배출 허용량 제한에 골머리를 앓기보다는 탄소 배출을 줄이고 화석 연료를 대체할 에너지원을 찾는 데 노력할 것이다.

이러한 점을 고려하면 탄소배출권 경제에 잘 적응한 기업이 경쟁우위를 갖게 된다는 사실을 유추할 수 있다. 탄소배출권 가격이 상승해 정점에 다다르면 탄소 배출량이 높은 기업들은 탄소배출권 구매에 대한 부담으로 생산을 중단할 수도 있다. 그러면 수요와 공급 논리에 따라 해당 제품은 가격이 상승해 탄소배출권 경제에 잘 적응한 기업만이 반사적인 이익을 누릴 것이다.

탄소국경조정세

앞서 소개한 EU의 핏 포 55에는 탄소국경조정세(Carbon Border Adjustment Mechanism, CBAM) 시행 계획도 담겨 있다. EU는 우선 탄소 배출이 많은 품목에 탄소국경조정세를 적용할 예정이며, 2023년부터 2025년까지 유예 기간을 거쳐 2026년부터 전면 도입할 계획이다.

탄소국경조정세란 엄격한 기후변화 대책을 취하는 국가(여기서는 EU)에서 상대적으로 기후변화 대책이 느슨한 국가로부터 수입하는 물품에 탄소 비용을 부과하는 무역 조치다. 즉 탄소 배출이 많은 품목을 수입할 때 그만큼 세금을 더 내라는 것이다. 탄소국경조정세는 한 지역에서 배출량이 감소하더라도 다른 지역에서 배출량이 증가하는 상쇄 효과를 막기 위해 도입되었다. 탄소에 세금을 많이 부과하는 나라에서 배출량이 높은 품목을 생산하지 않고, 탄소에 세금을 덜 부과하는 국가에서 제품을 생산한 다음 수입하는 행위를 막겠다는 것이다.

2021년 7월 발표된 탄소국경조정세 계획안에 따르면 탄소국경조정세의 적용 산업으로 전력, 시멘트, 철강, 알루미늄, 비료 등의 산업이 포함되었다. 원래 탄소국경조정세 초안에 정유, 화학 산업이 포함되었으나 계획안에서는 제외되었다. 적용 방식은 역외 수입 품목이 탄소국경조정세 적용 산업에 해당되면 이에 대해 탄소 배출량만큼 탄소국경조정세 인증서를 구매하고, 배출량 검증이 어려울 경우 EU 집행위원회에서 정하는 만큼의 인증서를 구매하는 방식이다. 예를 들어 한국산 철강 1톤을 생산하면서 발생하는 탄소량이 2톤이면, 이를 수입하는 EU 내 수입업자는 철강 1톤당 인증서 2개를 구매해야 한다. 인증서 가격은 유럽의 탄소배출권과 연동되며 유동적으로 변한다. 즉 유럽의 탄소배출권 가격이 높아지면 인증서 가격도 높아지며, 유럽으로 수출하는 기업들의 탄소 배출 비용이 높아지는 것이다.

EU뿐만 아니라 미국도 탄소세 도입을 시도하고 있다. 미국 탄소세법안의 취지는 미국에서 생산되는 제품이 상대적으로 기후변화 대책이 느슨한 국가에서 생산한 제품보다 탄소세를 더 많이 내므로, 가격 경쟁력을 위해 국내 기업과 국외 기업에 동일한 환경 규제를 적용해 공평한 경쟁 환경을 조성하자는 것이다. EU처럼 탄소 누출을 막으려는 의도도 있다. 미국은 알루미늄, 시멘트, 철, 강철, 천연가스, 석유, 석탄 등을 탄소국경세 부과 산업으로 보고 있으며, 2024년 도입을 목표로 논의가 이루어지고 있다.

탄소국경조정세가 도입되면 해당 산업 내 기업 중 미국과 EU로 수출하는 비중이 큰 기업은 타격을 입을 것이다. 따라서 해당 기업들은 지금부터 탄소 감축에 주의를 기울일 수밖에 없다. 탄소 저감 장치를 달거나 값싼 석탄 대신 신재생에너지를 쓰는 등 친환경적으로 제품을 생산해야 한다. 그러면 자연스레 생산 원가가 높아질 수밖에 없다. 즉 탄소국경조정세로 인해 기업들은 원가 상승 위험에 직면하게 된다. 그러나 기존 방식대로 제품을 계속 생산한다면 향후 탄소국경조정세가 시행될 경우 살아남기 힘들 것이다. 결국 기업은 지속 가능 성장을 위해 친환경적인 방법으로 제품을 생산할 수밖에 없다. 이렇듯 ESG는 이제 기업의 원가 상승에 영향을 주는 요소가 되었다.

그린본드

탄소 가격제와 탄소국경조정세가 기업 실적에 부정적인 영향을 미치는 요인이었다면, 그린본드는 친환경 프로젝트를 진행하는 기업이 더 낮은 금리로 자금을 조달하게 해주는 방식으로 긍정적인 영향을 미친다. 그린본드는 친환경적 활동과 관련된 프로젝트에 자금을 지원하기 위해 발행하는 특수 목적의 채권이다. 초기에는 국제기구가 발행했으나 최근에는 정부, 지자체, 금융기관, 민간기업 등 발행 주체가 점점 다양해지고 있다. 그린본드 발행은 일반 채권 발행보다 절차가 복잡하고 요구 조건도 까다롭다. 인증기관의 인증이 선행되어야 하며, 자금 용도도 신재생에너지, 에너지 효율화, 친환경 운송 수단, 기후변화 대응, 그린 빌딩 등 친환경적 활동과 관련되어야 한다

그린본드 인증기관인 국제기후채권기구(Climate Bond Initiative)에 따르면 그린본드는 2021년 3분기 기준으로 3,542억 달러가 발행되어 2020년의 2,944억 달러를 뛰어넘었다. 국제기후채권기구는 2021년 연간 그린본드 발행금액을 5,000억 달러로 전망했었으며, 2023년에는 1조 달러가 될 것으로 전망했다.

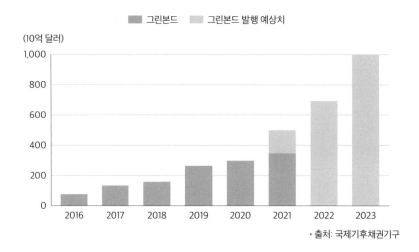

그린본드 발행 현황

■ 그린본드　　■ 그린본드 발행 예상치

(10억 달러)

• 출처: 국제기후채권기구

그린본드는 다른 채권과 비교하면 조달 금리가 낮다. 그린본드에 대한 인식이 널리 퍼지면서 수요가 몰려 조달 금리가 낮아진 것이다. 유럽에서 그린본드와 일반 채권의 수요를 비교해보면, 2020년 반기 기준 유럽의 일반 채권은 3.1배 이상의 수요가 몰렸지만, 그린본드는 인기를 증명하듯 5.2배가 넘는 수요가 몰렸다. 기업 입장에서는 수요가 많은 그린본드로 조달 금리를 낮추고 친환경 이미지를 제고하는 효과도 누릴 수 있으니 일석이조인 셈이다.

이렇게 친환경 프로젝트를 영위하는 기업은 그린본드를 발행해 비용을 절감할 수 있다. 달리 말하면 그린본드를 발행하지 못하는 기업은 조달 금리에 있어서 그린본드를 발행하는 기업보다 열위에 있다. 이는 기업이 이자 비용을 더 많이 부담해야 한다는 사실을 의미한다.

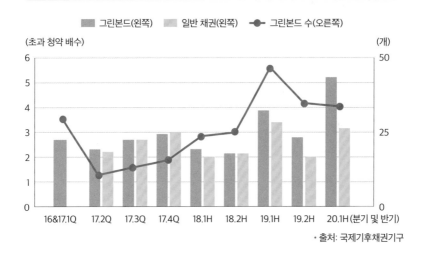

유럽 채권시장의 평균 초과 청약 수

• 출처: 국제기후채권기구

CHAPTER 3

기업의 ESG 경영 사례

앞서 살펴본 것처럼 ESG에 대한 주주의 관심이 뜨거워지고 ESG를 고려하는 기관의 수가 늘어나면서 기업들은 투자 확보와 주주 이익을 위해 ESG 경영을 도입하게 되었다. ESG가 실제로 기업의 재무적 측면에 영향을 미칠 수 있음을 인지한 기업들은 더 이상 ESG를 경시할 수 없게 되었다. 그렇다면 실제로 기업들은 어떻게 ESG 경영을 실천하고 있는지 알아보자.

E(환경)에서의 ESG 경영 사례

RE100(Renuable Energy 100)은 기업에서 사용하는 전력의 100%를 재생에너지로 대체하자는 국제 기업 간 협약 프로젝트다. 2022년 2월 기준 애플, 마이크로소프트, 구글, 나이키, GM, 스타벅스 등 여러 글로벌 기업을 비롯하여 전 세계 349개 기업이 RE100에 정식 가입했다.

RE100에 가입한 글로벌 기업 중에 최근 들어 자사에 제품을 납품하는 협력사에 재생에너지 사용을 요구하는 사례가 증가하고 있다. 그중 한 곳이 애플이다. 애플은 공급업체를 대상으로 애플에 납품하는 부품을 재생에너지로 제조할 것을 요구했다. 이에 따라 애플의 전 세계 110개 이상의 협력업체들은 2030년까지 애플에 납품하는 부품을 100% 재생에너지로 제조할 계획이다.

석유화학 업계에도 ESG 바람이 불고 있다. 세계 5대 석유 기업 중 하나인 영국의 석유 회사 BP는 2050년 순탄소 배출량 제로라는 목표를 달성하기 위해 재생에너지, 그린수소 생산 등 저탄소 사업으로 사업 방향을 재편했다. 또한 2020년 8월 투자자들에게 10년 안에 석유와 가스 생산을 40% 감축하고, 신규 국가들에서 진행 중인 화석 연료 탐사를 중단할 것임을 밝혔으며, 이제 BP는 '종합 에너지 회사'로 변신할 것이라고 선언했다.

BP는 2020년 세계 최대 해상용 풍력발전 제조사인 덴마크의 오스테드(Orsted)와 함께 그린수소 생산에 뛰어들었다. 그린수소는 풍력과 태양광 등 재생에너지로 생산한 전력으로 물을 전기분해해 생산한 수소를 말한다. 생산한 수소는 독일 링겐 정유 시설에서 사용할 예정이다. 또한 BP는 2021년 독일의 전력 기업인 EnBW와 합작 형태로 총 3GW 해상풍력 단지의 점유권을 부여받아 처음으로 영국 해상풍력 시장에 진출했다. 그리고 미국의 에너지 기업 7X에너지의 태양광 프로젝트(9GW)를 2억 2,000만 달러에 인수해 미국 재생에너지 투자에도 박차를 가했다.

자의 반 타의 반(?)으로 ESG 경영에 뛰어든 회사도 있다. 미국의 정유·석유화학 기업인 엑슨 모빌(Exxon Mobil)이다. 엑슨 모빌은 친환경 행동주의 헤지펀드인 '엔진넘버원'으로부터 지속적인 비즈니스 모델 개선 요구를 받아왔다. 그리고 2021년 5월 26일, 엑슨 모빌의 주주총회에서 엔진넘버원이 추천한 이사들 중 3명이 엑슨 모빌의 이사로 선임되었다. 엑슨 모빌의 이사는 총 12명인데 이 중 25%인 3명이 엔진넘버원이 추천한 이사로 선임된 것이다. 당시 엔진넘버원은 엑슨 모빌의 주식을 불과 0.02%만 보유하고 있었으나 블랙록을 비롯한 기관투자자들과 의결권 자문사들이 엔진넘버원의 손을 들어주면서 주주총회 표 대결에서 승리했다. 엔진넘버원은 '엑슨에 새로운 동력을 공급하자'는 캠페인을 벌이며 기존 경영진에게 친환경 사업 구조로의 재편 등 과감한 혁신을 요구하고 있다.

그에 따라 엑슨 모빌은 2050년까지 사업장에서 이산화탄소의 실질적 배출량을 제로로 만드는 탄소중립을 실현하겠다고 발표했다. 그러나 해당 발표는 소극적이라는 비판을 받았다. 이를 알아보려면 먼저 탄소 배출량의 측정 범주를 살펴야 한다.

기업 활동 경계를 기준으로 탄소 배출량은 직접 탄소 배출량(Scope 1), 간접 탄소 배출량(Scope 2), 공급망 전체 탄소 배출량(Scope 3)으로 분류된다. 직접 탄소 배출량(Scope 1)은 기업이 소유하고 있거나 통제할 수 있는 배출 영역으로 기업 소유 시설에서의 이산화탄소 배출을 말한다. 간접 탄소 배출량(Scope 2)은 기업이 외부에서 구매한 전기, 스팀 등의 에너지에서 배출되는 영역을 말한다. 공급망 전체 탄소 배출량(Scope 3)은 원료 구매 시 원료의 생산과 운송 과정, 그리고 소비자의 제품 사용에서 배출되는 온실가스로, 기업 활동 범위 밖에서 배출되는 온실가스를 말한다.

엑슨 모빌의 탄소중립 목표는 직접 탄소 배출량(Scope 1)과 간접 탄소 배출량(Scope 2) 단계에 속한다. 그러나 엑슨 모빌의 탄소 배출량에서 가장 비중이 큰 것은 공급망 전체 탄소 배출량(Scope 3)이다. 2020년 기준 엑슨 모빌의 공급망 전체 탄소 배출량(Scope 3) 단계의 탄소 배출량은 5.4만 톤으로, 직간접적 탄소 배출량(Scope 1+Scope 2)을 합한 것보다 5배나 많다. BP나 로열 더치쉘 등 다른 정유사는 공급망 전체 탄소 배출량(Scope 3)까지 포괄하는 탄소중립 계획을 발표했기에 엑슨 모빌의 탄소중립은 더욱 소극적으로 보일 수밖에 없다. 앞으로 엑슨 모빌이 기후변화 대응에 좀 더 적극적인 행보를 보이길 기대해본다.

S(사회)에서의 ESG 경영 사례

2019년 테슬라는 코발트 채굴 과정에서 아동노동 착취와 환경오염 문제를 방조한 혐의로 국제권리변호사회(IRA)로부터 피소되었다. 국제권리변호사회는 테슬라를 포함하여 구글, 애플 등의 글로벌 기업들이 코발트 생산 과정에서 아동 인권침해가 발생한다는 사실을 충분히 인지하고 있었음에도 불법 채굴을 통해 이익을 창출하고 있다며 소송을 제기했다. 이 일 이후 테슬라는 2019년 임팩트 리포트를 통해 코발트를 사용하지 않은 배터리를 개발하겠다고 밝혔다. 즉 배터리에 니켈 함유량을 높이고 코발트를 줄여 나감으로써 코발트를 완전히 제거한다는 계획이다. 이 소송은 기업이 원재료 조달 과정 등 공급망 내에서도 ESG에 적극적으로 대응할 것을 요구한 사례라고 볼 수 있다.

또한 국제권리변호사회는 네슬레, 허쉬, 카길, 몬델레스 등 글로벌 초콜릿 회사 일곱 곳을 상대로 집단소송을 제기했다. 이들 기업은 지난 20여 년 동안 이윤을 위해 아동을 착취하고 있다는 비판을 끊임없이 받아왔다. 집단소송에는 어린 시절 서아프리카 말리에서 이웃 국가

코트디부아르의 카카오 농장으로 팔려갔다가 탈출한 청년 8명이 참가했는데, 이들은 피소된 기업들이 카카오 농장을 직접 소유하지는 않았으나 납품 농장들에 막대한 영향력을 행사하며 수천 명의 어린이가 강제 노역에 시달리는 사실을 묵인해왔다고 밝혔다. 법원은 사건을 결정할 관할권이 없다며 소송을 기각했으나, 이들 기업들은 국제사회로부터 많은 비난을 받았다.

네슬레는 2022년 아동노동 근절을 위한 혁신 계획을 발표했다. 농가에 재정적 인센티브를 제공해 공급망에서의 아동노동 문제를 근절하고 코코아 공급의 지속 가능성을 향상하겠다는 계획이다. 즉 네슬레는 아이들이 들판에서 일을 하는 이유를 코코아 가격이 떨어지면서 농가 소득이 낮아졌기 때문으로 보고, 문제 해결을 위해 농가의 소득 자체를 높이는 프로그램을 실행하기로 했다. 이를 위해 네슬레는 농가 자녀들이 학교에서 수업을 받고 친환경적인 농업 관행을 따를 경우 500스위스 프랑(약 64만 원)을 지급할 계획이다. 네슬레는 2030년까지 이 계획에 13억 스위스 프랑(약 1조 7,000억 원)을 투자한다고 밝혔다.

한편 2020년 H&M, 나이키, 아디다스 등의 의류 기업들은 공급망 내의 인권침해 문제를 제기하며 중국 신장에서 생산한 면화를 사용하지 않겠다고 발표했다. 현재 중국 신장 위구르 자치구에서 강제 노동을 통해 면화를 생산한다는 주장이 끊임없이 제기되고 있다. 2019년 7월 호주 ABC방송은 중국 당국이 위구르족을 불법 감금하고 신장 방직 공장에서 강제 노역을 시킨 정황을 폭로했고, 2020년 3월 호주전략정책협회는 이를 주제로 한 보고서를 발표하며 불법 감금된 위구르

족이 나이키, 아디다스, 유니클로 등의 기업 제품 생산에 투입되었다고 밝혔다.

신장산 면화를 금지하겠다는 발언 이후 의류 기업들은 중국의 불매 운동에 시달렸다. H&M은 중국의 매장 다수가 문을 닫았고, 나이키, 아디다스, 뉴발란스 등 유명 브랜드들도 비슷한 어려움을 겪었다. 공급망 내 인권침해를 막기 위한 조치였으나 매출에는 큰 타격을 입은 것이다. 즉 현재 기업들은 매출을 희생하고 ESG 경영 기조를 유지할지, 아니면 ESG 경영 기조를 포기하고 매출을 선택할지의 갈림길에 놓여 있다. 중국의 불매운동이 거세지자 몇몇 기업은 슬그머니 신장 면화 금지를 철회하기도 했다. ESG 경영에서 직면할 수 있는 어려움을 보여주는 사례라고 할 수 있다.

G(지배 구조)에서의 ESG 경영 사례

전 세계 2억 명 이상의 가입자를 보유한 엔터테인먼트 스트리밍 서비스 제공 업체인 넷플릭스는 G(지배 구조) 분야에서 ESG 경영의 모범 사례로 꼽힌다. 넷플릭스는 2021년 첫 포용성 보고서(Inclusion Report)를 발간하며 회사의 다양성과 포용성이 어떻게 실천되어왔는지 보고하고, 앞으로 어떻게 나아갈 것인지를 제시했다.

넷플릭스는 지속 가능성 측면에서 다양성 존중을 위해 여성, 유색인종, 소수 인종, 성소수자 등으로 구성된 제작자 및 사내 인력 보유율

넷플릭스 임직원의 성별·인종별 비율

구분	2019년	2020년
여성(전 세계)	47.1%	47.1%
여성 임원(전 세계)	47.4%	47.8%
흑인·아프리카계 미국인(미국)	6.7%	8%
흑인·아프리카계 미국인 임원(미국)	7.3%	9%
히스패닉·라틴계(미국)	7.7%	8.1%
히스패닉·라틴계 임원(미국)	4.2%	4.9%
아시아인(미국)	24.2%	23.9%
아시아인 임원(미국)	15.9%	15.7%
아메리칸 인디언, 알래스카 원주민(미국)	0.3%	0.2%
아메리칸 인디언, 알래스카 원주민 임원(미국)	0%	0%
하와이안 원주민·태평양 섬 원주민(미국)	0.5%	0.5%
하와이안 원주민·태평양 섬 원주민 임원(미국)	0.3%	0.1%
중앙아시아인·북아프리카인(미국)	0.5%	0.6%
중앙아시아인·북아프리카인 임원(미국)	0.1%	0.4%

• 출처: 넷플릭스

을 개선하고 있다. 넷플릭스의 다양성 존중 정책으로 사내 인력은 다음 표와 같이 다양해졌다. 임원급을 포함한 여성이 전체 노동력의 약 절반(47.1%)을 차지하며, 미국 내 흑인 직원의 숫자는 지난 3년간 2배로 늘어 전체 직원의 8%, 임원급의 9%를 차지하고 있다.

또한 넷플릭스는 급여 측면에서 투명성을 보장하기 위해 이사 이상의 임원진을 대상으로 공개 보상제도를 실시하고 있다. 즉 상위

1,000명의 임원이 모든 직원의 급여를 확인할 수 있다. 이를 통해 임금 격차에 대한 공개 토론을 장려하고 불공평한 차이가 있는지 살필 수 있다. 불공평한 격차가 발견되면 바로잡기 때문에 직원들의 만족도가 높은 것으로 알려졌다. 또한 넷플릭스는 사내 복지 측면에서 성별과 무관한 유연한 육아 휴가 정책을 실시한다. 출산·대리출산·입양 등의 과정에서 결혼 유무, 성별, 성적 지향에 관계없이 모든 직원에게 투명하게 혜택을 제공하고 있다.

넷플릭스 외에도 몇몇 글로벌 기업이 G 분야에서 눈에 띄는 계획을 발표하고 있다. 맥도날드는 2025년 말까지 리더십, 선임 디렉터 이상의 직급에 여성 비중을 기존 37%에서 45%로, 소수집단 비중을 기존 29%에서 35%로 높일 계획이다. 일본 기업인 히타치는 2030년까지 여성 임원 비율을 30%, 외국인 임원 비율을 30%까지 확대할 것이라고 발표했다.

ESG ETF

ESGU

티커	ESGU	운용사	Blackrock Financial Management
보수율	0.15%	추종지수	MSCI USA Extended ESG Focus Index
보유종목 수	321	운용 규모	241억 6,010만 달러

* 2022.02.22 기준

1 ETF 소개

아이셰어즈 ESG 어웨어 MSCI USA ETF(iShares ESG Aware MSCI USA ETF)는 미국 내 회사 중 ESG 측면에서 긍정적인 모습을 보이는 회사에 투자한다. 반면 담배 관련 기업, 무기 관련 기업, 화석 연료 관련 기업, 화력석탄발전 기반 사업을 영위하는 기업에는 투자하지 않는다.

2 상위 15개 구성 종목

티커	기업명	비중
AAPL	Apple Inc.	6.96%
MSFT	Microsoft Corporation	5.55%
AMZN	Amazon.com, Inc.	3.55%
GOOGL	Alphabet Inc. Class A	1.98%
GOOG	Alphabet Inc. Class C	1.98%
TSLA	Tesla Inc.	1.97%

NVDA	NVIDIA Corporation	1.77%
JPM	JPMorgan Chase & Co.	1.35%
FB	Meta Platforms Inc. Class A	1.15%
HD	Home Depot, Inc.	1.10%
V	Visa Inc. Class A	1.01%
BAC	Bank of America Corp.	0.91%
KO	Coca-Cola Company	0.88%
MA	Mastercard Incorporated Class A	0.88%
JNJ	Johnson & Johnson	0.87%

3 국가별·섹터별 비중

국가별 비중			
미국	95.78%	네덜란드	0.27%
아일랜드	1.88%	스위스	0.22%
영국	0.95%	우루과이	0.15%
기타	0.54%	캐나다	0.09%

섹터별 비중			
기술 서비스	20.35%	헬스케어 서비스	2.37%
금융	15.27%	유틸리티	2.25%
전자공학 기술	14.92%	수송	1.66%
건강관리 기술	9.48%	커뮤니케이션	1.10%
소매업	7.59%	산업 서비스	0.96%
비내구 소비재	5.59%	상업 서비스	0.77%
생산자 제조업	4.75%	유통 서비스	0.75%

소비자 서비스	3.48%	기타	0.48%
프로세스 산업	2.64%	비에너지 광물	0.26%
에너지 광물	2.63%	현금	0.06%
내구 소비재	2.52%		

ESGE

티커	ESGE	운용사	Blackrock Financial Management
보수율	0.25%	추종지수	MSCI EM Extended ESG Focus Index
보유종목 수	324	운용 규모	68억 3,790만 달러

* 2022.02.22 기준

1 ETF 소개

아이셰어즈 ESG 어웨어 MSCI EM ETF(iShares ESG Aware MSCI EM ETF)는 신흥국(EM) 내 회사 중 ESG 측면에서 긍정적인 모습을 보이는 회사에 투자한다. 그러나 앞서 소개한 ESGU처럼 담배·무기·화석 연료 관련 기업과 화력석탄발전 기반 기업은 투자 대상에서 제외한다.

2 상위 15개 구성 종목

티커	기업명	비중
2330	Taiwan Semiconductor Manufacturing Co., Ltd.	7.91%
700	Tencent Holdings Ltd.	4.40%
5930	Samsung Electronics Co., Ltd.	3.95%
9988	Alibaba Group Holding Ltd.	2.88%
3690	Meituan Class B	1.67%

500209	Infosys Limited	1.04%
939	China Construction Bank Corporation Class H	1.02%
2891	CTBC Financial Holding Company Ltd.	1.02%
2882	Cathay Financial Holdings Co., Ltd.	0.98%
LKOH	Oil company LUKOIL PJSC	0.95%
35420	NAVER Corp.	0.90%
532540	Tata Consultancy Services Limited	0.90%
500325	Reliance Industries Limited	0.89%
500010	Housing Development Finance Corporation Limited	0.85%
2010	Saudi Basic Industries Corp.	0.79%

❸ 국가별·섹터별 비중

국가별 비중			
중국	27.03%	칠레	0.58%
대만	17.37%	기타	0.56%
인도	11.92%	키프로스	0.54%
한국	11.88%	헝가리	0.50%
남아프리카공화국	4.38%	그리스	0.45%
브라질	3.88%	체코	0.33%
러시아	3.15%	쿠웨이트	0.32%
말레이시아	2.68%	페루	0.29%
사우디아라비아	2.52%	콜롬비아	0.28%
태국	2.40%	영국	0.20%
아랍에미리트	1.80%	터키	0.15%
홍콩	1.76%	호주	0.13%

멕시코	1.64%	룩셈부르크	0.09%
인도네시아	1.56%	필리핀	0.08%
카타르	0.92%	네덜란드	0.07%
폴란드	0.59%		

섹터별 비중			
금융	28.30%	유틸리티	1.85%
전자공학 기술	18.70%	생산자 제조업	1.68%
기술 서비스	12.99%	소비자 서비스	1.13%
소매업	5.85%	수송	1%
비내구 소비재	5.20%	건강 서비스	0.98%
에너지 광물	4.78%	기타	0.48%
내구소비재	3.85%	유통 서비스	0.41%
비에너지 광물	3.51%	산업 서비스	0.21%
커뮤니케이션	3.04%	상업 서비스	0.12%
건강관리 기술	3.01%	미분류	0.10%
프로세스 산업	2.78%	현금	0.08%

ICLN

티커	ICLN	운용사	Blackrock Financial Management
보수율	0.42%	추종지수	S&P Global Clean Energy Index
보유종목 수	76	운용 규모	47억 7,930만 달러

* 2022.02.22 기준

1 ETF 소개

아이셰어즈 글로벌 클린 에너지 ETF(iShares Global Clean Energy ETF)는 글로벌 주식 중 클린 에너지 섹터에 투자하는 ETF다. 태양광, 풍력, 수소, 수력, 지열에너지, 바이오매스·바이오연료 등 신재생에너지 산업을 영위하는 기업이 주요 투자 대상이다.

2 상위 15개 구성 종목

티커	기업명	비중
ENPH	Enphase Energy, Inc.	8.02%
VWS	Vestas Wind Systems A/S	7.97%
ED	Consolidated Edison, Inc.	6.17%
ORSTED	Orsted	5.65%
SEDG	SolarEdge Technologies, Inc.	5.41%
PLUG	Plug Power Inc.	4.79%
SSE	SSE plc	4.12%
EDP	EDP-Energias de Portugal SA	4.00%
IBE	Iberdrola SA	3.98%
968	Xinyi Solar Holdings Ltd.	3.23%
FSLR	First Solar, Inc.	2.74%
VER	VERBUND AG Class A	2.12%
RUN	Sunrun Inc.	1.97%
EDPR	EDP Renovaveis SA	1.90%
NPI	Northland Power Inc.	1.89%

3 국가별·섹터별 비중

국가별 비중			
미국	32.76%	뉴질랜드	1.63%
덴마크	13.62%	노르웨이	1.03%
스페인	8.04%	스위스	0.99%
캐나다	6.79%	이탈리아	0.90%
중국	6.74%	프랑스	0.77%
이스라엘	6.19%	칠레	0.65%
영국	4.70%	일본	0.47%
포르투갈	4%	스웨덴	0.29%
독일	3.71%	기타	0.25%
브라질	2.16%	인도	0.12%
오스트리아	2.12%	싱가포르	0.08%
한국	1.94%		

섹터별 비중			
유틸리티	51.07%	현금	0.14%
생산자 제조	23.43%	기타	0.11%
전자공학 기술	20.86%	상업 서비스	0.05%
프로세스 산업	4.36%		

크레디트 스위스 리서치 인스티튜트(Credit Suisse Research Institute)의 조사에 따르면 전 세계 인구의 54%인 MZ세대가 소비의 48%를 차지하고 있다. 이와 함께 MZ세대는 지속 가능한 환경에 관심이 높고, 이를 위해서라면 더 높은 비용을 지불할 용의가 있다고 한다.

요즘 MZ세대 사이에서 파타고니아(Patagonia), 러쉬(Lush) 같은 브랜드가 유행이다. 이 브랜드들은 모두 친환경을 내세웠다. 인스타그램이 발표한 2022년 트렌드 리포트는 Gen-Z, 즉 Z세대의 트렌드를 중심으로 구성되었으며, 여기서 눈에 띄는 것은 중고 거래 열풍이다. 친환경 트렌드에서 지속 가능한 중고품 구매로 이어진 것으로, 미국의 스레드업(Thred up), 포시마크(Poshmark) 등의 플랫폼에서 구매가 이루어진다고 한다. 우리나라로 치면 당근마켓이나 번개장터 같은 플랫폼이다.

MZ세대는 앞으로 사회 주류가 될 세대다. MZ세대의 구매력은 현재 낮은 편이지만, 점점 높아져 소비에 미치는 영향력 또한 커질 것이다. 방금 소개한 크레디트 스위스 리서치 인스티튜트의 조사 결과를 덧붙이자면, 2040년 MZ세대가 소비에서 차지하는 비중은 48%에서 68%로 올라갈 것으로 예상된다. 따라서 기업들은 지속 가능한 성장을 위해 MZ세대의 트렌드를 고려하고 친환경적 경영 전략을 구상해야 한다.

투자자 또한 리스크 관리 차원에서 ESG를 고려해야 한다. 최근

ESG에 대한 세간의 관심이 커지면서 사회적으로 물의를 일으킨 기업들의 주가가 급락하는 경우가 자주 있었기 때문이다. 2022년 1월에 2차전지 소재 회사인 에코프로비엠 회장의 내부자 거래 사건이 있었다. 해당 사건으로 에코프로비엠의 주가는 보도 당일 19% 급락했으며, 이후 계속 하락세를 보이고 있다. 따라서 기업에 투자할 때 기업이 ESG 측면에서 올바른 방향으로 경영하고 있는지 꼭 살펴봐야 한다.

다만 이러한 과정은 쉽지 않다. 아직까지 대다수의 기업은 ESG 보고서나 지속 가능 경영보고서를 제출하지 않고 있으며, ESG 등급이 없는 기업도 많기 때문이다. 그러나 투자자들이 꾸준히 관심을 가진다면 기업들도 ESG 흐름에 동참할 수밖에 없을 것이다.

뉴마켓, 새로운 기회

초판 1쇄 발행 2022년 5월 25일

지은이 김명선
브랜드 경이로움
출판 총괄 안대현
책임편집 김효주
교정 고은희
편집 최승헌, 이동현, 이제호, 정은솔
디자인 김예은

발행인 김의현
발행처 (주)사이다경제
출판등록 제2021-000224호(2021년 7월 8일)
주소 서울특별시 강남구 테헤란로33길 13-3, 2층(역삼동)
홈페이지 cidermics.com
이메일 gyeongiloumbooks@gmail.com(출간 문의)
전화 02-2088-5754 **팩스** 02-2088-5813
종이 다울페이퍼 **인쇄** 대원문화사
ISBN 979-11-977728-6-3 (03320)